品牌建设与管理经典译丛
The Classic Translated Series of Brand Building and Management

总主编 杨世伟

WILEY

品牌：让相遇难以忘怀

如何创建品牌与消费者之间强大的亲密型关系

HOW BRANDS CREATE STRONG,
INTIMATE RELATIONSHIPS WITH CONSUMERS

ROMANCING THE BRAND

[美] 蒂姆·哈洛伦◎著   唐文龙◎译

经济管理出版社
ECONOMY & MANAGEMENT PUBLISHING HOUSE

北京市版权局著作权合同登记：图字：01-2017-1590

ROMANCING THE BRAND：HOW BRANDS CREATE STRONG，INTIMATE RELATIONSHIPS WITH CONSUMERS
原书 ISBN 978-1-118-61128-9
Copyright © 2014 by Tim Halloran. All rights reserved.
Published by Jossey-Bass，A Wiley Brand
Chinese Translation（Simplified Characters）Copyright © 2017 by Economy & Management Publishing House

All Rights Reserved. This translation published under license.
版权所有。本书中文简体版由 John Wiley & Sons，Inc.授权经济管理出版社在全球范围内独家出版发行。未经出版者许可，不得以任何方式抄袭、复制或节录本书中的任何部分。
本书封底贴有 Wiley 防伪标签，无标签者不得销售。

图书在版编目（CIP）数据

品牌：让相遇难以忘怀：如何创建品牌与消费者之间强大的亲密型关系/（美）蒂姆·哈洛伦（Tim Halloran）著；唐文龙译. —北京：经济管理出版社，2017.6
（品牌建设与管理经典译丛）
ISBN 978-7-5096-4694-6

Ⅰ.①品… Ⅱ.①蒂… ②唐… Ⅲ.①品牌营销—研究 Ⅳ.①F713.50

中国版本图书馆 CIP 数据核字（2016）第 262454 号

组稿编辑：梁植睿
责任编辑：梁植睿
责任印制：黄章平
责任校对：雨　千

出版发行：经济管理出版社
　　　　　（北京市海淀区北蜂窝 8 号中雅大厦 A 座 11 层 100038）
网　　址：www.E-mp.com.cn
电　　话：(010) 51915602
印　　刷：玉田县昊达印刷有限公司
经　　销：新华书店
开　　本：710mm×1000mm/16
印　　张：16.25
字　　数：217 千字
版　　次：2017 年 6 月第 1 版　2017 年 6 月第 1 次印刷
书　　号：ISBN 978-7-5096-4694-6
定　　价：58.00 元

·版权所有　翻印必究·
凡购本社图书，如有印装错误，由本社读者服务部负责调换。
联系地址：北京阜外月坛北小街 2 号
电话：(010) 68022974　　邮编：100836

推荐语
RECOMMENDATION

本书论述了营销管理者们如何在品牌与消费者之间创建一种浪漫的、深刻的、打动人心的关系。书中包含许多富有洞察力的品牌案例,是一本难得的佳作。

——杰格迪什·N.谢斯(Jagdish N. Sheth)
美国埃默里大学古兹维塔商学院市场营销学教授

《品牌:让相遇难以忘怀》一书向我们揭示出:一个品牌之所以拥有激发重要谈资的优势与能力,在于它能够创建一种有意义的消费者体验。人们谈论并且推崇那些在情感层面与其产生纽带关系的品牌。借助诸多已经与消费者培育出"亲密关系"的精彩品牌案例,本书确实能够为那些意欲加强消费者关系的营销者提供必要的指引。

——埃德·凯勒(Ed Keller)
快乐飞集团(Keller Fay Group)CEO
《面授机宜》(The Face-to-Face Book)与《影响者》(The Influentials)合著者

充满感情、学识丰富、可操作性强。通过对许多当下品牌案例的讨论并为人们搭建起了一个可以付诸实施的行动指南,《品牌:让相遇难以忘怀》一书确实捕捉到了市场营销的永恒真谛。无论是对于营销者,还是对于掌管着世界顶尖品牌的舵手们,蒂姆·哈洛伦在本书中与我们所分享的诸多独到见解都具有指导意义。

——迪克·帕顿（Dick Patton）

亿康先达（EgonZehnder）国际咨询公司全球首席营销官实务领导者

品牌建设与管理经典译丛
专家委员会

顾　　问：黄速建　黄群慧

首席专家：张世贤

主　　任：杨世伟

副 主 任：张树庭　赵顺龙

委　　员：（按姓氏笔画排序）

丁桂兰	丁俊杰	卫军英	牛志伟	王淑翠	王紫薇
宁　乐	申桂萍	刘　祯	刘婷婷	孙文清	何　瑛
何卉娴	张　艳	张永美	张译文	张树庭	张梦霞
李　燕	李东升	李桂华	杨世伟	杨学成	肖永杰
陈　力	周　云	周小虎	郑苏晖	勇　生	姚山季
姚王信	洪　涛	贺远琼	赵顺龙	唐文龙	徐莉莉
徐梅鑫	袁胜军	郭小强	高长春	梁树广	韩顺平
魏中龙					

序 言
PREFACE

  2014年5月，习近平总书记在河南视察时提出，要推动"中国制造向中国创造转变、中国速度向中国质量转变、中国产品向中国品牌转变"。习总书记"三个转变"的精辟论述将品牌建设提高到了新的战略高度，尤其是在国际经济环境不确定和当前中国经济发展多起叠加背景下，意义更是十分重大，为中国品牌建设指明了方向。

  2016年6月，国务院办公厅发布的《关于发挥品牌引领作用推动供需结构升级的意见》（国办发［2016］44号）明确提出：按照党中央、国务院关于推进供给侧结构性改革的总体要求，积极探索有效路径和方法，更好发挥品牌引领作用，加快推动供给结构优化升级，适应引领需求结构优化升级，为经济发展提供持续动力。以发挥品牌引领作用为切入点，充分发挥市场决定性作用、企业主体作用、政府推动作用和社会参与作用，围绕优化政策法规环境、提高企业综合竞争力、营造良好社会氛围，大力实施品牌基础建设工程、供给结构升级工程、需求结构升级工程，增品种、提品质、创品牌，提高供给体系的质量和效率，满足居民消费升级需求，扩大国内消费需求，引导境外消费回流，推动供给总量、供给结构更好地适应需求总量、需求结构的发展变化。

2017年3月，李克强总理在2017年政府工作报告中明确提出，广泛开展质量提升行动，加强全面质量管理，健全优胜劣汰质量竞争机制。质量之魂，存于匠心。要大力弘扬工匠精神，厚植工匠文化，恪尽职业操守，崇尚精益求精，培育众多"中国工匠"，打造更多享誉世界的"中国品牌"，推动中国经济发展进入质量时代。

改革开放以来，中国在品牌建设实践中积累了丰富的成功经验，也经历过沉痛的失败教训。

中国企业从20世纪80年代中期开始了品牌建设的实践。1984年11月，双星集团（前身是青岛橡胶九厂）时任党委书记汪海举行了新闻发布会，这成为国有企业中第一个以企业的名义召开的新闻发布会，集团给到会记者每人发了一双高档旅游鞋和几十元红包，这在当时是前所未有的。此事件之后，"双星"品牌红遍全国。1985年12月，海尔集团的前身——青岛冰箱总厂的张瑞敏"砸冰箱"事件，标志着中国企业开始自觉树立品牌的质量意识。从那时起，海尔坚持通过品牌建设实现了全球的本土化生产。据世界权威市场调查机构欧睿国际（Euromonitor）发布的2014年全球大型家用电器调查数据显示，海尔大型家用电器品牌零售量占全球市场的10.2%，位居全球第一，这是海尔大型家电零售量第六次蝉联全球第一，占比更首次突破两位数。同时，海尔冰箱、洗衣机、冷柜、酒柜的全球品牌份额也分别继续蝉联全球第一。

改革开放以来，我们在品牌建设过程中也经历过沉痛的失败教训。早在20世纪80年代，在利益的驱动下，政府颁发奖项名目繁多，十年评出6000多个国家金奖、银奖和省优部优，这种无序的系列评选活动被国家强制叫停。国家层面的评奖没有了，社会上"卖金牌"的评审机构如雨后春笋，达到2000多个，这严重误导了消费，扰乱了市场秩序。21世纪初国务院批准评选中国名牌和世界名牌，直到2008年"三鹿奶粉"恶性质量案件的披露，导致评选中国名牌和世界名牌的工作瞬间叫停。

正如中国品牌建设促进会理事长刘平均在2017年"两会"采访时所说，

由于缺乏品牌的正能量引导，消费者变得无所适从，再加上假冒伪劣问题屡见报章，消费者逐渐对国产品牌失去信任，出现了热衷于消费海外产品的现象。打造和培育知名品牌，引领产业升级和供给侧改革，是当务之急。要尽快建立健全我国国内知名品牌和国际知名品牌的产生机制，把李克强总理所说的"打造享誉世界的中国品牌"落到实处。

2011年，《国民经济和社会发展第十二个五年规划纲要》提出了"推动自主品牌建设，提升品牌价值和效应，加快发展拥有国际知名品牌和国际竞争力的大型企业"的要求。为贯彻落实这个规划精神，工信部、国资委、商务部、农业部、国家质检总局、工商总局等部门非常重视，分别从不同的角度发布了一系列品牌建设的指导意见。工信部等七部委于2011年7月联合发布了《关于加快我国工业企业品牌建设的指导意见》，为工业企业品牌建设引领了方向并提供了政策支撑。国家质检总局于2011年8月发布了《关于加强品牌建设的指导意见》，明确了加强品牌建设的指导思想和基本原则、重点领域、主要措施和组织实施。国务院国有资产监督管理委员会于2011年9月发布了《关于开展委管协会品牌建设工作的指导意见》，为委管协会品牌建设工作明确了方向。这一系列相关政策的发布，在政策层面上为中国品牌建设给予了保障，为全面加强中国品牌建设、实施品牌强国战略、加快培育一批拥有知识产权和质量竞争力的知名品牌明确了原则和方向。

进入21世纪后，尽管中国品牌工作推进缓慢，但中国企业在品牌建设上做了诸多尝试。以联想集团收购IBM-PC品牌、吉利汽车集团收购沃尔沃品牌为标志，开始了中国企业收购国外品牌的过程。这说明中国的经济实力在增强，中国的企业在壮大，也说明了中国的品牌实力在增强，实现了从无到有和从小到大的转变。

品牌是企业生存和发展的灵魂，品牌建设是一个企业长期积淀、文化积累和品质提升的过程，一个成功的品牌需要经历品牌建设和管理，品牌建设包括品牌定位、品牌规划、品牌形象、品牌扩张等。中国的品牌崛起之路也不会一蹴而就，需要经历一个培育、发展、成长、成熟的过程。

在世界品牌实验室（World Brand Lab）发布的2016年"世界品牌500强"排行榜中，美国占据227席，仍然是当之无愧的品牌强国，继续保持明显领先优势；英国、法国均以41个品牌入选，并列第二；日本、中国、德国、瑞士和意大利分别有37个、36个、26个、19个和17个品牌入选，位列第三阵营。从表1中可以看出，美国在2016年"世界品牌500强"中占据了近45.4%，中国只占7.2%，而中国制造业增加值在世界占比达到20%以上，由此可以看出，中国还是一个品牌弱国，中国在品牌建设与管理的道路上还有很长的路要走，有大量的工作要做。但是从2013~2016年的增长来看，中国品牌的增长趋势是最快的，从25位升至36位，而其他国家则基本微弱增长或减少。

表1 2013~2016年"世界品牌500强"入选数量最多的国家

排名	国家	入选数量（个）				代表性品牌	趋势
		2016年	2015年	2014年	2013年		
1	美国	227	228	227	232	谷歌、苹果、亚马逊、通用汽车、微软	降
2	英国	41	44	42	39	联合利华、汇丰、汤森路透、沃达丰	升
3	法国	41	42	44	47	路易威登、香奈儿、迪奥、雷诺、轩尼诗	降
4	日本	37	37	39	41	丰田、佳能、本田、索尼、松下、花王	降
5	中国	36	31	29	25	国家电网、工行、腾讯、中央电视台、海尔	升
6	德国	26	25	23	23	梅赛德斯-奔驰、宝马、思爱普、大众	升
7	瑞士	19	22	21	21	雀巢、劳力士、瑞信、阿第克	降
8	意大利	17	17	18	18	菲亚特、古琦、电通、法拉利、普拉达	降
9	荷兰	8	8	8	9	壳牌、飞利浦、喜力、TNT、毕马威	降
10	瑞典	7	7	7	7	宜家、H&M、诺贝尔奖、伊莱克斯	平

为了实现党中央、国务院关于推进供给侧结构性改革提出的总体要求，发挥品牌引领作用推动供需结构升级，着力解决制约品牌发展和供需结构升级的突出问题。必须加快政府职能转变，创新管理和服务方式。完善标准体系，提高计量能力、检验检测能力、认证认可服务能力、质量控制和技术评

价能力，不断夯实质量技术基础。企业加大品牌建设投入，增强自主创新能力，追求卓越质量，不断丰富产品品种，提升产品品质，建立品牌管理体系，提高品牌培育能力。加强人才队伍建设，发挥企业家领军作用，培养引进品牌管理专业人才，造就一大批技艺精湛、技术高超的技能人才，切实提高企业综合竞争力。坚持正确舆论导向，关注自主品牌成长，讲好中国品牌故事。

中国品牌建设促进会确定了未来十年要打造120个农产品的国际知名品牌，500个制造业的国际知名品牌，200个服务业国际知名品牌的目标。加强品牌管理和品牌建设将成为推进供给侧结构性改革的总体要求下经济发展的重要举措。

为了推进中国品牌建设和品牌管理工作，借鉴发达国家的品牌管理理论研究和品牌管理实践，中国企业管理研究会品牌专业委员会组织国内专家学者翻译一系列品牌建设和品牌管理相关著作，愿本套丛书的出版能为中国的品牌建设和品牌管理提供有价值的思想、理念和方法。翻译是一项繁重的工作，在此对参与翻译的专家学者表示感谢，但囿于水平、能力，加之时间紧迫，如有不足之处，希望国内外专家学者批评指正。

丛书总主编　杨世伟

2017年3月15日

译者序
TRANSLATOR PREFACE

  品牌与消费者，两者相互吸引、相互追逐，恰似一段男女之间的爱情故事。非常高兴能够成为《品牌：让相遇难以忘怀》一书的译者，与读者一起分享创建品牌—消费者关系的营销之道。本书系统地论述了如何创建品牌—消费者之间强大的亲密型关系，而更重要的是，作者采用了一种别具一格的写作思路，让读者在看似轻松活泼的论述中理解更为深刻的营销洞见。

  立意新颖。本书用"恋爱关系"的全新视角来看待与考量品牌—消费者关系的创建与经营。作者认为，品牌与消费者之间的关系就像人与人之间的关系，尤其像男女之间所展开的恋爱关系一样，需要双方用心投入、悉心呵护才能经营出一段色彩斑斓而又富有诗意的亲密关系。对于营销者来说，不仅要关注目标消费群体的表层需求，更要关注他们超越产品功能性利益层面而从品牌身上找寻到的情感性利益和社交性利益。只有通过深度挖掘，更深刻地了解你的消费者，企业才能够在品牌—消费者关系的开启、培育与发展方面获得更大的成功。了解自己和自己喜欢的人，然后设身处地地思考、全心全意地投入、心有灵犀地相处、持续不断地沟通，最终总能够获得丰硕的爱情果实。品牌—消费者关系亦是如此。

  构思巧妙。本书以品牌创意为主线，为我们勾勒出一幅完整的品牌—消费者关系图谱。在第一章，作者首先提出：营销者创建一种品牌—消费者关系就像男女双方在经营一段爱情一样，鲜明地点出了全书的立意所在。从第二章到第八章，作者顺藤摸瓜，沿着一段"典型恋爱关系"的演进路线推演出品牌—消费者关系创建过程中可能经历的各个不同阶段，并对这些阶段可能出现的各种问题或者难题做出了发人深省的思考与探讨。在第九章，作者理性地看待某段"恋爱关系"，让营销者懂得放弃，然后才能够去开启一段更适合自己品牌的"新恋情"。这样，周而复始，全书形成了一个完整的闭环。如何找到理想的消费者、如何深刻地了解目标消费者、如何与消费者展开有意义的沟通、如何持续地为品牌—消费者关系的经营注入源源不断的活力、怎样解决品牌关系中的棘手问题、怎样评判某种品牌关系将要终结以及企业做出的战略选择……这些议题在本书中均有详尽的论述。作者生动而形象地描绘出了品牌—消费者关系创建过程中的各种场景，并从营销创意层面系统地提出了切实有效的解决方案。

案例引用丰富、激发深刻洞见，这是本书在写作与论述过程中的一大鲜明特点。针对许多全球顶尖品牌的相关案例，作者进行了庖丁解牛式的解读，不仅让读者了解到特定品牌在解决消费者关系过程中所碰到的各种困惑、思考与权衡，更让读者明白品牌采取特定战略的前因后果。丰富的案例引用、决策背景的深入挖掘与激荡的碰撞思考，让读者"既见树木，又见森林"。在深入讨论诸多品牌案例的基础上，作者还进行了完整而全面的学理分析，帮助读者从各种光怪陆离的品牌故事中梳理出品牌—消费者关系创建过程中的关键性原则与方法。案例讨论与理论指导，是本书在论述品牌关系时所遵循的一项基本原则。正是这样的写作与论述方法，更能够激发出读者对品牌关系的深刻洞见，引领读者去思考品牌关系之惑、去发现品牌关系之美、去挖掘品牌关系之魅、去把握品牌关系之根。

在作者对品牌—消费者关系展开论述的过程中，有一个核心概念在这里不得不提，那就是"影响者"（Influencer）。根据作者的解释，对于品牌来讲，影响者是最重要的那部分消费者，他们有能力去影响其他的消费者，因为他们的推荐会对其亲朋好友产生较强的说服效应。这些特别的消费者是决定一个品牌在整体上是否健康的关键所在。他们的影响力鼓舞、激励着其他人，他们中的许多人将通过微妙或者直白的方式把有关品牌的正面消息传播给他人，并将最终成为品牌的宣传者。在本书的阅读过程中，读者会时不时地碰到"影响者"这个概念。如果没有特别说明，本书中的"影响者"均指的是在某一品类中能够对其他人产生影响的那部分消费者。

  为了让读者在阅读本书之时，能够更为清晰地理解作者的写作思路，并对相关案例的背景知识有更准确的把握，译者对本书中出现的可能读者不太熟悉的公司、品牌、产品、地点、人物、事件等事物做了相应的解读，类似解读在文中均以脚注的形式出现。译者希望通过这种方式，让读者的阅读更为顺畅、让读者的理解更为透彻。在本书的翻译过程中，译者虽心怀惴惴，但还是在准确理解原作者写作本意的基础上竭尽所能地去修改、润色文字，希望能够带给读者一次愉快的阅读体验。

唐文龙

于山东烟台

> 致南希——为我的生活带来浪漫，
> 以及亨利、简和莉迪亚

目 录
CONTENTS

第一章 恋爱与品牌
ROMANCE AND THE BRAND ·· 001

我的饮料，我的男友
MY BEVERAGE，MY BOYFRIEND ·· 003

新看法与新问题
NEW PERSPECTIVES AND NEW PROBLEMS ································ 006

一个新的范式
A NEW PARADIGM ·· 012

品牌的恋爱观
ROMANCING THE BRAND ··· 013

第二章 了解你自己
KNOW YOURSELF ··· 018

决定你怎样才能够与众不同
DETERMINE HOW YOU'LL BE DIFFERENT ·································· 020

找到核心利益点
FIND THE ONE THING ·· 026

深度挖掘
DIG DEEP ··· 031

转化为情感驱动型的联系
TRANSITIONING TO EMOTIONALLY DRIVEN CONNECTIONS ………… 035

第三章　了解你喜欢的人
KNOW YOUR TYPE　038

世界上最有意思的人
THE MOST INTERESTING MAN IN THE WORLD ………… 039

建立纽带
CREATING A BOND ………… 046

与众不同的消费者
YOUR DISTINCTIVE CONSUMER ………… 049

提供情感与社交利益
PROVIDING EMOTIONAL AND SOCIAL BENEFITS ………… 050

创造一种象征意义
DEVELOPING A BADGE ………… 054

层层递进
LADDERING UP ………… 056

找到某种关联事物
FINDING AN ASSOCIATION ………… 065

第四章　难以忘怀的相遇
MEET MEMORABLY　071

很高兴见到你
NICE TO MEET YOU ………… 072

市场培育是关键
EDUCATION IS KEY ………… 084

让相遇难以忘怀
MAKE IT MEMORABLE ………… 086

第五章 让彼此心有灵犀
MAKE IT MUTUAL 088

正宗的可乐口味与零卡路里
REAL COKE TASTE AND ZERO CALORIES 092

综合考量社交媒体
SOCIAL MEDIA IN THE GRAND SCHEME OF THINGS 099

设计理想的品牌体验模式
CRAFTING THE IDEAL EXPERIENCE 101

第六章 让感情升温
DEEPEN THE CONNECTION 106

让消费者感觉到他们的重要性
MAKING THE CONSUMER FEEL IMPORTANT 109

一个"属于我的品牌"
A "BRAND FOR ME" 113

第七章 保持爱情的新鲜度
KEEP LOVE ALIVE 126

故事讲述
STORY TELLING 128

创新提升恋爱关系
INNOVATION ENHANCES ROMANCE 135

创新规避品牌关系"僵化"
INNOVATION TO ESCAPE RELATIONSHIP "RUTS" 138

创新的力量
THE POWER OF INNOVATION 150

第八章 和好如初
MAKING UP 152

寻找品牌
FINDING THE BRAND 155

危机管理
MANAGING THROUGH CRISIS ················· 169

第九章 恋情结束，重新出发
BREAKING UP AND MOVING ON ················· 172

"柠檬"的酸味
THE SOUR TASTE OF "LYMON" ················· 172

适时调整的艺术
THE ART OF ADAPTATION ················· 183

我是该走还是该留？
SHOULD I STAY OR SHOULD I GO? ················· 185

世纪营销之殇？
THE MARKETING BLUNDER OF THE CENTURY? ················· 187

结束恋情
ENDING THE RELATIONSHIP ················· 197

注 释
NOTES ················· 199

致 谢
ACKNOWLEDGMENTS ················· 208

关于作者
ABOUT THE AUTHOR ················· 211

第一章 恋爱与品牌
ROMANCE AND THE BRAND

我已经在漆黑的屋子里待了三个半小时，面前放着一碗 M&Ms① 花生豆，透过一扇双面镜，我观察着一群女士正在对她们的饮料消费习惯做出解释，有种观看《犯罪现场调查》（CSI）②的感觉。观察焦点小组是可口可乐品牌经理的惯用手法。我们总是努力更好地了解消费者，以便能够找到与他们发生联系的方法。我们最终的目的就是要给众多类似于屋子里参与调研的女士们一个购买我们品牌的理由，而不是去选择市场上成百上千的其他品牌。

我开始质疑自己每天所做的事情——试图用富有创意的新广告信息或者更具吸引力的产品改进来迎合那些挑剔的消费群体的需求，而这些事情都是毫无意义、不得要领的。消费者真的*在乎*这些品牌吗？环视一下我所

---

① M&Ms，玛氏食品集团（Mars）旗下的巧克力豆品牌。玛氏公司由弗兰克·马斯创立于1911年，是全球重要的巧克力生产厂商，拥有德芙（DOVE）、M&Ms、士力架（SNICKERS）、彩虹糖（SKITTLES）、玛士条（MARS）、特趣（TWIX）、宝路（PEDIGREE）、伟嘉（WHISKAS）等一系列国际知名品牌。2014年，玛氏食品公司的营业额为330亿美元——译者注（本书所有脚注均为译者注）。

② 犯罪现场调查（Crime Scene Investigation，CSI）：美国电视剧，自从2000年放映取得不错的收视率后一直在持续更新。故事讲述的是由几个侦探专家组成的犯罪现场调查小组，他们的主要日常任务是研究犯罪现场，发现蛛丝马迹以追踪罪犯。

在的观察室，我看到六七位同事都在各自忙碌：在他们中间，助理品牌经理记录着大量的笔记，以便于最后把我们的研究结果汇总并上报给高级管理层；广告代理人的客户代表试图从消费者的陈述中推断出某些亮点；营销调研经理需要确定双面镜另一侧的话题引导人的发言都已涵盖调研清单上所列的全部事项。所有人都在等待、观察、倾听任何可以用于制定下一年度营销计划的信息。我们需要了解这些女士对于我们品牌的所想、所感，以完成我们的工作。

但是，接下来有一种难以名状的感觉，却又深深地改变了我对以下问题的认识：我们作为营销者对品牌以及这些品牌在消费者生活中所扮演的角色应该有怎样的认知。

这并不是一个特别戏剧性的时刻。八位女士围桌而坐，桌子上摆满了各种彩色罐子和瓶装软饮料。她们刚刚完成了一项被我们称为"分类"的测试，在这个测试中，参与者按照品牌能否帮助她们表达出自我的分类原则将软饮料品牌分为不同的类别。我记不清楚那天她们是如何将40多个品牌进行分类的，但是接下来发生的事情着实让我吃了一惊。一位身材娇小、接近30岁的女士拿起其中一罐饮料，对话题引导人说："我一天喝八罐这种饮料。一直如此，风雨无阻。上周我的老板提拔我时，如此；两个月前我的宠物猫去世时，也是如此。它见证着我的喜怒哀乐。它伴随我迎来送往每一天，从来没有让我失望过。我可以永远依赖它。总之，它就是我的男友……健怡可乐（Diet Coke）。"

第一章 恋爱与品牌
ROMANCE AND THE BRAND

我的饮料，我的男友
MY BEVERAGE, MY BOYFRIEND

屋里突然传来了一阵大笑，我确信双面镜另一侧的调研对象也能够听得到我们的笑声。我坐起身来。她刚才真的说健怡可乐是她的男友吗？一个人怎么能够将一罐"糖水"（事实上本次实验用的是阿斯巴甜水）比作自己的男友？承诺、亲密、依靠——她所感受到的这些并不是来自健怡可乐产品本身，而是来自她消费中的体验。她爱上了它，把它看作是一个长期的伴侣、一种可以提供支持的机制、一位可以与你共同庆祝的朋友。这很荒唐，不是吗？我们不能用与人相处的方式来与产品相处！

但是从某些重要的角度来看，这恰恰就是我们要做的。学术研究已经多次证明了这一点。[1]我们不仅消费品牌，而且与品牌互动。事实上，我们在维系着与品牌之间的关系。就某些品牌来讲，我们可以进行狂野而恣意的短期放纵。还有另外一些品牌就像家人一样，与我们相伴终生。我们与某些品牌建立了纯粹的实用关系——它们出现在我们的日常生活中，但我们与这些品牌之间并没有情感联系。或许这样的品牌就像一剂良药或一位外科医生。或许与某些品牌是比较松散的关系，就像你很少能够谋面的一位远房叔叔。或许你会依赖某个品牌，就像依赖老师、教练甚至父母亲一样。每一个产品、每一位消费者以及产品与消费者之间的关系，都是不同的。但是那位明确地表达出她对健怡可乐感觉的年轻女士给我揭示出了一个简单的事实：消费者与品牌之间存在着关系。如果营销者要想取得成功，我们不仅需要将消费者看作是让他们知晓品牌并说服他们去购买的"目标市场"，我们更需要去思考与消费者发展长期的关系。

作为一位消费者,从你自己的角度来思考一下:对你来讲,是否有一个品牌有着特殊的含义,真的让你感觉意义非凡?或许在商店中某品牌的衣服是你的首要选择。你是不是必须买到某一品牌的鞋子?你可能宁愿驱车多走两英里路绕过附近的杂货铺而去乔氏超市(Trader Joe's)①购物。或许当你点了可口可乐,而服务员询问百事可乐是否可以时,你的回答是不可以。或许当计划商务旅行时,你总是想去查询你所偏爱的酒店是否在将要造访的城市开设了分店。回想一下你的童年时代,是否有某一个电子游戏或者玩具娃娃是你必须拥有的?在青少年时期,你是否满怀期待地盼着某个乐队的新专辑,并在发行当日就把它抢到手?

所有这些都是有关品牌的事例——产品、零售商或者甚至是出现在你日常生活中的那些人。它们确实能够提供给你具有某种辨识度的功能性利益——Polo衫的样式与感觉,全食连锁超市(Whole Foods)②中的各种有机食品,或者魔力红(Maroon 5)③最新单曲的娱乐价值,但是它们还能够给你更多。或许当你在消费、穿着或者使用某一品牌时,它能够向别人传递出有关你自己的一些信息,抑或你认为品牌拥有某种能够吸引你的品牌个性。一个品牌可能不仅在你头脑中占据着一个位置,而且在你心中也拥有一席之地。

现在思考一下你与那个品牌的初次邂逅。你对此还有清晰的记忆吗?是"一见钟情",还是过了一段时间你才接受了它?你与那个品牌之间的关系与日俱增?你们之间的关系热烈如初,还是在某个时间节点之前达到

---

① 乔氏超市(Trader Joe's),美国杂货连锁企业。公司直接从全世界的农场和生产商进货,几乎所有产品都是自有商标,受到视工业化食品为垃圾的中产阶级的追捧。
② 全食公司(Whole Foods Market Inc.,Whole Foods)是一家美国连锁超市,成立于1980年,现今是美国有机食品行业的知名公司之一。它提倡高质量生活、绿色健康食品和环境保护。
③ 魔力红(Maroon 5)是成立于1994年的美国摇滚乐队,由亚当·莱文、詹姆斯·瓦伦汀、杰西·卡麦可、米基·麦登和莱恩·度赛克组成。魔力红的音乐取材于经典歌曲并加以演变,让人感觉清新又新鲜,大力宣扬复兴20世纪90年代美国摇滚的风范。

过顶峰,现在处于稳定状态,或者热度已然消退?现在想象一下,如果那个品牌突然消失了会怎么样?事情会发生怎样的变化?你的感觉如何?其他东西能否很容易地取代它,或者它的消失会给你的人生留下缺憾?可能是这样:我们和某些品牌之间已经建立起了强大的联系,而且频繁地产生着关系。如果这些品牌确实发生了诸如停产或者其他的变故,你会感觉到失落,甚至是背叛。

能够对品牌产生像人一样的情感,似乎是一件自然而又强大的事情。对于我们营销者来说,这又意味着什么呢?如果我们理解这一点,又能够做些什么?我们将消费者继续看成是目标市场、人口细分市场,还有没有意义?答案很可能是否定的。我相信此种想法只能让我们故步自封。我开始相信,营销者想要取得成功,我们需要与消费者维持某种关系——顾名思义,这两者互为因果。这种关系是互惠互利的。当关系良好时,双方都能够获得他们最想要的,并将最好的给予对方。理想的品牌—消费者关系是通过选择而确立的(因为消费者总是拥有选择权),这种关系令人兴奋而又值得信赖,而且是建立在信任的基础之上:就像在谈一场恋爱。

很多品牌——就像哈雷—戴维斯(Harley-Davidson)、苹果(Apple)或者迪士尼(Disney)——已经成功地与它们的消费者群体之间建立并培育起了一种深刻的情感纽带。但它们是如何做到的?在今天,为何这种关系比以往更为重要?科技为我们提供了非常非常多的新工具,而我们却不能完全理解或者不知如何使用这些新工具,主要原因还是我们试图用陈旧的思维模式来运用这些新工具。如果我们不去思考用一种全新的方法来营销品牌——一种基于品牌与消费者之间关系的新方法,我们就无从取得成功。本书的写作目的就在于,通过建立并培育一种真正的关系——就像一场伟大的爱情一样,令人神往而且历久弥新,让你思考如何与消费者产生联系。

新看法与新问题
NEW PERSPECTIVES AND NEW PROBLEMS

曾几何时,营销者将品牌看作是各种不同的组成要素,它包括了关于产品的一切有形部分——口味、包装、成分、材质、标识,等等。我们试图去将这些要素以某种形式呈现出来,来满足某一可识别的目标消费群体的需求。用正统的营销语言来讲,产品的所有要素应该能够"层层递进",成为"功能性利益",这样才能够缓解消费者的"痛点"或者满足消费者的"需求"。举例来讲,每双耐克跑鞋的所有设计,从鞋宽到避震再到华夫鞋底,都是被用来满足某一特定消费者对跑鞋的需求。

为了达到此种效果,耐克有可能需要一群消费者,比如说马拉松运动员,然后将这群人分成不同的组别,每一组别中的所有人在跑步时都有不同的需求,需要不同特点的跑鞋。马拉松运动员中,有的脚弓高,有的脚弓低;有的脚掌宽,有的脚掌窄;有的内八字脚,有的外八字脚。耐克将开发出在产品功能层面能够满足每一位马拉松运动员细分市场中特定需求的跑鞋。这种思维就是:消费者之所以选择一款产品,是基于产品属性在多大程度上能够满足其需求,同时也关注更多无形的要素——例如品牌熟悉程度、认知质量和认知价值,然后在价格的基础上来对所有这些要素进行评估。对于许多品牌和品类来讲,企业与消费者一样,都将此看作是一种纯粹的成本—收益关系。一位消费者的心态可能是这样的:"就我获得的这些利益而言,选择你的品牌而非其他品牌,我可能要支付更高的价格。"

但是有些品牌的营销者,尤其是在那些消费者倾注强烈情感的品类中从业的营销者,越来越重视开发和营销与消费者情感需求紧密相关的关键

第一章 恋爱与品牌
ROMANCE AND THE BRAND

利益。他们所信奉的原则是：消费者对于这些品牌的情感是如此强烈，以至于会一直使用它们，否则，消费者情感上就会感到匮乏。耐克仍然是一个好的例子：对于一名钟爱马拉松的运动员，要发挥得好、跑得敏捷、最终达到自己设定的目标，他的鞋是至关重要的。耐克的功能性利益——设计、舒适度、避震，能够满足这些更加个性化的需求，消费者也会从情感上更加认可耐克。在全新的"Just Do It"品牌传播活动中①——运动员们达到目标、赢得比赛、取得成功的形象，耐克突出了其价值主张中的情感部分。在这一传播活动中，耐克帮助那名马拉松运动员获得了更多的取得胜利的信心，一定程度上是因为他穿着耐克跑鞋。

虽然"Just Do It"极好地挖掘出了一个消费者对品牌的重视维度——既在情感层面，又在产品功能层面，但是将这种品牌消费者联系上升到一个关系模型，迄今为止学术界还鲜有理论支持，营销界的实践也不多。大部分时候，营销人士仍然更关注品牌—消费者互动的产品功能和交易特性，并依然只在短期背景下看待这种互动。品牌拥有目标消费者，营销团队应该设计年度计划以便从这些消费者身上获得销量。理解从情感层面上与消费者互动所蕴含的长期价值，这还不是他们优先考虑的事情。

然后，在20世纪90年代中期，分别来自东、西海岸的两名营销学博士生开始将两个独立但相关联的理论融合起来：①品牌具有鲜明的、可以识别的个性；②每个品牌与每个消费者之间实际上产生着某种关系，就像人与人之间一样。这两个理论结合起来为了解消费者如何在个人层面与品牌进行互动，提供了一个强大的、新的途径。

著名营销思想家戴维·阿克（David Aaker）的女儿——珍妮弗·阿克（Jennifer Aaker），继承了其父亲的营销基因。作为一名年轻的斯坦福大学

---

① 1988年，美国威登肯尼迪广告公司（Wieden & Kennedy）为耐克公司提出了"Just Do It"的品牌宣传口号，这一创意得到了耐克公司的采用。

的营销学和心理学双专业的博士,她将这两个理论糅合在一起进而创建了一个发人深省的理论,它将人的个性维度与品牌一一对应起来。她使用这一理论搭建起了一个消费者将品牌拟人化的决策方法框架。经过对600多名消费者围绕一系列品牌做出的100个左右个性特征的自由联想之后,阿克发现消费者对于品牌个性的认知与他们对于人的个性认知极其相似。换句话来讲,作为消费者,我们之所以被一个品牌所吸引,不仅是因为它在产品功能层面能够满足我们的需求(遵循着消费者为什么选择产品和品牌的古训),而且还因为我们认为自己的个性与所选择品牌具有的个性在很大程度上是非常相似的。这就类似于我们对他人所做出的反应,甚至还有可能是因为某一品牌具备我们所缺乏但却内心向往的个性,我们也会为之吸引(典型的"相异而吸"现象)。[2]

与此同时,苏珊·福尔尼(Susan Fournier),央瑞必克广告公司(Young and Rubicam)的前任副总裁,现在正在佛罗里达大学攻读市场营销博士学位,她提出了一个能够帮助我们更好地认识品牌—消费者关系的理论。为了完成学位论文,她深入研究了三位女性的生活与品牌选择,这三人在生命周期阶段、生活地点和个人背景方面各不相同。[3]福尔尼花了大量时间与她们在一起,追踪她们的一举一动并体验她们的生活。在她与这些消费者相处的这段时间里,她发现品牌已经成为她们生活中不可分割的一部分,还发现品牌故事与个人生活故事交织在一起之后所产生出的某种相互依赖关系。[4]基于这样的认识,她开始界定出一系列不同类型的消费者—品牌关系。这些类型包括:竞争性的/怀有敌意的(你与有线电视公司之间的关系)、合作的/友好的(或许就像你与网球拍之间的关系)、表面性的/淡薄的(可能就像你与洗碗皂之间的关系)、紧密的/强烈的(很可能就像你与牙膏之间的关系)。[5]简而言之,品牌—消费者之间的关系类型与人与人之间的关系非常相似。她得出结论:最强大的品牌—消费者关系所表现出来的特质与幸福婚姻所具备的特质极其相像。

第一章 恋爱与品牌
ROMANCE AND THE BRAND

这两位研究者的研究结果（还有许多其他围绕该主题的市场营销和心理学研究结果）表明：品牌—消费者关系确实存在，而且是一种真正的关系，它能够从内心深处与情感层面将品牌与消费者联系在一起。[6]这再次引导我们来思考本书提出的这一更大论题：我们营销者应该做些什么才能实现这种关系？

同时，在学术界之外，营销实践也在演进。不仅是沟通产品属性与功能性利益，许多产品品类的营销者开始在他们的沟通信息中更加重视情感性诉求。时装、香水、软饮料、啤酒、体育运动品牌（仅举几例，不一而足）领域的营销者开始发现，与消费者建立情感联系是在激烈的竞争中将自身品牌与竞争品牌差异化的另一种途径。沟通开始聚焦于品牌的"外部元素"（品牌的个性与情感特质）而不是产品的"内在元素"（产品的功能属性与相关利益），最终目的是要与消费者在更深层次上建立联系。

虽然消费者沟通主要使用的仍然是某种干扰模式，在这种模式下绝大多数的"诉说"都是从品牌到消费者的单向沟通（也就是广告），消费者都是被动接收信息，但这种模式也正开始出现改变。更多地强调通过让品牌像人一样"具有灵性"来提供一种独特的、动人的体验。思考一下应用体育赛事来激活品牌。在棒球体育场，一贯被设立在外场的静止广告牌已经被巧妙融合在赛事中的各种品牌元素所代替。以亚特兰大的特纳球场（Turner Field）为例：每当主场的勇士队（Braves）打出全垒打，49英尺高的可口可乐瓶子就会放出烟花，[7]就在最近，40英尺高的福乐鸡公司奶牛吉祥物（Chick-fil-A Cow）身上也印制了该队标志性的战斧图案。

抽样方案也在发生变化。不是仅仅在店铺外分发样品或者优惠券，品牌设计出了一个"巡展"来进行样品派送，品牌在消费者娱乐的过程中焕发出了勃勃生机。乐高（LEGO）投入使用了多种可以巡游美国的"玩乐"卡车，这些卡车在村镇停下来并策划出各种有吸引力的事件，让孩子们可以花数小时与品牌进行互动。当然，品牌销售人员可以向每一位孩子发放优惠券，或者给他/她一小套乐高玩具样品，但更重要的是，他们在一个将乐高品牌人性化的体验式环境中与孩子们达成了互动。各个产品品类的品牌都在举办类似的活动，试图更加全面地融入消费者的生活。

当然，随着市场营销的演进，这种做法也受到了一定程度的批评。有些营销策略催生出了一种不信任与没有品位的情境，例如通过性暗示来美化品牌、近乎不诚实的广告吹捧、使用夸张而又露骨的虚假声明。结果，消费者对营销者变得越来越怀疑、越来越不信任，这基本上都是营销者自作自受的结果。

再看现如今，随着技术的进步，社交媒体、手机应用程序（APP）和数据分析能够让我们比以往任何时候都了解消费者，我们与消费者交往的方式也再次发生变化。营销者已经开发出一个模型，现在消费者与品牌之间可以进行双向沟通了。技术领域持续的进步已经创造出了这样一个环境，品牌不仅可以通过产品体验或者通过第三方电视插播广告的方式，还可以通过不间断的、互动的方式来与消费者进行沟通，这样能够让消费者直接将他们的偏好、渴望和需求反馈给品牌。营销者拥有一个可以施展拳脚的全新天地，让他们有机会代表品牌来与消费者建立关系。

我们营销者已经可以在我们的工具箱中信手拈来各种新的工具，有时却带来了一些令人遗憾甚至是伤害性的结果。几乎是每一天，我们都能听到营销者如何欺瞒消费者的故事——让他们（和他们的孩子！）变得肥胖或不健康、通过类似"老大哥"（Big Brother）[①]一样的手法来侵犯他们的隐私、通过虚假声明与错误学说来试图操纵他们。

● 2011年9月，马丁·林德特龙（Martin Lindstrom）——畅销书《买》

[①] "老大哥"（Big Brother），风靡全球的真人秀节目，各国有自己的不同版本。这个节目的名字出自乔治·奥威尔著名小说《1984》中的一句话："老大哥在看着你呢。"节目的基本游戏规则是：在一个处处装有摄像机的封闭环境中，男女参赛者共处，度过几十天的时间，他们的一举一动都将被记录下来（完全没有隐私），并通过电视向观众播放。

(*Buyology*) 的作者，出版了《品牌洗脑：世界著名品牌只做不说的营销秘密》(*Brandwashed: Tricks Companies Use to Manipulate Our Minds and Persuade Us to Buy*)，"以业内人士的视角，瞠目结舌地向我们展示了当今的全球企业巨头是如何掩盖事实并操控我们的心智，都是为了说服我们来购买。"在这本书中，作者确凿地揭示出广告主与营销者是如何有意识地将还在襁褓中的婴儿作为营销的目标对象，以及他们如何主动引起公众恐慌并利用人们在全球疾病传染、极端气候事件与食品污染担忧方面的恐惧心理来开展营销活动。[8]

● 《纽约时报》杂志（*New York Times Magazine*）发表了特约撰稿人查尔斯·都希格（Charles Duhigg）的文章"企业如何获知你的秘密？"（*How Companies Learn Your Secrets*）中，他谈到了一个有关塔吉特（Target）的故事。公司通过应用其预测分析部门的各种数据（它能够根据一位女士所购买的物品，基本无误地告诉你这位女士是否已经怀孕），向一名高中生发了一份恭喜她怀孕的传单和各种优惠券——这让她的父母都感到非常吃惊。[9]

● 2012年10月，《赫芬顿邮报》（*Huffington Post*）上刊登了一篇文章，报道了威瑞森电信公司（Verizon）①的一项被称为"精准市场洞察"（Precision Market Insights）的新营销项目，该项目从智能手机中收集数据，并与潜在广告主分享这一数据。比尔·迪金斯（Bill Diggins），该项目在美国的领导人，解释说："我们能够看到他们的一举一动。"库尔森·希利尔（Colson Hillier），这项活动的副总裁，补充道："我们意识到我们拥有一项潜在的资产。我们拥有消费者如何使用移动电话的信息。"[10]

事实就是，当我们中的一些人不站在有利于消费者的角度来使用新工

---

① 威瑞森电信公司（Verizon），由贝尔大西洋公司（Bell Atlantic）与美国通用电话电气公司（GTE）于2000年5月合并而成。公司正式合并后，威瑞森一举成为美国最大的本地电话公司、最大的无线通信公司，全世界最大的印刷黄页和在线黄页信息提供商。

具、分析方法和技术，整个营销界都会自食其果。消费者变得比以前更愤世嫉俗、对企业更缺乏信任。肩负树立我们公司或者客户品牌的营销者，必须认真地去追问一下我们是否真正从事着一项值得尊敬的职业。我们在怀疑，难道评判每一项营销活动的标准是否只是基于一种近乎无耻的企图：让消费者多花一元钱来购买我们的品牌而不是竞争对手的品牌。难道我们已经等同于江湖骗子——做出虚假承诺，设置太高的期望值以致我们这个愤世嫉俗的社会会拒绝我们与消费者联系所做出的各种努力？

一个新的范式
A NEW PARADIGM

在被问及当今的市场营销有何不同的时候，联合利华公司（Unilever）的营销副总裁马克·马修（Marc Mathieu）这样说："在20世纪最后几十年，市场营销已经成了为了销售而销售，但从一开始起，市场营销就受到了世界各地像亨利·福特（Henry Ford）和威廉·利华（William Lever）[①]这样的人的启迪——有远见的人能够将创造进步、提高生活品质的产品带给人们。"[11] 他说的没错。我认为，让我们重回正确轨道的方式就是采用阿克和福尼尔的理念：应该像对待我们熟悉的人那样来对待消费者：深切地关怀，投之以桃，报之以李。

在这个新时代（下一步还会有彻底的变革），成功营销的秘诀就在于建立并培育一种强大的、热烈的、真正的品牌—消费者关系。最强大的品

---

① 亨利·福特（Henry Ford），美国福特汽车公司的创始人。威廉·利华（William Lever），联合利华公司的创始人之一。

牌总是从产生关系的角度来看待他们的消费者群体，不是把消费者当作某种可以利用的对象，而是将他们看作伙伴来一起交往、一起欢笑、一起兴奋。建立并管理强大的关系将是营销者们对各种批评声音的最好回应，也是恢复我们营销界诚信声誉的最好办法。更重要的是，这种新方法将使持怀疑态度的消费者群体开始再次信任我们。这是一种范式的转变，能够为一名营销者的工作带来新的力量、目的和有效性。

虽然福尼尔向我们说明品牌—消费者关系具有很多类型，在本书中我将恋爱关系作为讨论问题的视角。我认为，它从以下几个主要的方面定义了理想的品牌—消费者关系：这是一种相互选择的关系；这种关系深沉而又热烈；这是一种互相承诺与付出的关系；在最佳状态下，这种关系在相互依靠、信任和尊重的基础上变得更加紧密，当然也少不了刺激和快乐的支撑。要建立这种关系既需要花费时间，又需要付出努力，但它能带来无可比拟的回报。如果我们与消费者建立联系并发展成为一场"品牌恋爱"，我们就能成就终极的品牌—消费者关系。

品牌的恋爱观
ROMANCING THE BRAND

独立、活力、关注、投入、互利，成功的品牌—消费者关系需要所有这些要素。作为营销者，我们扮演着能够让某种品牌—消费者关系得以验证的角色。这也关乎我们如何为品牌和消费者创造价值。最成功的品牌不仅具有与消费者之间的强大、亲密关系，而且通过重要的手段努力去培育、管理和发展这些关系。在本书中，我将向你展示成功的品牌在建立与发展品牌—消费者关系过程中所遵循的各种原则，并介绍成功的营销者超越产品功能性利益层面将品牌与消费者联系起来的各种营销工具。

这些原则是：

● 了解你的消费者及其特别之处。

● 决定你如何才能够与众不同。

● 讲述你的故事并创造一种体验。

● 拥有一个在所有互动环节都让人眼前一亮的迷人个性。

● 让你的伙伴感觉到自己很特别。

● 让你的宣传者将品牌福音传遍全世界。

● 保持诚实。

● 从错误与过失中学习，让自己变得更强大。

● 让品牌关系成为你所有事情中的重中之重。

因为我使用恋爱关系作为讨论品牌—消费者关系的着眼点，本书将各章所效仿的一段逐渐走向成熟的恋爱关系划分为不同的阶段，每一章分别对应一个不同的阶段。当然，一个特定消费者与一个特定品牌之间的关系可能处于这段恋爱关系的任何一个阶段，但当我们要讨论品牌与消费者在其关系存续期间是如何互动和演进之时，这种方法确实能够给我们提供一个清晰的路线图。各章内容如下：

了解你自己。关系的产生从品牌开始。作为一个品牌，如果你不知道自己是谁，你又如何知道哪个消费者将成为一个合适的可以发展关系的伙伴？在本章，我们将针对一些经典的营销实践展开讨论，来说明一个品牌所拥有的各种产品利益能够让品牌与消费者建立起更亲密的情感纽带。

了解你喜欢的人。每个品牌都有理想的消费者——当她/他与品牌建立联系时，她/他认为该品牌为她/他而存在。营销者的手法就是识别出这个理想的消费者，她/他的功能性、情感性、社交性需求，并让这些需求与品牌所能提供的两者之间能够形成完美的搭配。我将向你介绍最终决定品牌成败的那类消费者。

第一章 恋爱与品牌
ROMANCE AND THE BRAND

难以忘怀的相遇。品牌与消费者之间的头几次谋面决定了这种关系究竟是具有进一步发展的可能性，还是仅仅保持在相互熟识的阶段。在本章，我们将讨论建立特殊而令人难忘的联系的重要性，这样消费者才会流连忘返并希望与我们发展进一步的关系。

让彼此心有灵犀。我们最给力的消费者是那些能够影响他人，并最终成为品牌宣传者的人。我们将讨论，通过理解经典的、现代的沟通工具所扮演的恰当角色，我们如何驾驭与最给力消费者之间的联系，以便让他们将我们的品牌信息传播给其他人。

让感情升温。我们将讨论、培育与消费者的更深情感纽带，这样他就会有"它为我而存在"的品牌体验。并且，我们还将讨论评判我们与消费者之间恋爱关系是否仍在正轨的几种方法。

保持爱情的新鲜度。当品牌—消费者关系走向成熟，通过创新与具有新闻传播效应的事件让这段关系一直保持其新鲜度，这非常重要。在本章，我们将讨论与消费者需求保持同步（或者重新保持同步）的几种方法。

和好如初。就像我们自己的关系一样，品牌—消费者关系也会碰到危机。如何管理危机将决定某种关系是获得了加强，还是受到了削弱。

恋情结束，重新出发。各种关系总会终结。或许是重新瞄准了一个新的消费者群体并开始与他们交往，或许是我们无法继续推进、放弃了该品牌。通过应用我们所学的内容，通过不同的产品去培育更强大的品牌—消费者关系。

为了让这些原则鲜活起来，我将与大家分享诸多关于品牌—消费者关系的最佳案例，这样你自己就能体会到恋爱关系范式在实践中所发挥的力量。你将学到，通过直接聆听一线营销者的现身说法，知道在培育品牌—消费者关系过程中，哪些原则起作用，哪些原则没有效果。这些一线营销者不仅管理着世界上最强大、最知名的品牌，还无时无刻不在积极地开展工作来建立与培育品牌—消费者关系，并在这个过程中取得了丰硕的成果。

- 马特·康恩（Matt Kahn）将向我们展示，一家小型的地方性瓶装水公司如何在短短几年之内建立起了强大的品牌声誉，让它能够从一款在汽车后备厢销售的产品一跃成为美国顶尖的高端瓶装水。

- 科斯特·瑞瓦斯（Kersten Rivas）、凯迪·米莫（Katy Milmoe）、威廉·金·哈文（Willem Jan van der Hoeven）和保罗·斯梅尔斯（Paul Smailes）将与我们分享"世界上最有意思的人"是如何为多瑟瑰（Dos Equis）品牌创造出一场席卷全国的运动的。

- 斯图尔特·谢尔登（Stuart Sheldon）将谈论品牌体验的力量，并向我们展示就口碑传播效应来讲，品牌体验是如何优于其他众多社交媒体传播活动的。

- 杰夫·格瑞治（Jeff Gregor）将向我们展示，一个有可能被错误地认为是属于爷爷奶奶辈消费者的品牌，它是如何成为一个强大的品牌以至于粉丝们将品牌标志作为了他们的文身图案。

- 克里斯蒂·阿莫德（Christy Amador）将与我们分享品牌创新的力量，并提供了其为一个120多年的品牌——消费者关系带来新的创新维度的案例。

- 布莱克·霍利（Blake Hawley）和辛格德·特普利（Cigdem Topalli）将向我们展示，一个曾经被看作是笑柄的品牌是如何扭转不利局面的。

- 吉姆·史密斯（Jim Smith）将与我们讨论，在迈克尔·维奇（Michael Vick）斗狗丑闻的影响下，亚特兰大猎鹰队（Atlanta Falcons）品牌如何从近乎绝境的边缘重新出发，并重新与其消费者群体建立起了更为强大的关系。

- 戴瑞·柯宾（Darryl Cobbin）将为我们展示，一个曾经聚焦于妈妈们的品牌是如何成为美国市场上最受青少年群体喜爱的品牌的。

- 斯蒂文·哈切森（Steve Hutcherson）将与我们讨论，一个被许多人认为是营销史上最大谬误的案例——当时究竟发生了什么。

本书最重要的内容就是，对于营销者来讲，建立品牌——消费者关系可以颠覆现有的游戏规则。我的目的很简单。如果你是一名营销者，本书将

第一章　恋爱与品牌
ROMANCE AND THE BRAND

帮助你识别出在一种关系中谁才是你应该交往的消费者。在恰当的环境下与消费者"谋面"、继续交往并加强这种关系，有时还要决定重新开始或是继续向前的时机。

营销在变化，消费者在变化。彼此互动的方式一直在变化。已经取得成功和将要取得成功的品牌都是那些能够从物理层面、情感层面，我敢说，是从灵魂层面愿意培育和发展它们与消费者关系的品牌。那些不能通过这种方式与消费者互动的品牌将要承担失败的风险。能够做到的品牌将取得成功。让我们一起来学习它们的成功秘诀。

第二章 了解你自己
KNOW YOURSELF

21   在了解别人之前，你得先了解你自己。这句话你听过多少遍？换句话讲，要真正知道在一场恋爱关系中我们想要得到什么，我们必须了解我们自己。我们得知道我们的特别之处，在一场即将展开的爱情追逐中我们在哪些方面是可以拿得出手的。让我们直接面对这个问题：与其他追求者相比，我们的过人之处是什么。现在，让我们将自己置身于约会的场景之中，我们很可能并没有仔细思量过这些问题：我们的优势是什么，我们的兴趣点在哪里，我们为何能够成为另一个人的好伴侣。但是，如果你考量一下你的恋爱关系，你将会发现即使是在潜意识层面，你肯定了解你的特点、喜欢或者不喜欢做的事情，以及对于你未来的伴侣来讲这些可能意味着什么。你也不会喜欢和一个在目标、信仰或者兴趣方面与你截然不同的人在一起。不要怀疑"相异而吸"这一观点，然而即使是那些因"相异而

22   吸"而走到一起的夫妇也在某些方面拥有共同语言。彼此吸引的两个人正是因为他们能够在对方身上找到自己的影子。

　　对于品牌与消费者来讲，这一点同样适用。作为营销者，我们扮演着为我们品牌在各种营销场合充当代理人的角色。我们是对品牌在市场上的外观、行为、举止做出最终决策的人。我们将最终决定我们想与哪种类型

的消费者发展"恋爱关系"。我们将接近他们、与他们交往,并且希望能够影响他们去选择我们的品牌而不是其他竞争品牌。

为了能取得成功,你必须能够了解你的品牌有哪些特别之处。当你刚刚被委派来接手公司的一个现有品牌或者现有业务之时,这一点再正确不过了。除非你处理的是一个基本上还是一张白纸的新产品,你可以为品牌注入遗传基因、它的历史、它目前的品牌—消费者关系和它在所属品类中的竞争状态。只有完全使自己沉浸其中,并发掘出存在于品牌与消费者之间独一无二的特质,你才能够在品牌—消费者关系中留下属于自己的印记。在背后支撑产品的品牌,其真正的独特之处是什么?你与其他竞争品牌相比有何不同?说得再详细一点,打开成熟时机的缺口在哪里?毕竟,如果我们不能够全面而综合地了解品牌,又怎能期望消费者做到这一点?一旦你了解了自己,去了解你喜欢的类型就会变得更为容易——那些能够与你的品牌形成绝佳配对的心仪消费者。

了解你自己(也就是说,了解你的品牌)要求你做到以下几点:

● **决定你怎样才能够与众不同**。要鹤立鸡群,你必须让自己与其他竞争品牌区别开来,同时还能够吸引消费者的注意。

● **找到核心利益点**。找到你能够拥有的、真正拥有的那些消费者心中、头脑中的核心利益点,它能够让你从众多的竞争对手中脱颖而出。

● **深度挖掘**。不要轻易说你无法找到属于你的过人之处。仔细搜寻你的品牌在哪些方面做得比较独特、优于竞争品牌。它可能来源于那些看似最不可能的地方。

在本章(以及整本书)中,我们将对这些理念进行逐个剖析,应用真实商业环境中的拥有强大品牌—消费者关系的诸多品牌案例来阐述这些观点。本书中出现的许多案例就起着这样的作用,其中有一些案例将再次出现在后续的章节中,其目的在于阐释不同的观点,而其他没有重复出现的案例将用来着重阐释某一特定的观点。综合来看,所有的案例将为读者提供一个建立与保持一种强大、持久的品牌—消费者关系的路线图。

让我们先以我熟知的一个品牌案例作为开始——一个关于我首次接手的品牌的案例。

决定你怎样才能够与众不同
DETERMINE HOW YOU'LL BE DIFFERENT

阳光透过圆形大厅的大窗户照了进来，在可口可乐公司大厅入口处的亮白色大理石墙的映衬下，光线变得十分刺眼。当时我是一名 25 岁的助理品牌经理，站在一个可能被误认为美国国会大厦（the Capitol）或者其他类似建筑的大厅中，迫不及待地等待着全世界最大的营销公司的新上司来把我带到办公室。当时我并没有意识到，在接下来的十年时间里我将在可口可乐公司品牌管理部门供职，致力于与该公司的各种消费群体建立品牌关系。

1994 年下半年，从乔治亚大学（the University of Georgia）获得营销调研硕士学位之后，我在可口可乐公司品牌管理部门获得了一份新工作。可口可乐公司刚设立了一个叫作"非碳酸饮料部"的新部门。它是公司为了专注于日趋明显的健康养生趋势而设立的一个有关创新与新产品的研究机构。在这个领域，可口可乐公司是一名后来者——在许多我们计划进入的产品品类中，都已经存在着大量难以对付的竞争对手。尽管如此，如果可口可乐公司想要成为一家全品类覆盖的饮料企业，它就需要进入这一品类。

因此，可口可乐公司在招募品牌经理，希望他们能够锲而不舍地围绕那些没有多少胜算的初创品牌开展工作。我当时是该品牌的助理品牌经理，而在我面前就有一个可能是最为艰巨的营销任务：推广动乐

（Powerade）品牌。运动饮料品类由佳得乐（Gatorade）一统天下，它基本上是该品类的代名词（20 世纪 60 年代后期，为了帮助身处中南部校区的佛罗里达美式橄榄球队"鳄鱼队"的运动员们在湿热的训练和比赛中保持体内水分，佛罗里达大学的研究人员开发出了佳得乐）。当一个品牌拥有了像佳得乐一样的强悍市场地位（它在运动饮料品类中占据着 88% 的份额），远远强大于你正在推广的将与之展开竞争的品牌，你不得不反问自己："即使消费者考虑与我们建立某种关系，我们又能够为消费者带来什么？而且，怎样才能与消费者建立关系？"

就佳得乐与动乐的案例来讲，两者本身的产品差异性非常小。动乐属于一款"跟随"产品，它拥有与佳得乐相同的口味、相似的包装，甚至名字的后缀 "ade" 也相同①。唯一显著的差异就是，当时动乐的配方中含有一种复合的碳水化合物——麦芽糖糊精（Maltodextrin），这能够让动乐品牌宣称：与佳得乐相比，它的碳水化合物含量要高出 1/3。这是一个在产品功能层面的差异，而不是在品牌意义层面的优势。对于懂行的运动员来讲，碳水化合物等同于能量，但是大多数消费者并不会将这两者联系起来。

所以，我们的目标就是去找到这样一个消费者群体——即使在产品如此相似的情况下，他们也有可能在某一天发现动乐比佳得乐更具吸引力。当时（现在依然如此），运动饮料的绝大部分消费者是年龄介于 18~29 岁的男性。事实上，如果你看一下全美国每一位处于这个年龄段的男性消费者，你会发现他们平均每人每周都会消费一瓶运动饮料，而且许多人每天都会饮用运动饮料。他们大多数人在 10~20 岁期间消费的运动饮料都是佳得乐。他们喜欢这个品牌。这一切似乎难以改变。我们如何才能够说服消费者让其进行品牌转换，而这个品牌拥有的唯一差异化元素是"多含 33% 的碳水化合物"？

---

① 在英文中，"ade" 作为后缀，表示"某水果口味的饮料"。

对于这个问题的直接回答就是：我们做不到。我们无法让这些已经身处恋爱中的人们放弃这段感情。他们对佳得乐是忠诚的。佳得乐能够很好地满足消费者的需求。试图去改变他们的消费行为将会花费大量的时间与金钱，而且终将以失败而告终。从这个角度来考量这个问题：试图同某一个单身的、能约到的、处于"寻找男女朋友阶段"的人发展恋爱关系，或者试图同某一个多年来感情一直很稳定的人发展恋爱关系，哪一种情形更容易成功？因此，我们做出了一个深思熟虑的决定，放弃最大的细分市场——忽略掉那些年龄超过18岁的人群，因为没有人在超过18岁之后还在寻求与另一种不同的运动饮料产生联系。然而，年龄低于18岁的群体却极有可能这么做。根据我们的数据显示：

- 99%的青少年饮用运动饮料，其中52%的人每周饮用一瓶或数瓶。
- 运动饮料是8~11岁人群最喜爱的饮料。
- 以每5岁为分隔单位，下一年龄段比上一年龄段的青少年群体会饮用更多的运动饮料。

我们发现，青少年群体不仅开始饮用运动饮料，而且还乐于接受运动饮料。他们比上一代人更早地参与有组织的体育运动，而且由于体育运动似乎为运动饮料的消费提供了一个机会，运动饮料正在成为青少年群体饮料消费中更大的一个市场，这一点透露出了积极的信号（在我们的调研中，50%的青少年承认他们最近一次的运动饮料消费行为发生在参与某次体育运动的过程中）。此外，在品牌的选择方面，青少年发挥着巨大的作用。大约80%的运动饮料购买决策受到青少年群体的影响，事实上58%的青少年自己做出购买决策。对于那些母亲仍然在购买决策中扮演积极角色的消费情境来讲，由于其低糖含量，运动饮料被认为是一种比软饮料和果汁更为健康的饮料。所有这些事实都给予了我们信心，如果我们能够将努力放在追求下一代运动饮料消费者身上，我们或许会取得成功。

这本身不就是战略吗？在对情况了解更多的基础上做出选择，然后围

第二章 了解你自己
KNOW YOURSELF

绕这一选择来推进各项工作。我们之所以做出这样的选择是基于我们对于消费者如何与品类、品牌和竞争产生互动这一问题的深刻理解。佳得乐不仅在运动饮料领域耕耘已久,而且还是这一品类的领导者。我们知道,我们无法与这样一个强势品牌展开对抗性的正面竞争,因此我们不得不寻找某个市场缝隙——能够让我们有机会与运动饮料品类中的部分消费者产生关系的任何机会。理解我们自己的品牌及其与竞争对手的差异是达成终极目标的第一步。这一理解首先要从产品本身入手。

如果没有有形产品或者服务,品牌就无从谈起。品牌能够让一款普通的产品在消费者的心中鲜活起来,但是最重要的是你必须有一个具有竞争力的产品。与史蒂夫·乔布斯(Steve Jobs)并肩工作过多年的盖伊·川崎(Guy Kawasaki)曾经说过:"史蒂夫所做的事情鲜有营销者能够理解,他首先创造出一个伟大的产品。垃圾产品是无法营销的。大多数营销者接手的都是公司或者客户扔过来的那些不管有多垃圾的产品,这就像给猪抹口红一样,徒劳无益。史蒂夫的'秘诀'就是不只管控营销,而是同时去管控产品和营销。"[1]

你营销的产品所拥有的特定属性是任何品牌—消费者关系的起点,它包括产品的有形要素和物理特征。用我们人类的语言来讲,它指的是该品牌"看上去"怎么样,你也是通过这些属性来"打量某人"的。为产品属性所吸引就有点像被另一个人的外貌特征所吸引一样。虽然具有吸引力的外貌特征只是停留在了表面,但通常能够让我们留意到某人。与此相类似,了解一个品牌具有吸引力的相关产品属性,也是了解品牌的起点。

那么,我所指的产品属性又是什么?**产品属性**指的是产品的任何有形部分,口味、包装、标识、工艺流程、材质、传统、配方等都可以被认为是产品属性。产品属性能够透露出大量的品牌信息,但是并不能告诉你品牌究竟能够为使用者带来哪些益处。以动乐为例,"多含33%的碳水化合物"是一个产品属性,这也是我们在第一次全国性广告创意活动中首先选择使用的标准说辞。但是,"多含33%的碳水化合物"这一说辞一开始并没有与消费者建立起联系(随后的讨论中我们会看到),直到我们为之注入更为丰富的含义——一个对于消费者来说具有特殊意义的利益点。

找到具有吸引力的产品属性将指引我们找到品牌—消费者关系中的关键因素——有形利益。*有形或者功能性利益*指的是品牌在事实上满足使用者需求的方式。当我们从功能性利益角度来谈论需求时,我们实际上是在谈论诸如缓解饥饿、增加脚部舒适度、打电话、从甲地到乙地等物理性的需求(还有一些其他种类的需求和相关利益,我们将在下一章详细讨论)。有的时候,一个品牌可以开发出一个功能性利益,这一功能性利益本身非常具有吸引力,也很独特,足够将该品牌与试图和消费者产生关系的其他竞争品牌区别开来。但是在大多数时候,产品的物理属性及其相关的有形利益只能够为建立更为复杂的、以情感为基础的消费者关系提供了一个基本的切入点。这是动乐品牌管理团队所遵循的路线。我们将花费很多的时间来讨论品牌—消费者关系中的情感特性,但是就目前来讲,需要牢记的一点就是:优秀的营销者从发掘产品的独特属性入手,独特的产品属性能够为消费者带来具有实际意义的功能性利益,并为品牌与消费者之间最终在情感层面产生联系提供了绝佳的机会。

• • •

当针对类似于运动饮料这样一个成熟品类中的某个现有品牌展开研究之时,我们发现它的产品属性通常已经被开发了出来,并且它可能已经与某种消费者的现有需求联系在了一起。对于一款新产品来说,需求本身就有可能从事实上催生出该产品的关键属性——能够作为品牌诉求基础的某一产品特征。聪明水(Smartwater)[①]的案例就说明了这一点。

[①] 聪明水(Smartwater),美国矿泉水品牌,2007年,可口可乐公司以41亿美元从维他命饮料公司酷仕乐(Glaceau)收购了该品牌。

第二章　了解你自己
KNOW YOURSELF

1993 年，一场水污染恐慌在多家企业的创始人达利斯·毕克福（Darius Bikoff）居住的曼哈顿地区附近蔓延。几乎没有人，包括毕克福在内，都没有想到这次小小的危机将直接促成了全美国最畅销高端瓶装水的问世。在恐慌爆发的那一时期，毕克福从来没有购买过瓶装水——毕竟，纽约市的水是全世界口感最好、最纯净的水之一。但是就在他无法再饮用自来水期间，某天他正行走在高层公寓住所的地下室的过道上，过道两边摆满了瓶装水，他突然意识到市面上的瓶装水有许多雷同之处。一个又一个品牌涌现，它们代表着山林小溪，也唤醒了人们对于矿泉水圣地法国或者大自然的记忆。在众多的瓶装水品牌中，他不知道孰优孰劣，也不知道它们之间是否有优劣之分。

毕克福对是否可以让自己的瓶装水产品也参与该品类的市场竞争产生了兴趣。他立刻投入调研，加入各种贸易团体并阅读各种行业出版物。由于自己就是一个重视身体与饮食健康的人，因此毕克福对开发一种更好、更健康的水充满了兴趣。[2]

他首先发现的一件事情就是：市面上很多瓶装水都将溪水和河流作为水源。意境倒是很不错——毕竟你喝到的是象征着纯净与自然的山林小溪，是不是感到很清爽？但事实上，他知道山泉在经流地表时会受到各种污染，而他自己就不愿意饮用这种被污染过的水。他能否开发一种没有受到类似污染的瓶装水呢？

毕克福实际上让自己重新返回到了小学四年级阶段，来学习水文循环知识——水在地面、地上、地下的不停流动。在自然环境下，水就是被这么"制造"出来的。毕克福的想法是在工厂环境下，让蒸气蒸馏得以再现——就像大自然净化水的方式。

但是关于纯净水还有一个有趣的事情：它的口感并不怎么好。它的口感平淡无奇。因此，毕克福的产品开发团队决定在水中添加一系列的矿物质，包括钾、镁和钙，进而让水的口感丰富起来。这样，毕克福的瓶装水就具备了两个相关的属性——纯净和富含矿物质,这两个属性进而催生出了两个功能性利益——良好的口感和水合物[①]。这一点甚至体现在了公司所选择的品牌名称中——聪明水,从构词法上来讲它来自水文循环(hydro = water and logic = smart,水文 = 水 + 条理 = 聪明)。更重要的是,无论是产品属性还是功能性利益都能够*层层递进*为我们后续要大谈特谈的情感性利益。这种情感性利益能够建立起一种强大的品牌—消费者关系:消费者选择它时,无论是在产品开发层面,还是在它让消费者产生的感觉层面,都会体现出这种水是"聪明的"。就这样,"聪明水"这一品牌在 1996 年诞生了。

找到核心利益点
FIND THE ONE THING

当然,只是做出如何差异化的决定,这本身并不能保证你可以成功。要有能力去满足消费者的一个实际需求并发掘出那些具有吸引力的属性,你需要遵循一项首要原则。不遵循这一原则将会导致失败。这是一个简单的理论——大家都很熟悉的一个理论,但在实际中很难执行,以至于大多数营销者都没有遵循它。我正在讨论的就是发掘*核心利益点*(消费者心中的那一个核心观念)并聚焦于此的原则。你知道这个原则,并且很可能多年前就已经知道,但是你运用过它吗?你与消费者的每一次接触是否都能够向他们传递出你想要表达的那个核心观念?

[①] 水合也叫水化(Hydration),是一种是物质与水结合的过程。如果原物质分子和整个水分子结合,生成水合物,其化学性质并不改变,并不是新物质。大多数的离子在水溶液中都是以水合离子的形式存在。

在大多数情况下，营销者很难聚焦于一个核心利益点，因为关于品牌他们有太多的卖点要去宣讲。通常他们都有充分的理由相信他们的品牌具有许多强大的利益点，以至于将众多的信息压缩为一个核心利益点几乎变得不可能。确实，多数品牌都有与品牌相关的诸多价值和利益点。但是随着你与消费者恋爱关系的逐步发展，所有的这些品牌价值和利益点都将浮出水面。聚焦于核心利益点能够让你的品牌一鸣惊人。这个核心利益点可以让某人有足够的兴趣去找寻出更多的品牌信息——想与品牌见个面。消费者每天都会接收到超过3000条的广告信息，你的品牌想要在纷繁杂乱的信息中突出重围，你就必须识别出那个核心利益点，并将它持续地传播出去。那么，怎样才能够找到这个核心利益点呢？

学会放弃

首先，要想获得一个核心利益点就需要放弃其他的利益点。说得没错。想要凭借某一利益点来占据消费者心中的一个位置，我们不得不放弃其他的利益点。多年来，当我向满屋子的听众抛出这样一个问题"谁生产安全的汽车"，无论听众是学生还是企业高管，他们的答案只会提及一个品牌。他们会大声地给出相同的答案："沃尔沃。"你认为为什么会出现这种情况？那是因为在每一个与消费者的接触点，沃尔沃总是不断地、一如既往地向消费者传递着"安全"。如果你询问沃尔沃的所有者，他们会告诉你：除了安全，沃尔沃还有很多深受欢迎的特质。他们可能会谈到驾驶、操作、舒适性，或者风格。对于沃尔沃与消费者之间的恋爱关系，这些特质可能都很重要。但是沃尔沃在推介自己的品牌时，这些特质都没有被提及。沃尔沃的品牌声誉也不是建立在这些特质之上。沃尔沃只关注安全。多年来，这一简洁的广告信息使得沃尔沃从嘈杂的竞争信息中脱颖而出，并成为了沃尔沃的代名词。

你还可以在其他产品品类中发现相同的现象。强势品牌放弃使用那些由卓越产品质量而派生出的可能具有吸引力的品牌信息。全食连锁超市（Whole Foods）没有经营市面上的主流品牌，耐克放弃了正装鞋。事实上，当耐克看到正装鞋品类存在好的竞争机会时，它收购了"可汗"（Cole Haan）①，但是在"可汗"系列产品上并没有使用耐克品牌。为什么呢？因为这将与耐克品牌所代表的观念形成冲突。耐克品牌专注于运动鞋，而不是正装鞋。[3] "学会放弃"这一做法可以避免让强势品牌陷入诸如延伸产品线、进入高风险业务、泛化品牌广告信息等旋涡，而类似的行为还真有可能为公司带来可观的短期回报。然而，如果你不懂得放弃，你将承担造成品牌整体形象模糊和破坏现有消费者关系的风险。在诱惑面前，强势品牌不为所动。

在某方面胜出

能够被看作是一位胜利者是另外一种获得核心利益点的途径——成为那个在竞争中从某方面胜出的品牌。消费者能够记住胜利者，也喜欢胜利者。如果你被认为是某一特定利益点或者产品品类的胜利者，你将成为市场上的领导者，你的品牌也将被消费者铭记于心。

你可能在想："如果在我所处产品品类中的每一个核心利益点都明确地被某一个胜利者所占有，我们该怎么办？在我所处产品品类中被定义的所有主要核心利益点上，都有一个品牌被看作是领导者。"我要告诉你的是：重新审视一下。审视一下你所处的产品品类，看是否能够找到定义产品品类或者重新定义产品品类的独特方式。例如，聪明水（Smartwater）并不是第一家瓶装水企业，也不是第一个高端水品牌。但是聪明水是第一家

---

① "可汗"（Cole Haan）始创于 1928 年的芝加哥，1988 年被耐克收购，成为了耐克公司的旗下品牌。可汗的品牌名称来自其创始人克拉夫顿·可尔（Trafton Cole）和埃迪·汗（Eddie Haan）。可汗（Cole Haan）最初只做男鞋，不过后来和大多数时尚品牌一样，开始扩展到女鞋、包包、大衣和其他配件。如今，公司提供多种产品，包括男士和女士服装和休闲鞋、皮带、针织品、提包、手套、围巾、帽子、内衣和太阳镜。目前，可汗已经成为美国时尚潮流的象征品牌。

开发、创造出天然瓶装水（通过水循环工艺）的品牌。它拥有了这一核心利益点。即使另一个竞争对手试图以同样的方式来生产水，但聪明水已经将这一核心利益点宣讲了许多年。它占据了这个位置。如果一家瓶装水竞争对手也开始宣讲"水循环工艺"，它能够说什么呢？我们使用了更多的水循环加工？这是没有意义的，聪明水已经赢得了"第一瓶使用水循环工艺的瓶装水"的品牌声誉。遵循"*在某方面胜出*"战略的其他例子就包括芝柏品牌（Grey Poupon）和星巴克（Starbucks），芝柏不是第一个芥末酱品牌，但它是第一个精研芥末酱品牌；星巴克不是第一家咖啡店铺品牌，但它是第一家把咖啡体验做成品牌的公司。

思考一下你的品牌可以在哪些方面胜出。给你支一招：即使你实际上并不是第一个向消费者提供某一特定属性或者利益点的品牌，如果别的品牌还没有开始宣讲这一点，那么抓住机会！占据这一位置的时机成熟了。记住：这完全取决于消费者的认知。如果你被看作是胜利者，那么你就是胜利者（即使有人先于你具备了某一特定属性或者利益点）。当然，没有人占据这个位置可能是有原因的。要站在消费者和产品品类的角度去评判你所"赢得"的品牌主张是否有足够的魅力来吸引消费者想要和你见个面。

从内部寻找灵感

聪明水定位的厉害之处在于它首先从产品本身入手。自然水循环工艺与电解质增强相结合这种做法为"聪明的"水合作用提供了一个切入点。每一个品牌都有机会对其内部基因中的某方面来做一些文章：制作方法、历史、专有技术、成分、人员、工艺流程。这些元素都可以作为创建独特品牌声誉的试金石。如果品牌基因中的某些元素可以与消费者需求紧密相连，那么它就能够成为一个强大的差异化品牌。

想想百威（Budweiser）[①]首创的"鲜出味道"（Born On），这至今仍然是百威品牌基因中不可或缺的一部分。它脱胎于百威品牌的分销系统。由于百威拥有强大的分销商网络，这使得它的产品分销效率非常高。就这点来说，本身可能并不具有杀伤力。谁会真正在意百威拥有大量的分销商，并且产品可以快速地配送到门店呢？然而，针对啤酒饮用者的调研表明，他们普遍担心喝到不新鲜的或者"臭鼬味儿"啤酒。啤酒饮用者想知道他们喝到的啤酒是否"新鲜"。百威强大的分销系统和持续而较高的消费需求可以保证它在零售店铺中保持非常高的售罄率[②]。啤酒被生产出来之后，用不了多长时间就能到达消费者的家中。因此，百威就具备了一项内部优势——快速的生产与分销、与消费者的期望相一致、避免了"臭鼬味儿"啤酒的出现，进而产生出一个鲜明的品牌主张："鲜出味道"。这一品牌主张明确地传递出"啤酒的保质期为110天"这一信息，并且向市场承诺正是得益于它在"全美国拥有12个酿造基地"这一优势，百威啤酒才能够永远保持新鲜。就像百威网站上说的那样："因此，无论你在哪里，我们都能快速地把产品送到你的面前。更为重要的是，你能够喝到更新鲜的啤酒。"实际上，百威还借助技术的力量将这一品牌主张进行了提升：通过免费的APP"追寻你的百威"（Track Your Bud），消费者可以追踪到手中那瓶百威啤酒的原产地。

[①] 百威（Budweiser）是世界知名的啤酒品牌，1876年诞生于美国，创始人是安德普斯·布希（Adolphus Busch）。2008年，美国百威啤酒的母公司安海斯—布希公司（Anheuser-Busch）以520亿美元的作价被比利时啤酒公司英博（InBev）收购，公司也随后更名为百威英博公司（AB InBev）。

[②] 售罄率（Sell-through Rate）是指产品的累计销售占总进货的比例。销售和进货可以是数量也可以是金额。售罄率反映了产品的销售速度，计算期间通常为一周、一个月或一个季度。

深度挖掘
DIG DEEP

找到独特的、差异化的产品属性和功能性利益可不是件容易的事。毕竟，聪明水是依靠一套独特的生产工艺流程才开发出来的。大多数品牌都不具备从零开始的资本。作为一名营销者，你只能在现有的条件下开展工作——很具有挑战性，但也不是没有可能，只要肯勤奋、能坚持，最终也可能获得让人意想不到的结果。

举例来讲，在一个品牌所处的某产品品类中，如果竞争对手之间的许多产品属性和功能性利益都很相似，那又该怎么办？如果全球范围之内有超过2万个品牌都在同一个产品品类中展开竞争，那又该如何应对？这正是多瑟瑰（Dos Equis）①啤酒公司的营销团队在2007年对品牌做出评测之时所遇到的难题：这是来自墨西哥的一家名不见经传的小啤酒品牌。

多瑟瑰啤酒最初是由库赫特莫克—蒙特苏马啤酒公司（Cuauhtemoc-Moctezuma Brewery）②酿造，后来授权喜力（Heineken）③来做营销与分销业务。多瑟瑰啤酒在墨西哥之外的市场上几乎没有品牌知名度，而且只在美国西南部的几个州进行分销。但在2007年的一次例行品牌诊断中，多

---

① 多瑟瑰（Dos Equis）啤酒品牌最早诞生于1897年，由德国裔的墨西哥酿酒师威廉·哈索（Wilhelm Hasse）创建。其品牌名称Siglo ⅩⅩ，是"20世纪"的意思，并以此纪念当时即将到来的20世纪。瓶身标签上的双X字母，即是罗马数字X，两个X即为20的意思，代表20世纪。Dos Equis即"双X"之意。在墨西哥，多瑟瑰已经成了啤酒的代名词。

② 库赫特莫克—蒙特苏马（Cuauhtemoc-Moctezuma Brewery）是墨西哥知名的大型啤酒公司。2010年，荷兰喜力啤酒公司收购了该啤酒公司。

③ 喜力（Heineken），世界著名的啤酒品牌，于1864年由杰拉德·阿德里安·海尼根（Gerard Adriaan Heineken）在荷兰阿姆斯特丹创立。

瑟瑰品牌团队开始发现了一些有趣的现象。根据多瑟瑰时任品牌经理威廉·金·哈文（Willem Jan van der Hoeven）的叙述："我们已经注意到，多瑟瑰作为一个墨西哥品牌，已经开始占领了得克萨斯州首府奥斯汀（Austin）的大街小巷。我们开始意识到得克萨斯大学（University of Texas，UT）的学生在墨西哥度春假①时，他们开始饮用多瑟瑰啤酒。当他们返回得克萨斯时，在该市场我们拥有产品分销系统，学生们开始频繁地饮用我们的啤酒。"[4]

威廉·金·哈文认为，多瑟瑰啤酒可能在美国市场会大有作为。另一个墨西哥啤酒品牌科罗娜（Corona）②已经成为了美国啤酒品类中的一个主导品牌。美国市场是否可以容纳下第二个面向大众市场的墨西哥啤酒品牌？毕竟，得克萨斯大学的学生只是在去墨西哥时喝过这个品牌的啤酒，并且后来知道在得克萨斯也可以买到它。结合奥斯汀市场所产生的销量，威廉·金·哈文得出了这样的假设：这些学生想要带回他们在春假期间所体验过的点滴墨西哥文化，当他们返回得克萨斯并发现当地也有售卖时，他们就开始接受多瑟瑰啤酒了。春假是能够给许多大学生留下难忘回忆的一种仪式。如果多瑟瑰啤酒成为这种体验的一部分——至少对在墨西哥度过春假的那部分学生产生影响，该品牌就可能被定位为一个可以勾起春假回忆的品牌。这一切已经开始发生：威廉·金·哈文和他的团队，其中包括汉威士全球代理机构（Havas Worldwide Agency）的合作伙伴科斯特·瑞瓦斯（Kersten Rivas）与凯迪·米莫（Katy Milmoe），他们认为公司可以加紧建立多瑟瑰啤酒与这些20多岁年轻人之间的品牌关系。

他们开始着手去了解多瑟瑰在消费者心目中的品牌形象，被调研的消

---

① 春假（Spring Break，在美国也称为 March Break，Easter Holidays，Study Week）。一般是在每年的3月到4月之间放假，每个学校的放假时间早晚略有不同。时间大约有十天。
② 科罗娜（Corona）是墨西哥莫德罗啤酒集团（Grupo Modelo）旗下的著名啤酒品牌，该品牌创建于1925年。

费者既包括已经在墨西哥春假期间消费过多瑟瑰品牌的学生群体，也包括其他群体。他们既做正式调研，也做非正式调研，有的时候还会在酒吧里坐下来与消费者近距离接触。结果发现，大多数人，至少是在春假期间没有喝过多瑟瑰啤酒的那些人，对这个品牌几乎没有什么印象。根据客户经理凯迪·米莫的描述，他们对于该品牌的认知大体是这样的："在墨西哥期间，当餐厅没有我想要的品牌时，它是我当时所选择的一种类似于啤酒的饮料。"[5]

当时，他们在餐厅要想点的啤酒品牌是科罗娜。在他们的心中，科罗娜无疑代表着墨西哥。它既能够代表墨西哥这个国家，也能够代表墨西哥文化。从经典的定位理论角度去分析，科罗娜已经"赢得"了有关墨西哥的一切元素。就像凯迪·米莫所说："科罗娜品牌给人一种感觉：沙滩、消遣、假日和阳光。但是我们自我思量一番，墨西哥还有哪些更好的元素可以与多瑟瑰品牌相联系？事后证明，确实有。"

在试图为该品牌寻找各种定位可能性的过程中，团队成员首先特别关注了一下多瑟瑰固有的品牌元素——那些产品属性。其中的一个产品属性就是品牌历史。多瑟瑰啤酒最初是由一名移居墨西哥的德国酿酒师一手创造的，他还创建了一家啤酒厂。因此，事实上多瑟瑰啤酒的制作方法发源于欧洲，只是品牌在墨西哥落叶生根。它最早发端于19世纪90年代末期，它的诞生是为了迎接20世纪的来临。实际上，这也是多瑟瑰品牌名称的由来（Dos Equis是西班牙语，代表"两个X"，用罗马数字表示的话代表20）。虽然被认为是口感较淡的拉格啤酒（Lager）①，但与典型的美国

---

① 拉格啤酒（Lager Beer，名字来源于德语：Lagern，意为窖藏），又称窖藏啤酒，是一种利用低温熟成技术制作的啤酒，是啤酒的两种大类之一，与之相对应的是更加古老的艾尔（Ale）啤酒。拉格采用桶底发酵的酵母菌发酵而成，发酵后需要低温保存数月方可以饮用。此种技术最大的优点是可以做到啤酒量产，所以基本上覆盖范围比较广的啤酒都是拉格啤酒。

清爽型啤酒如康胜银子弹淡啤（Coors Light）[①]和百威淡啤（Bud Light）相比，多瑟瑰啤酒的口味更浓郁、口感更独特。如果可能，将德国技术、20世纪之交、墨西哥血统等这些要素相结合，应该能够产生一个具有多重特质的啤酒品牌。

在那些为数不多的熟悉多瑟瑰啤酒的人中（那些在墨西哥度春假的大学生），很多人认为它与科罗娜啤酒有很大的不同。在早先的访谈中，在消费者被灌输了多瑟瑰的各种品牌信息的时候，团队成员发现独特的名字、抢眼的双X，闪亮的金色标签、来自德国的酿酒师以及略有差异的口感等元素为这一品牌营造出了一种神秘氛围。这种神秘感激发了团队成员的兴趣：它与墨西哥有关，但很多元素并不能让人马上联想到啤酒。凯迪·米莫补充道："我们做了一些深度发掘墨西哥元素的工作。的确，科罗娜拥有代表'阳光+消遣'的强大品牌形象。但是还有一些其他的墨西哥元素让我们觉得让人印象深刻：夜晚的墨西哥神秘莫测、充满未知、与众不同。"多瑟瑰代表了墨西哥的这些特质。墨西哥除了沙滩和玉米卷饼[②]，还拥有更多尚未开发的元素。

这是一个很有吸引力的切入点，但仅仅停留在此并不能为品牌与消费者带来多少有价值的联系。该品牌的产品属性能够在多大程度上满足消费者的需求，神秘的起源、独特的口感，还是墨西哥的血统？如何将这些属性浓缩为一个核心观念？更为重要的是，这一核心观念如何能够给消费者足够的理由去选择多瑟瑰品牌，而不是选择市面上其他成千上万的啤酒品牌？团队成员还有更多的工作要做。他们需要从更亲密、更私人的角度来了解消费者。他们需要基于对消费者的深刻理解来构建品牌核心观念，而

---

① 康胜银子弹（Coors Light），始创于1978年的美国清爽型啤酒，后由于其包装的炫亮银色以及时尚设计，而深受美国、加拿大的年青一代所喜爱，并昵称为"The Silver Bullet"——银子弹。

② 玉米卷饼（Burrito），墨西哥玉米卷饼是墨西哥的传统食品，以牛肉酱、墨西哥辣椒等为馅料，包以烤玉米面皮食用的墨西哥小吃。常见的馅料包括番茄、洋葱、牛肉、奶油、沙司、葡萄酒、盐、糖、黑胡椒粉、生菜等。

不只是从产品功能层面为消费者提供一个与品牌建立关系的理由,是要从情感层面找到让消费者主动去选择多瑟瑰品牌。就像我们在后续的章节中所讨论的那样,他们最终形成的对消费者的深刻理解以及由此创造出的出色情感联系,将这个之前没有多少人知晓的小啤酒品牌提升到了一个前所未有的高度。

转化为情感驱动型的联系
TRANSITIONING TO EMOTIONALLY DRIVEN CONNECTIONS

在本章中,我们已经对如何识别品牌旗下产品的潜在优势这一基础内容做了很多论述。你的品牌拥有什么样的产品属性,以及这些属性又是如何以差异化的方式来满足消费者的某种需求,了解这些是至关重要的。然而,这只解决了两个问题中的其中一个。

另一个问题是需要建立一种品牌—消费者关系(真正意义上与消费者建立联系),要解决这个问题还须真正了解消费者:他们的兴趣、态度、信仰。他们到底在追寻什么?事实上,他们选择该产品品类的原因是什么?他们认为哪些元素具有吸引力?要回答这些问题需要进行深度挖掘。如果你随意找一个消费者,然后问他喜欢某个品牌的原因是什么,你极有可能听到的是一大堆跟功能性利益有关的原因:某品牌口感不错、外观漂亮、缓解饥饿感、软件运行速度更快、使用安全、多种功能,等等。所有这些都是在物理层面吸引消费者购买的重要原因。但他们并不是情感层面的原因。别搞错了:无论消费者是否能清晰地说出或者真正意识到他们选择特定品牌的原因,情感层面的原因就在那里。情感层面的原因通常是消费者选择一个品牌时更重要的原因。只有深度挖掘,你才能够发现它们。

作为营销者，我们总是在寻找与竞争对手差异化的方法。这里有一个线索可以破译品牌与消费者建立关系的密码：消费者就拥有这么些功能性需求，品牌就拥有这么些功能性利益。在一个特定的产品品类中，大量的功能性需求注定都能够被满足；否则消费者就会转换品类，是不是这样？例如一个人会食用燕麦片，这存在如此多的功能性原因，它能够缓解他/她的饥饿感、口味也不错，让他/她能健康地迎接新的一天的到来，提供给他/她必需的各种维生素；等等。但是过段时间，燕麦片所能够满足的生理需求就开始消失殆尽。因此，如果一个产品品类中有众多的品牌可供选择，你顺手就会比较竞争对手之间的产品来满足你的生理需求。事实上，如果所有的竞争对手都采用产品功能导向策略，这个产品品类很快就会滑向围绕产品属性展开激烈竞争的深渊，每个品牌都试图通过增加产品功能属性来超越竞争对手。一旦有第二个竞争对手效仿了这一功能性利益，第一个品牌就得回过头来进行调整并寻找另一个功能性利益来差异化自己。你很容易就能想到这样做会导致的最终结果（而且会非常快）：加入了一场每个人都想胜人一筹的游戏，而可被挖掘的功能性利益资源迅速枯竭。

在下一章，我们将要讨论如何把你的产品属性和相关的功能性利益进一步转化为一种更为复杂的消费者情感纽带。要*层层递进*这项工作还得有一个前提条件——你已经通过产品与消费者形成了更为亲密的联系。对于发展品牌—消费者恋爱关系来说，这些与消费者的情感联系是至关重要的。

讨论至此，有个重要的观点不要忘记：在每一个明确说明的功能性需求背后，都隐藏着更高级的、必须同时能被满足的情感性需求。品牌的物理特征（即产品属性）固然重要，如果没有对情感联系的把握，了解这些产品属性又能怎样？相反，如果没有强有力的功能性品牌主张，任何试图建立情感联系的努力都将是徒劳的。产品属性和功能性利益是品牌与消费者进行对话的起点（牢记"核心利益点"），也是品牌与消费者发生情感联系时必不可少的前提条件。如果根基没有打好，消费者群体将对品牌失去信心、怀疑品牌的诚意，任何已经与消费者建立起来的情感联系都将消失得荡然无存。任何恋爱关系，若要长久——无论是两个人之间还是品牌与消费者之间，你首先要有自知之明。了解了你自己，你才能够为下一步与心仪的人见面、联系做好准备。这也是下一章我们将要讨论的内容。

第三章　了解你喜欢的人
KNOW YOUR TYPE

模糊不清的深褐色影像既显得另类而又带有神秘色彩。你感觉好像自己正在异国他乡观看某个电影片段或正观看着从某座老房子里的一堆影片中挑选出来的电影。屏幕中，一个留着浓密黑色胡须的年轻男子正从海中走出来，手里拿着个看上去像珍宝箱一样的东西。人们兴奋地围在他的身边，想知道他究竟从海里拿出来什么东西。一个男人的声音，低沉而富有磁性，毫无幽默感地说道："沉默寡言之人，字字值千金。"

镜头切换成了彩色画面，还是那个人，现在老了很多。他正在山顶上解开将一架大钢琴拴在直升机上的绳索。"他用眼神或者双手就可以征服你……无论哪一样都可以。"

镜头切换到了他身上，他正抱着一只狐狸全力奔跑，身后，三个身着红衣的人正骑着马追赶他。"在俄罗斯，他能够讲法语……"镜头再次切换到他身上，他正在一个偌大的书房里往一张世界地图上做着标记。一只猫头鹰一会儿在屋里飞来飞去，一会儿又落到他的肩膀上，除此之外再无他扰。"他是……这个世界上最有意思的人。"

镜头最后切换到一家有着温馨灯光的酒吧，在这里，我们的英雄现已穿戴整齐，内穿一件领尖钉有纽扣的白色衬衫，外穿一件别着红色手帕的黑色外套,他与一位至少比他年轻 40 岁的漂亮女士坐在一张桌子旁。他对着镜头,略带着墨西哥口音温柔地说道:"我不经常喝啤酒,但要喝的时候,我更喜欢多瑟瑰。"(I don't always drink beer, but when I do, I prefer Dos Equis.)

我们看到了一瓶漂亮的多瑟瑰啤酒:闪亮的金色标签、红色的"双 X"标识。"世界上最有意思的人"(the Most Interesting Man in the World)[①] 这则广告的结束语是:"保持渴望,我的朋友。"(STAY THIRSTY, *my friends.*)

世界上最有意思的人
THE MOST INTERESTING MAN IN THE WORLD

命名贴切的"世界上最有意思的人"系列广告引发了一种现象,汉威士全球代理机构执行董事科斯特·瑞瓦斯称之为"一种文化现象"。一个具有百年历史却鲜为人知的品牌(在这之前,熟悉它的人主要是度春假的大学生)来到了人们面前,用一种美国啤酒消费者闻所未闻的方式来与他们沟通。在 2010 年的时候,自以为有趣但实则浅薄的嬉闹场景是大多数啤酒广告中司空见惯的画面,多瑟瑰的广告却来了一个 180 度的大转变。

几年之内,多瑟瑰成为了美国市场的第六大进口啤酒品牌,它的"世界上最有意思的人"广告创意活动充满着流行文化元素,以至于《周六夜

[①] "世界上最有意思的人"是多瑟瑰啤酒品牌发起的一场广告创意活动。由当时的灵智营销公司(EURO RSCG)为库赫特莫克—蒙特苏马啤酒公司(Cuauhtemoc-Moctezuma Brewery)制作。

现场》(*Saturday Night Live*)① 节目都曾对它进行过搞笑模仿。凭借这一传播活动，一个之前充其量和它"谋面"过的消费者形成偶然关系的啤酒品牌，俨然已经成为一款每个人都想与之"约会"的啤酒。

就像我们在本书的最后一章看到的那样，多瑟瑰团队已经开始着手去更好地"了解他们自己"——或者说，更确切地了解该品牌所独有的产品属性和消费者利益。他们发现，将多瑟瑰的神秘起源、独特口味和墨西哥血统糅合在一起可能才是它在竞争异常激烈的啤酒市场中异军突起的一个关键。但是他们是怎样将神秘的品牌、墨西哥产品属性这些元素提升到"世界上最有意思的人"的层次呢？一开始，他们完全融入了潜在消费者的生活，即那些20多岁的男性啤酒饮用者（没错，女性消费者也喝啤酒，但与男性消费者相比，她们的总体消费量要小得多），多瑟瑰团队致力于更深刻地了解"适合他们的人"。

了解20多岁的啤酒饮用者

为了了解这部分消费者，由全球品牌总监威廉·金·哈文领导的多瑟瑰团队既没有委托第三方来开展冷冰冰的调研，也没有开展具有明显人为操纵痕迹的焦点小组访谈。品牌团队和他们的同仁，汉威士广告代理机构（Havas），一起去了啤酒饮用者的聚集地——酒吧。他们的目的是，通过体验消费者的生活去发现多瑟瑰啤酒的消费者究竟是怎样的一类人。就像汉威士执行董事科斯特·瑞瓦斯说的那样："我们得潜入他们的心智。我们做的调研属于游击型调研。我们在酒吧中与他们交谈。我们从私人的角度来了解他们。我们想知道他们与朋友是如何交往的，特别是在酒吧这样的环

---

① 《周六夜现场》(Saturday Night Live，SNL) 又称《周末夜现场》，是美国一档于周六深夜时段直播的喜剧小品类综艺节目。节目以纽约市为拍摄地，于1975年10月11日在美国全国广播公司（NBC）首播。本节目在大西洋标准时区、北美东部时区、北美中部时区均是以现场直播的方式播出，是美国电视史上最长寿的节目之一。每周都有不同的客座主持人与音乐来宾加入，与该节目的固定卡司一同演出。

境中。"[1]因此，团队在几个城市的各色酒吧中，每天晚上都与这部分消费者进行交谈，他们认为这部分消费者对于多瑟瑰品牌来说意味着最大的机会。他们从调研结果中获得了启发。

首先，根据瑞瓦斯的说法，与他们交谈过的很多人对啤酒广告不屑一顾。"他们感觉啤酒企业用一种非常弱智的方式与他们沟通。好像他们是一群浅薄幼稚的无知少年。"他们中的许多人不希望被这样对待——成为人们的笑柄。事实上，许多人确实害怕被看作是啤酒广告中所描述的那些人。对于这部分消费者，在一个群体环境中他们最不愿意看到的事情就是被别人看不起或是被别人呼来喝去。与朋友一起说笑和受到朋友嘲笑，这两者之间还是有很大区别的。就连与别人分享幽默感、观点、思想和信仰这样的事情，他们也生怕自己露了怯。

团队发现被别人认为乏味是这些年轻人恐惧的症结所在。根据瑞瓦斯的说法："他们都有这种恐惧——我还不是很重要，我没有那么多的好故事讲给别人听。"米莫①补充道："当他们出去的时候，他们最终愿意成为参与跳伞运动和远足旅行等类似谈话的一分子。有时这些故事的可信度还是一个问题。"[2]哈文确定地说："这些年轻人渴望有一个好的故事讲给别人听，他们太想变得有意思起来。不论故事是不是编造出来的，这些都不重要，重要的是要有意思。"[3]

一个核心品牌理念开始闪现。多瑟瑰团队认为，对该品牌具有吸引力的这些年轻人并不是潮流引导者，也不具备让他们鹤立鸡群的个人能力。是的，这些年轻人是年轻群体的一部分，但他们是年轻群体中重要的一个组成部分。他们本来就是一群有意思的人，并且也希望自己成为这样的人。他们是拥有着搞笑故事和不可思议故事的一群人——一群足以用各种

---

① 凯迪·米莫（Katy Milmoe），汉威士全球代理机构（Havas Worldwide Agency）的合作伙伴，详见第二章中的多瑟瑰品牌案例。

爱情故事和冒险故事嗨翻全场的人。他们是年轻群体中必不可少的一群人。如果没有他们的存在，没有他们的故事，也不能够让他们与别人分享他们的故事，年轻群体就会缺少一个非常重要的组成部分，他们是将年轻群体会集在一起的黏合剂，是让酒吧夜色变得迷人的催化剂。这些年轻人就是多瑟瑰品牌想要与之发展恋爱关系的群体。

多瑟瑰找到了一个切入点。品牌团队几乎把所有的营销努力都聚焦于品牌外部元素的差异化——将品牌信息聚焦于某个情感性利益点和某种神秘的品牌个性。他们通过核心情感诉求来巧妙地传播品牌的神秘起源、独特口味和墨西哥血统。多瑟瑰品牌个性既不同于像高端品牌喜力那样的复杂品牌主张，也不同于像百威淡啤这样的美国啤酒所传递出的搞笑类品牌广告信息。多瑟瑰"赢得"了一个情感利益点，一个主打"有意思"的品牌概念。

一个"有意思的"品牌主张

但是"有意思"究竟意味着什么？他们怎样才能在一个竞争激烈的啤酒市场中将它传播出去？由于规模较小，多瑟瑰不能够像大品牌那样在全国范围内进行广告宣传，因此营销团队所设计的品牌信息需要在不借助大规模媒体传播的情况下来突出重围，并实现与消费者的沟通。"我们将首先放弃传统啤酒所采用的品牌信息，"瑞瓦斯说，"不会把啤酒饮用者放置在一个幽默的场景中，我们的品牌会说'你生活得有意思，并且信奉努力过上最有意思的生活这一哲学。我们多瑟瑰品牌也信奉这一生活哲学'。"如果现在其他品牌针对20多岁男性年轻人所发出的信息是"宝贝，有派对，来参加车尾派对①吧"，多瑟瑰将去吸引一个最惧怕生活无聊的核心消费

---

① 车尾派对（Tailgating），美国年轻人较为喜欢的派对形式之一。顾名思义就是在打开的汽车后挡板旁边举行的聚会。一般在球场的停车处举行，有时也在比赛或音乐会之后举行，伴随着酒水饮料和烧烤食品，作为赛前或赛后的庆祝活动。

者群体。

在一则不同于众多传统啤酒的广告中,他们并没有去展现20多岁的年轻人参与有意思活动的场景。相反,米莫说:"我们没有必要让他们在广告中看到自己的身影,但得让他们说'这个家伙很有意思'。我们试图进入这样一种消费者心智——'我需要类似那样的经历,那才是我希望成为的人。'"传播要围绕一个人,贴切地把他戏称为"全世界最有意思的人",他代表着好奇心和神秘感,他能够让人们隐约感觉到多瑟瑰来自墨西哥,但绝不能透露出太多的墨西哥痕迹。更重要的是,应该给这个人设计一系列有意思的经历来引发消费者的注意。团队只需要琢磨出由谁来充当这位"全世界最有意思的人"。

他也不应该像多瑟瑰想要吸引的年轻人——他的年龄应该大一些。就像米莫解释的那样:"我们发现年龄较小的人作为代言人无法带来真实可信感。如果他们那么年轻,他们可能无法让人相信他们能够拥有如此有意思的生活。"团队也不想让品牌带给消费者某种不真实、不可信的感觉——如果沟通中描述了跟他们年龄相仿的某个人拥有着令人难以置信的有意思经历,就有可能带来这样一种感觉。因此,一位年龄较大的人才能成为那个"全世界最有意思的人"。团队放眼全美国来寻找此人,就如哈文所讲:"突然我们找到了一个充满沧桑感的、头发灰白的人物肖像,他吸引了我们所有人的注意,他就是绝佳的人选。"

演员乔纳森·戈登史密斯(Jonathan Goldsmith),一位自称来自布朗克斯(Bronx)① 的俄罗斯裔犹太人。"很显然他并不是墨西哥人,"哈文说,"但他有一种饱经沧桑的感觉,看上去颇有经历。"米莫补充说:"我们的消费者欣赏他这样的人,并希望自己到了他这个年龄的时候也能够像他那样。他像在各种家庭场合中出现的酷叔叔。他没有威胁,也不会和我们的

---

① 布朗克斯(Bronx),纽约市是最北端的一个区。

消费者在酒吧中同坐一张桌子,但他是他们想走过去见一见的那个人。"

虽然团队对广告创意活动和"全世界最有意思的人"感到兴奋,喜力管理团队的一些人对此还不太有信心。① 哈文说:"有时候,你设想的是某个人,而结果却是另外一个完全不同的人。在管理层的印象里,詹姆斯·邦德(James Bond)② 或者杰森·伯恩(Jason Bourne)③ 才应该是广告片中的主角。"其实,他们不知道,在演艺圈中戈登史密斯是连詹姆斯·邦德都应该尊重的前辈。

这次广告创意活动的另一个具有争议性的问题是关于它的结束语。"全世界最有意思的人"看着镜头说道:"我不经常喝啤酒,但要喝的时候,我更喜欢多瑟瑰。"稍等一下,"全世界最有意思的人"是不是在说他不经常喝啤酒?试想一下别的啤酒品牌是怎样沟通的,有没有任何一位想要把你拒之门外?有没有任何一位说:"你好,我们知道你不经常消费这类产品,但当你消费的时候,你选择的是我们的品牌?"这是一种完全不同的思维。这位"全世界最有意思的人"将要承认,他不经常喝多瑟瑰。瑞瓦斯补充说:"如果他总喝多瑟瑰啤酒,那他就不会是一个有意思的人。他得真实,他得诚实。即使没有多瑟瑰,他的整个生活也**不会出现任何问题**。多瑟瑰在所有的事情里面只扮演着非常次要的一个角色。"因此,这个简单的结束语挑战了传统的思维,但它与多瑟瑰的消费者建立了一种信任关系,也由此增强了该品牌的酷元素。

团队最终说服了管理层继续推进这个广告创意活动,在预算紧张的情况下,他们在美国西南部的八个市场启动了广告宣传。尽管预算不多,但却引起了轰动。消费者开始谈论品牌。团队看到互联网上有很多关于多瑟瑰品牌的讨论。这些市场保持着两位数的销售增长速度。瑞瓦斯透露,根

---

① 喜力负责多瑟瑰的营销与分销业务。
② 詹姆斯·邦德(James Bond),《007》系列小说、电影的主角。
③ 杰森·伯恩(Jason Bourne),《谍影重重》主演之一。

据行业广告评估机构穆博恩（Mill-ward Brown）发布的数据，在它所测试的 7 万个电视广告中，该广告的受欢迎程度一直位列前 5%。结果令人如此振奋，公司马上制定了一个将"全世界最有意思的人"广告创意活动推向全国的计划。

从区域成功到亮相全国

新品牌主管保罗·斯梅尔斯（Paul Smailes）被委以如下任务：在区域市场保持上升势头的同时，发起全国性的广告宣传。斯梅尔斯这样看待他的任务："我们的品牌有很大的发挥空间，这能让我们向全国的消费者推广'全世界最有意思的人'这一理念。"[4]他将负责这次广告创意活动，并将它推升为一场全方位的营销活动，让想要拥有更有意思生活的饮用者能够处处体会到它的存在。这其中就包括通过社交媒体来激活品牌、通过店内活动来激活品牌、设计一场巡展（世界上最有意思的演出）并专门赞助一些其他活动。但是，这位"全世界最有意思的人"不会直接参与以上的这些品牌激活活动。多瑟瑰将他保护了起来，让他充满神秘感，只让他出现在那些直接与消费者沟通的场合。

全美国的人都对此充满了兴趣："最有意思的人"接下来会做什么？不仅啤酒消费者想近距离与多瑟瑰品牌接触，分销商和零售商也希望获得更多的产品与更多的促销，他们迫切地希望能够搭上这趟顺风车。根据斯梅尔斯的说法："我们真的发现，我们可以通过增加新的包装和开发一款新口味的琥珀啤酒来扩大我们在零售店的地盘。我们与消费者的关系正成为让业务伙伴也来支持品牌的驱动力量。"

五年间的数据十分喜人。根据喜力的内部数据显示，从 2007 年区域性的广告创意活动启动一直到 2011 年秋天，多瑟瑰的品牌知晓度提升了 47% 左右，销售量翻了两倍还多。在脸书网站（Facebook）上，多瑟瑰成为了首个获得百万点赞的啤酒品牌。2012 年秋季，《周六夜现场》还制作播出了一则搞笑模仿广告"三瑟瑰"(Tres Equis)。广告中,杰森·苏戴奇斯(Jason Sudekis)① 扮演了"最有意思的人",嘉宾主持约瑟夫·高登-莱维特(Joseph Gordon-Levitt)② 扮演了"最有意思的人"的儿子。

建立纽带
CREATING A BOND

多瑟瑰的案例说明,在发展品牌—消费者关系过程中最重要的工作就是:能够发掘出一种源于产品属性的品牌元素并创建一个对某个特定消费者深具吸引力的人格化品牌。用你自己的人际交往关系来类推一下。你很可能知道你喜欢哪种类型的人(或者至少你认为自己知道),你对你喜欢的人、喜欢你的人、你选择交往的人作为你的朋友(更重要的是,你知道不选择谁做你的朋友)。我们的关系(特别是男女恋爱关系)受到吸引力的驱使。在最表层的意义上,我们为另一个人的身体特征所吸引——眼睛、头发、身体;等等。在很多情况下,人与人之间的关系都是基于纯粹的身体吸引力。然而,要让某种关系变得长久,我们必须超越身体层面的吸引力,进入个性、共同话题、情感联系以及可能拥有共同的经历等更深的层面。

品牌—消费者关系也遵循类似的发展轨迹。营销者经常错误地从消费者的"身体"属性层面(年龄、性别、收入水平、受教育水平等)来认识

---

① 杰森·苏戴奇斯(Jason Sudekis),1975年9月18日出生于美国弗吉尼亚州费尔法克斯,美国喜剧演员。

② 约瑟夫·高登-莱维特(Joseph Gordon-Levitt),1981年2月17日出生于美国加州洛杉矶,美国演员。

他们，而没有从更深层面去了解他们。如果你向一名资历较浅的品牌经理发问，她/他的消费者是谁，她/他通常将会用人口统计方面的词汇来描述消费者。同样，消费者经常将品牌看作是汇集了一系列质量或属性的产品，这些产品能够或者不能为他们提供某些功能性利益。对于那些消费者来说，他们基本不会对他们认为与其自身没有关系的品牌产生感情。这类品牌能够满足某种需求，但也很容易被与之高度相似、购买更便利的其他品牌所替代。

但更强大的品牌—消费者关系，就像真实的人与人之间的关系一样，会超越物理的、实用的层面。寻求建立这种关系的品牌经理开始用心理层面的术语来描述消费者——他们的态度、信仰、业余爱好、酷爱做的事情。在一种最强大的品牌—消费者关系中，消费者也会更多地从品牌给她带来的感受而不是为她解决了什么问题的角度来体验或者描述品牌。强大的品牌所具有的个性，不仅是那些能够吸引消费者的个性，而且还是那些消费者向往拥有的个性。从我的经历来看，消费者与最强大品牌之间的恋爱关系能够最终让消费者切实地感受到这个品牌"为他们而设计"。

多瑟瑰的品牌案例就属于这种情况。通过真正了解他们想与之建立关系的消费者，品牌团队取得了成功。他们成功地将产品的物理属性与功能性利益层层递进到一系列情感性与社交性利益的层面，接下来他们通过某种独特的品牌个性将这些利益传播出去。"有意思的"这一品牌主张从众多创意中胜出，它既复杂却又容易被理解。

在本章接下来的部分，我们将聚焦于了解消费者，以便以产品的物理属性为基础，设计出一种能真正与消费者产生联系的整体性品牌主张。尤为特别的是，我们将讨论如何通过一种有意义的情感性与社交性利益来建立品牌主张，这些利益能够通过深具吸引力的品牌个性得以彰显。

当我们了解并熟悉了消费者，个性、联系、关系所有这些都将开始产生。那么我们怎样才能够了解消费者？关注应用分析是营销的热门趋势，人们希望"大数据"能够解决我们的所有问题，能够提升我们所有营销努力的效果。现今对大数据的狂热追捧促使我关注六岁双胞胎女儿所在垒球队的场中表现。有人击球，场上所有的9个队员飞奔了过去。没有人占得一垒。比赛失败了。以我的观点，营销领域的从业者与学术界对分析论的狂热追捧，折射出一个类似的错误行径——这让我们远离事实的真相。

任何灵丹妙药都不能改变市场营销的本质。虽然分析论代表着一套强大的、确实在营销界占有一席之地的新工具，但它不是万能灵药。从字面上看，数据本身就没有什么人情味，它也很难让我们真正地了解消费者。而且，分析论只测量我们想要测量的指标。关于多瑟瑰，科斯特·瑞瓦斯是这样说的："如果我们仅仅通过市场细分研究并仅凭喜好就对消费者进行分类，我们永远也不会产生'最有意思的人'这样的创意。我们永远不能深挖出它背后的东西。这是一个非常具有社交性和话题性的创意。应用大数据或者分析论，这些创意根本就无从谈起。"消费者不是一堆堆的数字，他们也不是通过调研就可以了解的。大数据并不能告诉我们如何从情感或精神层面来与消费者产生共鸣。你无法与大数据交谈。要真正地巩固一种关系，你得交谈。一个好的品牌管家需要倾听。如果不这样做，你将错失有可能将恋爱关系确定下来的各种机会：特殊的时刻、关键的消费洞察力、不可思议的元素。

多瑟瑰团队着手寻找这种具有魔力的元素。他们开始了解该品牌潜在消费者的恐惧与梦想，并从这些因素中产生出从内心深处吸引消费者的创意。这是一个值得所有营销者学习的案例——一个"既见树木又见森林"的经典案例。数字与模型能为我们提供一个切入点，但如果我们纠缠其中而不能自拔，我们将错失那些我们可以深入了解潜在消费者的机会，也失去了与他们建立有意义品牌联系的机会。

第三章　了解你喜欢的人
KNOW YOUR TYPE

与众不同的消费者
YOUR DISTINCTIVE CONSUMER

　　总是有一些消费者可以更好地与我们的品牌相处，而不去选择其他竞争品牌。我们都知道品牌由消费者做出选择，但这也是一种双向选择：品牌也试图将精力集中花费在他们想要与之发展关系的消费者身上。这些消费者看中品牌关系，不会接受替代品。当一个竞争者向他们提供优惠券或者其他诱饵时，他们将会抵制这种"欺骗"。最重要的消费者将有能力去影响其他的消费者：他们的推荐将会对亲朋好友产生说服效应。这些特别的消费者，我把他们称为影响者[1]，他们是决定一个品牌在整体上是否健康的关键所在。他们的影响力鼓舞、激励着其他人。如果一切按照计划进行，他们中的许多人将通过微妙或者直白的方式把有关品牌的正面消息传播给他人，并将最终成为品牌的宣传者。

　　我以动乐品牌的亲身经历来现身说法，这是识别并向品牌的影响者开展营销的一个案例。还记得我们为动乐制定的战略就是要把营销努力集中在运动饮料的下一代消费者身上：正在开始消费该品类产品的青少年群体。我们本应该就此止步。我们本应该努力将我们的产品营销给一群普通的青少年软饮料消费者。但是你现在已经知道，要建立一种强有力的品牌关系，仅仅将表层的产品属性与一群普通消费者沟通是远远不够的。人口统计能够为我们提供一个切入点，但我们需要突破产品的物理层面。当男

---

[1] 影响者（Influencer），在某一品类中能够对其他人产生影响的那部分消费者。本书中的"影响者"，如无特别说明，均指这部分群体。

性青少年群体开始消费软饮料,要真正从情感角度与他们建立联系,我们得用这部分消费者共同拥有的某种态度或者心理因素(一种他人认为有吸引力并且向往的态度)来吸引他们。

显然,理解体育运动就很关键。但更特别的是,我们得理解潜藏在孩童与体育运动背后的情感纽带。调研结果显示,在一个普通的高中校园,顶尖运动员被认为是"校园中的牛人"(90%的青年男性表示最酷的孩子很擅长体育项目)[5]。运动员的观点也会获得追捧:他们是酷的代言人,并被看作是同龄人中的领导者。在一个普通的高中校园,他们可能不是某个潮流的发起者,但通常他们是否认同当下潮流也能够决定某一潮流的成败。如果他们不支持你,那么你的存在就不具备合理性。我们的目标是与这个群体建立强大的、身心投入的品牌关系,因为如果你能够让他们对你的品牌产生热情,他们的背书效应将会极大地推动朋友圈人群的消费。如果一个品牌能够与对他人具有激励作用的消费者建立关系,那么该品牌就会有更好的机会被影响者的追随者所接受。

我们的影响者战略将焦点集中在人数不多但却非常重要的高中校园里的那群体育运动领导者身上,不仅让他们与品牌建立关系,而且成为向其他孩子(包括他们的弟弟)进行传播的品牌宣传者。让佳得乐成为他们父亲那一代人消费的运动饮料。我们的动乐才是属于他们这代人的运动饮料。

提供情感与社交利益
PROVIDING EMOTIONAL AND SOCIAL BENEFITS

为了与这些年轻人建立情感联系,我们得理解体育运动的精神。这能让我们推断出运动饮料所能满足的潜在需求。这需要回答两个重要的问题：孩童与青少年为什么参加体育运动？他们在情感上获得了哪些裨益？

从最基本的层面来看，体育运动代表一个人从孩提时代向成年时代的转变。对于男性青少年群体，这是他们阳刚气质的首次展现。体育运动教会了男孩子有关输赢的概念，但也教会了他们不屈不挠的精神，帮助他们增强了自信，让他们明白只有付出和辛苦努力才能获得回报。将品牌与青少年体育运动的关键情感驱动因素相联系，才是动乐与这些男孩子建立品牌关系的正确方式。让该品牌成为他们日常体育活动的一部分，这才是至关重要的。我们把品牌定位为一件总是出现在赛场上的可以看得见的必要运动装备。就像球员需要手套、游泳选手需要泳镜、短跑运动员需要跑鞋一样，我们的青少年消费者需要动乐运动饮料。

设想一下将这种情感联系注入你的品牌。类似于找到那个恰当的功能性利益，找到一个差异化情感性利益就是发掘出一个你所拥有的、可以在逻辑推理上让情感性利益与品牌产生关联的某种元素。怎样才能做得到呢？

首先，找到情感切入点。 消费者具有相似的功能性需求，并通过选择一个产品品类来确保这些需求能够被满足。处在该产品品类的一个品牌要想获得成功，就需要将这种功能性利益与驱动该种功能性需求的首要情感性需求相联系。几乎在所有产品品类中，都有一种强大的基于情感的消费需求。你的任务就是要找到它。它并不是唾手可得的，超越功能性需求来找到它也绝非易事——这需要更深层次的思考。与你理想的消费者交谈、倾听他们的声音、与他们打交道，这才能帮助你找到一个能够让品牌实现差异化的深具吸引力的情感空间。

其次，勾勒出你所识别出的情感空间并进行全面研究。 人是复杂的，这一点不言而喻。要让他们有效地与一个品牌产生联系，我们必须了解他们将情感附着在某个产品品类的多重路径。应用特定的定性方法，例如传统的层层递进方法，将帮助我们找到消费者倾注在某个产品品类上的真实情感。让他们就某一个功能性利益做出进一步的详尽说明："好，这个产品能解渴。这对你意味着什么？"如果他们说："通过解渴，它能够让我更长时间地关注比赛。"接着再问："如果你能够更长时间地关注比赛，那又能够给你带来什么？"他们可能会说："这意味着我在尽我最大的努力。"接着再问："如果你正在尽你最大的努力，这又意味着什么？"他们可能会说："这意味着我能够为取得胜利贡献更多的力量，并让我们有更多的机会去赢。"接着再问："如果你为一个团队的成功贡献更多的力量，这又意味着什么？"等等。这是一个反复问答的过程。就这样阶梯式的层层递进，直到你获得了一个全面的利益排列组合结构，它能够解释清楚消费者为何在最开始的时候就找到了那些功能性利益。

最后，尝试一下其他的产品品类。使用相似产品品类来洞悉缘由：在某种需求状态下，消费者是如何在情感层面与品牌建立联系的。例如，为了探究品牌定位于"一件体育运动装备"是否可行，动乐品牌团队花费了大量的时间来关注其他的运动装备提供商——耐克、阿迪达斯和罗林斯（Rawlings）[①]——以便更好地了解如何将品牌与男性青少年群体对体育运动的热爱联系起来。

动乐做的每一件事情都聚焦在"热爱体育运动"的男性青少年影响者身上。这种聚焦处于动乐品牌战略的绝对核心位置。如果高中校园的体育运动领导者为品牌提供背书，我们就能够有更多的机会让他们的队友们来使用我们的品牌。品牌团队想象出一个场景，让喝动乐具有一种**象征意义**，对于消费者来说，仿佛在告诉别人"我是一名运动员"。象征意义是告诉全世界有关"使用者"某种信息的一个符号。如果动乐能够象征一种价值并成为一个证明消费者认真对待体育运动的符号，该品牌的社交价值也将获得提升。也就是说，该品牌不仅想从情感上吸引热爱体育运动的男性青少年群体，而且还想帮助他们提升在同龄人中的社会地位。

[①] 罗林斯（Rawlings），著名棒球手套品牌。

大多数营销者仍然没有真正认识到一个品牌为使用者带来的社交力量。品牌可以作为一种象征意义,向他人透露出使用者的信仰、态度和观点,以及最终告诉别人,作为个体的他或她究竟是谁。多瑟瑰团队以这个使命入手——鼓励那些已经感兴趣的核心影响者,让他们对品牌更感兴趣。那些也想成为更有意思的人的跟随者,将多瑟瑰看作是参与对话的载体。在跟随者心目中,如果影响者群体在饮用多瑟瑰并接受其为品牌,那么他们为何不这样做?

再将我们的讨论拉回到关系模型,人们之所以能够通过相互交流进而对别人产生影响(各种关系的形成逻辑),它的秘诀就在于我们的社交属性。人之为人,我们是社会的产物。当我们与他人互动时,我们才能成长,不只如此,我们必须与他人互动,否则我们也就不是一个完整意义上的人。这是一个基本的,也是不可辩驳的事实。多瑟瑰只是想成为人们互动的一小部分。它想成为给予消费者信心的那个品牌,让消费者知道他实际上有兴趣也能够与别人共处。

还需要注意的是,多瑟瑰团队始终围绕"保持渴望,朋友"开展工作,这表明我们永远需要去寻找下一次冒险,从不因取得一点成绩就沾沾自喜。我们想追求这样的生活:当我们到了"世界上最有意思的人"这样的年龄,我们才能在回首往事时不留太多遗憾,因为我们知道我们活出了最精彩的自己。多瑟瑰想要成为一个小小的提示器,提醒人们生活中充满选择,如果你想,你就能够通过选择活出真我精彩。瑞瓦斯指出:"对于我们的消费者,物质的东西意义不大,体验才更有意义。他们不想伪装。他们想要去体验和经历。我们将成为一个陪伴他们一起体验和经历的品牌。"正是这种鼓舞人心的精神计最强大的品牌与其他品牌区别开来,这种精神还代表着一个品牌能够提供的社交利益。

回想一下象征价值的概念。如果一个品牌能够让一个消费者来表达自己,那么这个消费者将最终在这个品牌中发现更多的价值,并且可能会支付更高的价格来购买它,其所支付的价格要远高于那一个不具有相同社交货币①效应的品牌。让我们重新看一下这一原则在聪明水品牌案例中是如何发挥作用的。

创造一种象征意义
DEVELOPING A BADGE

自1996年上市以来,聪明水就一直在改变着瓶装水品类的定义方式。在它问世之前,瓶装水就是一种满足人们最基本需求的商品。该产品品类中任何品牌之间几乎没有任何差异。大部分消费者的认识处在"水就是水"的层次上,虽然在这个品类中存在一些品牌,但消费者觉得他们更像普通商品。大部分的包装都很类似——类似软饮料的塑料瓶、蓝色标签、对于泉水来源的模糊说明,并且基本不做广告宣传。结果,这个品类变成了这样一种情况,分销能力最强的企业拥有最大的市场份额,例如可口可乐公司的达萨尼(Dasani)和百事可乐公司的纯水乐(Aquafina)。

通过聪明水品牌,酷仕乐(Glacéau)从根本上改变了该产品品类与消费者群体互动的方式。20世纪90年代后期,聪明水被推向区域市场,它在瓶装水品类中掀起了波澜,当时该品类正处于消费升级和品类销售增长的风口。这个波澜一定程度上跟媒体关于水对一个人健康重要性的大肆报

---

① 社交货币(Social Currency):在网络空间或者时间的物理场所,人们在社会交往的过程中,在共同的话题下人们之间产生连接协作、身份认同和归属感等效应。社交货币更加全面地概括了人际交互的特征,强调了社会交往网络之间的流通特性。沃顿商学院营销学教授乔纳·伯杰(Jonah Berger)在其著作《疯传:让你的产品、思想、行为像病毒一样入侵》中,这样解释社交货币:人们都倾向于选择标志性的身份信号作为判断身份的依据。人们喜欢分享,因为他们会觉得这是其个人身份的体现,会让他们看起来更加精明、机智,获得更多好评。

道有关。当时，瓶装水消费者耳边每天都充斥着"身体需要保持水分"的新闻和健康故事。代表着消费群体中很大一部分比重的女性消费者，被告知更多的水分摄入能够让她们拥有更洁净、更水润的身体，这能帮助她们降低体重、消除皮肤干燥。突然，你到处都能够看到手里拿着一瓶水的女人。走在街上、参加会议，或是进入健身房，你总会发现女人们拿着瓶装水就像拿着包一样司空见惯。水瓶事实上已经演变为女人的必备物件——看到她，就看到了那瓶水。聪明水具备让其产品成为消费者必备品的某种潜能。

之前，在两边摆满了瓶装水的过道上，当他突然意识到瓶装水存在着同质化的情况时，聪明水的设计者达利斯·毕克福（Darius Bikoff）就已经得出结论，包装（连同差异化的功能性利益"聪明的水合作用"）是可供品牌实现差异化的为数不多的路径之一。结果，他拜访了知名建筑学家和产品设计师菲利普·斯达克（Philippe Starck），邀请他来为聪明水设计瓶型。斯达克所涉猎的设计范围包括榨汁机、宾馆室内设计和游艇，现在他将设计一个在外观上既高又细，又极具现代感的瓶子——与占据商场货架的大部分水瓶都不一样的瓶子。

聪明水应用这些属性来培育品牌。他们拥有一个独特的名字——聪明水，这对消费者来说颇具吸引力。谁不想做一个聪明人？他们的产品构造不仅在生产方式上同其他瓶装水有所不同，而且在包装方式上也有区别。与众不同的包装，让它具备了一种能够最终提高品牌声誉的强大情感性利益。

既然女人们成天随手拿着瓶装水，何不抓住这个趋势？聪明水的前任高级营销副总裁马特·康恩（Matt Kahn）解释道："我们拥有完美的时尚配件。它具有引领潮流的包装。一方面，直形瓶简单而又含蓄，但同时对消费者来说又代表着时尚。"[6] 类似于我们想让动乐成为赛场上的一件必备运动装备那样，康恩的目标是让聪明水永远成为"潮人"在日常生活中的必备品。该品牌的目标是要成为一个偶像，潜台词是："对我来说，照顾好自己很重要,聪明水让我看起来和感觉都很棒。"

就像动乐,聪明水已经设计出了一个强有力的影响者战略。营销团队将聪明水的影响者定义为那些非常注重身体健康却又能够展现强烈时尚感的女性。显而易见,她应该会对该品牌的"聪明的水合作用"这一功能性利益感兴趣。在她的交际圈中被看作是领导者——她是别人羡慕的对象,特别是在健康和时尚方面,这一点同样重要。如果别人看到她消费聪明水,他们自己也更有可能消费该品牌。这一战略强调了聪明水带给影响者的某种象征意义,它能告诉别人她是谁、她代表什么——就像一个钱包或者围巾的特定品牌一样。

层层递进
LADDERING UP

聪明水是怎样创造出一种象征意义的?关键就在于它与影响者建立了一种联系,让影响者发觉该品牌不仅代表着水。我们已经看到,最成功的品牌是从产品本身入手的。但是他们并没有就此止步。就品牌—消费者关系来讲,缜密地逐步构建出一个品牌个性能够为持续的品牌沟通与品牌声誉的建立提供有效路径。让我们进一步从品牌与影响者之间关系的角度来讨论品牌声誉的建立问题。

功能性与情感性利益

还记得我们要从产品本身入手,特别是产品的*特征与属性*吗?如果拿聪明水来举例,我们发现它的属性包括线条明快的高直瓶型、小写的"smartwater"字样、包装上的幽默品牌逸事、添加的电解质,甚至还包括蒸气蒸馏工艺。现在我们需要将这些产品属性转化为**功能性利益**。用我们人类的话来讲，功能性利益表示一个人能够为他的/她的伙伴所做的事情。它指的是他/她身体力行地为别人做的事情（例如，充当伴侣、帮一个忙、给一个拥抱等）。在我们的聪明水案例中，功能性品牌利益包括高效的水合作用、极佳的口感、消费者健康和日常保健共存的必备品。

情感性利益被定义为品牌给影响者带来的感受。它们必须与品牌的功能性利益紧密相连。这就是品牌与影响者建立更深层次联系的关键环节所在。现在我们正在进入更为丰富的关系图谱。当使用者使用品牌时，该品牌给使用者带来了怎样的感受？如果你已经做了充分的准备工作，并且真正让影响者来了解他的兴奋点、情感需要以及想与你的品牌产生关联的原因，那么你就能够找到情感性利益。就聪明水案例来说，这些情感性利益包括让消费者感到自信的方式：让消费者知道他很时尚，通过净化使他感觉到他在做对自己身体有益的事情。

社交性利益

但我们的讨论还远远没有结束。之前我们讨论过，品牌的社交属性非常重要。品牌向影响者提供社交性利益的能力，对于品牌—消费者关系来讲至关重要，不论它是作为某一个社交场合的谈资，还是充当其表达自我的一种象征符号。我们把这种能力称为一个品牌的**社会声望**。重要的是我们需要反问自己：我们怎样才能够提升品牌的社会声望？

一种方法就是能够提供**向别人讲故事的价值**。就像多瑟瑰广告所显示的那样，我们都想成为有意思的人。我们都需要讲故事。多瑟瑰的广告创意活动讲述了关于品牌的丰富而又深刻的故事，以至于在它在最希望追求的消费者中产生了极大的口碑传播效应。消费者开心地相互讲述着"最有意思的人"的故事，并围绕该故事与多瑟瑰形成了丰富的谈资。多瑟瑰与"最有意思的人"之间的诸多故事成为了提升多瑟瑰品牌社会声望的载体。

提升品牌社会声望的另一条路径就是成为别人心目中的偶像。这属于一个"酷"变量。你是怎样知道有"酷"的事情出现的？这个说法听起来似乎很武断——试图去描述"酷"有点类似于有关不良读物的经典描述：我无法跟你说清楚那是怎么一回事，但当我看到了也就明白了。"酷"是无法被测量的，也不能通过口头描述来说明，但能够鼓舞人。一个品牌看上去、听上去、摸上去或者尝起来的样子或者感觉，都能够增加其内在的"酷"元素，并最终有利于该品牌去吸引影响者。就如我们将要在本章后面部分看到的那样，一个品牌和谁产生关联也在这方面发挥着作用：让品牌成为消费者愿意在别人面前展示的必备物件，让品牌成为消费者愿意谈论的对象。

但是在我们完全理解一个品牌的社会声望之前，我们需要确保它的个性与影响者的个性保持一致。"酷"也能通过品牌个性来驱动。还记得我们在第一章讨论过的，珍妮弗·阿克和她关于品牌个性的著作吗？品牌个性指引着消费者沟通信息的调性和口吻。《韦氏词典》（*Merriam-Webster Dictionary*）中对于"个性"是这样定义的："将一个人、一个国家或者一个群体区别开来的特征，特指一个人行为与情感特征的总和。"个性将我们与他人区别开来，在很大程度上决定着我们成为怎样的独特个体。你知道什么是吸引你的个性，什么是你讨厌的个性。当谈到品牌时，一个品牌个性必须基于这样的开发原则：既有利于识别品牌，还有助于吸引某一消费者。影响者必须感觉到一个品牌是为"像我这样的人"所准备的。

其实，就像我们在可口可乐案例中看到的那样，消费者越认为某个品牌好像"为自己准备的"，他购买该品牌的可能性就越高。部分原因是两者的个性有相通之处。人与人之间的关系也是如此：你与另一个人进行情感联系并发展关系的方式，很大程度上取决于彼此之间个性的吸引程度。

同样，通过它们的外观、信息和调性，品牌就拥有了能够吸引被挑选出的那部分影响者的个性。一个品牌如果拥有了为其目标消费群体所推崇的个性，这将更有可能带来品牌忠诚，并最终让消费者爱上这个品牌。选择并成功地突出恰当的个性能够从根本上改变品牌的发展轨迹。

● ● ●

以经典案例——米勒淡啤（Miller Lite）为例，当时的名字为"米勒淡型啤酒"（Lite Beer from Miller），它的品牌个性让它成功转型并定义出了一个完整的啤酒子品类。当时，米勒啤酒公司（Miller Brewing Company）[1]收购了首个实现全国分销的淡啤品牌麦斯博（Meisterbrau Light），几乎没有人认为它能够取得成功，而认为它顶多能够满足啤酒品类中一个小规模利基市场中的需求（寻求更低热量的女性啤酒饮用者）。但是米勒另有打算。它认为经过重新命名的"米勒淡型啤酒"能够成为一个主流的大品牌。为了达成此目标，它需要与啤酒饮用者中最大的细分人群（那些将啤酒看作是男人友情必备品的年轻蓝领群体）建立纽带。这个任务并不简单——如何让30多岁的核心啤酒饮用者去拥戴一个被认为是专为女性准备的低热量啤酒？根据传统理论，我们认为该营销团队取得成功的可能性为零。

斯科特·米勒（Scott Miller），迈科·艾瑞克森（McCann Erickson，米勒的广告代理商）的前任创意总监，这样描述道："这是一项不可能完成的任务（Mission Impossible）。啤酒一直以来并且也将会拥有一种强烈的象征价值。你喝什么会直接透露出关于你的一些信息。当时，如果你在酒吧点的不是百威啤酒，你需要说明缘由。你的阳刚气质会遭到人们的质疑。"[7]换句话讲，如果你是一名强健的蓝领工作者，你绝不能点一款淡型啤酒。迈

---

[1] 米勒酿酒公司（Miller Brewing Company）由弗雷德里克·米勒（Frederick Miller）于1855年成立。2002年6月，南非啤酒（South African Breweries，SAB）以56亿美元并购米勒啤酒，之后正式更名为南非米勒（SABMiller）公司。2014财年，南非米勒酿酒公司实现销售收入221.3亿美元，净利润降至33亿美元。2015年10月，百威英博和南非米勒公司达成协议，全球最大啤酒厂商百威英博啤酒（Anheuser-Busch InBev）以1040亿美元收购全球第二大啤酒制造商南非米勒公司。

科团队就需要完全改变这种消费认知，只有这样，一个青年男性消费者可以点"米勒淡型啤酒"来喝，但依然会被认为是一个"真正的男人"。

团队开始投入工作。他们发现，对于男性蓝领人群来说，啤酒是下午他们与朋友在酒吧闲聊和观看橄榄球赛时的一种必备饮品。但在这种情况下喝啤酒会产生一种负面效应：它会让人胀肚。这些人不想有这种胀肚的感觉，这样会辜负他们与朋友下午在酒吧的欢乐时光。从功能层面来讲，更低的热量可能会解决这个问题。不是因为这种产品能够让你保持更好的体形或更健康，而是因为消费者能喝更多啤酒并在酒吧里待更长的时间。

迈科团队已然发现了这个功能性利益，但是他们怎样才能够将这个功能性利益与某种情感性利益相衔接，并让品牌拥有一种真正的个性呢？他们决定对"米勒淡型啤酒"进行拟人化处理，将它比作"酒吧里的兄弟"，并让强壮的退役运动员为品牌代言。当时，现役职业运动员被禁止为酒精类饮料做代言，但是对米勒来说，退役运动员刚好合适。退役运动员身体强健：他们依然按照专业的标准来打比赛，并且代表着在赛场上浴血奋战的勇士。他们已然"挂靴"，现在通过放松并到酒吧去喝一杯的方式来享受之前辛苦付出的成果。

但借用代言人模式所转移过来的品牌个性需要具备无可辩驳的真实可信度。斯科特补充说道："品牌得阳刚起来。我们得让这些男性消费者接受：在酒吧里点'米勒淡型啤酒'，你感觉并没有什么不妥。"因此他们拜访了像迪克·巴特克斯（Dick Butkus）[①]、布巴·史密斯（Bubba Smith）[②] 和乔·弗雷泽（Joe Frazier）[③] 这样的退役运动员，不仅让他们推介"米勒淡型

[①] 迪克·巴特克斯（Dick Butkus，1942~），美国橄榄球明星运动员，曾于 2009 年获得"NFL 最伟大球员"称号。

[②] 布巴·史密斯（Bubba Smith，1945~2011），美国知名橄榄球员，作为防守队员参加过九个赛季的比赛，并赢得超级碗联赛奖杯。

[③] 乔·弗雷泽（Joe Frazier，1944~2011），世界上第一个击倒拳王阿里的人，前 WBA（世界拳击协会）重量级拳王及前 WBC（世界拳击理事会）重量级拳王。

啤酒"，而且还要让他们参与到酒吧里关于该产品是否"口感不错"或者"更少胀肚感"的激烈争论中来。现在该品牌拥有了一个新的个性——既代表着强健，又具备幽默感。简而言之，该品牌成为了"酒吧里的兄弟"。这种方法是成功的：品牌受到了蓝领男性啤酒饮用者的欢迎。它成为了这个群体的一分子。这也让"米勒淡型啤酒"从20世纪80年代初到1994年一跃成为了仅次于百威的美国第二大畅销啤酒品牌。[8] 值得一提的是，由迈科·艾瑞克森公司创造的这次广告创意活动也被《广告时代》杂志（*Advertising Age*）列为"20世纪八大主题广告活动之一"。[9]

你的独特个性

"米勒淡型啤酒"案例能够让我们深入了解如何建立一个与你的理想消费者产生共鸣的品牌个性。你在设计品牌个性时，需要记住两个原则。

首先，**确保品牌个性不仅具有吸引力，还能鼓舞消费者**。这里必须提到的关键问题是，你的影响者喜欢和什么类型的人交往？这不仅是指"可以接受的人"，而是指"具有吸引力的人"。在"米勒淡型啤酒"案例中，"酒吧里的兄弟"就是理想的消费者喜欢的那种类型的人。他能够和这个兄弟谈得来。一位兄弟就是能够与你共度时光，并能够支持你的那个人。"米勒淡型啤酒"的个性让它成为了这些年轻人众多兄弟中的一分子。如果你的影响者不能也不会推崇你的品牌个性，那么不是你的品牌个性出了问题就是你所瞄准的是错误的影响者。

其次，**要确保在每一个消费者接触点，消费者都能够明显地感知到品牌个性**。我们随后会针对这一点进行详加讨论，但要记住，品牌的标识、包装、传播、色彩与各种关联事物都将充当品牌个性传播给消费者的载体。如果任何一个元素出现了不协调，消费者就极有可能认为品牌不是真实可信的或者与他们没有关系。如果"米勒淡型啤酒"发起的广告创意活动仅仅围绕"口感不错"和"更少胀肚感"，而没有退役运动员参与酒吧里的争论，它绝不会成功。退役运动员及其大声、幽默的举动成为了品牌的人格形象。这一切都在传递品牌的个性信息。你必须确保消费者从品牌那里接收到的每一则信息都具有相同的个性和口吻（再看现如今，更名后的"米勒淡啤"正在市场中挣扎。它抛弃了阳刚气质，"酒吧里的兄弟"关于"更犀利的"品牌定位信息与淡啤品类的市场领导者"百威淡啤"的品牌主张何其相似。几年前，斯科特·米勒重返公司，并调研了他曾服务的这个品牌陷入困境的原因。他发现，就它的知晓度、分销和传统来讲，"米勒淡啤"已经丧失了"阳刚气质的品牌身份"，现在被认为是一款再普通不过的淡型啤酒）。

回想一下我们已经讨论过的品牌。每一个品牌都具有强大的个性。多瑟瑰被认为是神秘的、鼓舞人的、（更重要的是）有意思的。动乐具有前卫的信心与态度，虽然近似于骄傲自大，但仍然真实而十分强烈。进一步讲，动乐可能被人格化为一个不会放弃体育运动的孩子，这个孩子对体育运动的热爱超出了赛场的范畴，并总是想尽办法去提高他的运动水平。就聪明水的案例来讲，品牌个性就是不仅要外表好看，还要有内涵，不能流于表面形式。聪明水的包装——不仅有高而直的瓶型，还有包装上诙谐的文字描述——都有助于品牌个性的传播，它被描述为现代的、年轻的、自信的、时尚的、谦逊的、幽默的和值得信赖的。

品牌精髓

产品属性、功能性与情感性利益、社会声望和个性共同构成了品牌的精髓。精髓是用来描述品牌的一个经久不衰的词汇。这就是我们之前讨论过的核心利益点。这是品牌真正拥有的东西。对于沃尔沃，它意味着"安全的轿车"。对于迪士尼，它意味着"魔幻的家庭聚会时刻"。对于可口可乐，它意味着"真正的欢乐"。对于沃尔玛，它意味着"天天低价"。对于杰克·丹尼（Jack Daniels）①，它意味着"美国阳刚气质"。聪明水的品牌精髓可能是"让我看上去和感觉上都是最棒的"。现在，作为一个相对年轻的品牌，聪明水与这类品牌一样都在构建着自己的品牌精髓。这将需要时间，还需要若干年的持续努力。但是对于最强大的品牌来说，当一个简洁的短语出现之时，就会让每一个影响者确定地知道品牌究竟代表着什么。

为了对层层递进地推演各种利益的概念做一个概括性说明，让我们来看一个**品牌金字塔**，它向我们说明从产品属性一直向某种核心本质递进的过程，如图3.1所示。在到达核心精髓的过程中，我们能够看到功能性与情感性利益、品牌个性和社会声望。

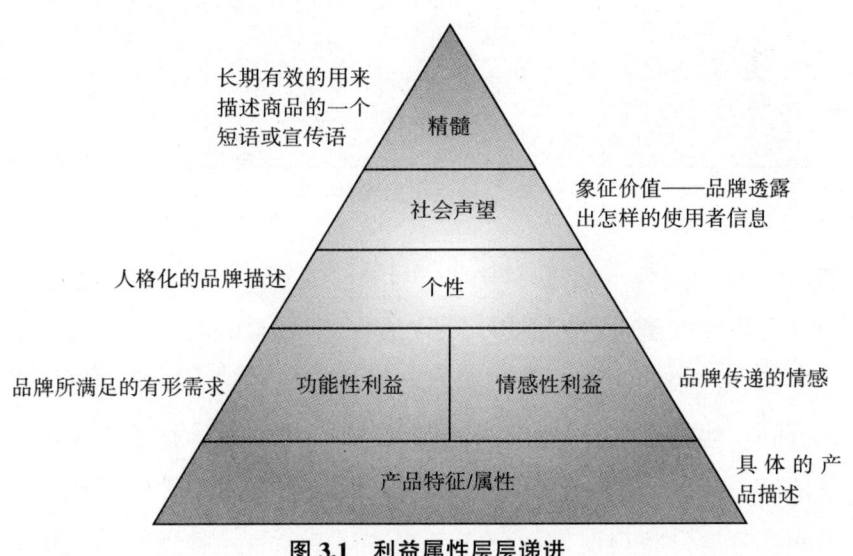

图3.1　利益属性层层递进

让我们假设出一个聪明水品牌金字塔，来形象地描绘出通过层层递进来推演各种利益的这个过程，如图3.2所示。

---

① 杰克·丹尼（Jack Daniels）威士忌。杰克·丹尼酒厂于1866年诞生于美国田纳西州林芝堡，是美国第一间注册的蒸馏酒厂。杰克·丹尼威士忌畅销全球130多个国家，单瓶销量多年来高居全球美国威士忌之首。

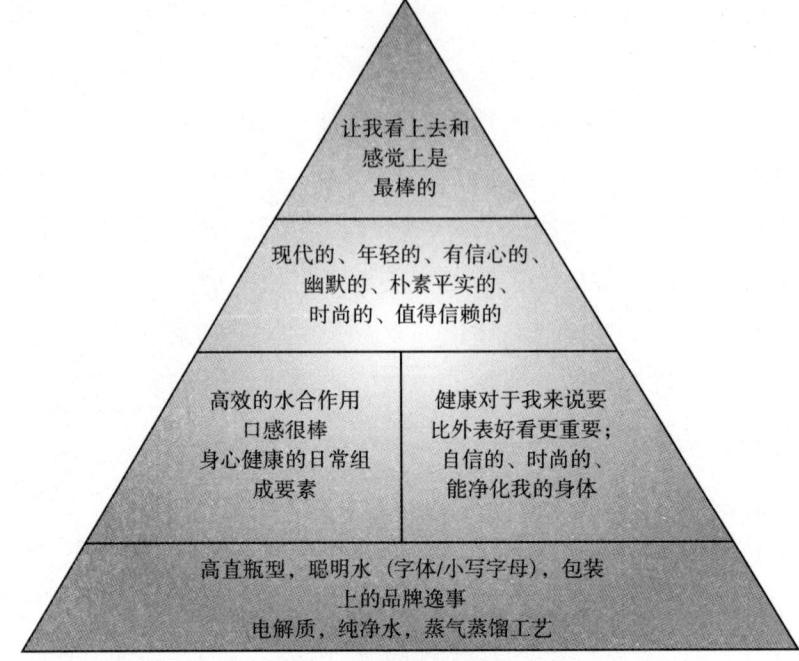

图 3.2　聪明水品牌金字塔

你在聪明水品牌金字塔中发现了什么？它符合逻辑。它能够令人注目。而且更重要的是，它还能够环环相扣、相得益彰。一个强大的品牌将创建一种合乎逻辑的递进步骤，把消费者从极其基础的产品属性层面带入更深的层面。也是在这个层面，我们开始将品牌关系的种子种在影响者的心里。他们不会马上体会到品牌的奥妙，但我们传播出去的那些具有足够吸引力的品牌信息将会促使消费者产生进一步探寻品牌奥妙的兴趣。这将是我们"迷住"影响者的首次尝试。但是首先我们得把这种生动的人格形象转移到品牌身上。我们可以通过找到恰当的关联事物来达到此目的。

找到某种关联事物
FINDING AN ASSOCIATION

想象一个你生命中重要的人。在你与他实际谋面之前,你了解他多少,他与谁接触、他有哪些爱好、他平常都去什么地方——所有这些都能够为你了解这个还不太熟悉的人提供线索。

同样,一个品牌的各种关联事物、其出现的场所、声誉影响着消费者在切身体验品牌之前所对它持有的看法。**品牌关联事物**,被定义为将一个品牌和第三方联系起来的任何人、事、物,其应用范围之广,无所不包,例如多堤士(Tostitos)赞助嘉年华碗(Fiesta Bowl)(将品牌与橄榄球和车尾派对相联系),米歇尔·奥巴马(Michelle Obama)在访谈节目《视见》(*The View*)①中身穿一套"白宫—黑市单肩礼服裙"②(将白宫—黑市这家零售店铺推介给了几百万美国人)等。[10] 之所以将品牌与其他事物相关联是因为我们想借用这些事物的资产或者个性(或两者兼得)。

从某种关系的视角来思考这一现象。用我们人类的话来讲,一个品牌的关联事物为消费者了解这个品牌的交往对象与兴趣爱好提供线索。对于品牌来讲,关联事物肯定会带来风险。这取决于品牌的关联对象是谁,可能会让你立即获得或者失去关键的消费者细分市场。一个品牌如果拥有了能够强化其核心品牌信息的关联事物,那么它就有更多机会从市场上突出

---

① 《视见》(*The View*),美国 ABC 电视台的一档热门日间访谈节目。

② 白宫—黑市单肩礼服裙(White House/Black Market Dress)。白宫—黑市(White House/Black Market)是一家美国女装零售店铺,总部设在佛罗里达州。这个奉行多条时尚路线的服装品牌,创立于 1985 年,专注于为 35 岁以上的女性提供高端服饰。虽然黑、白和黑白相间是该公司的标志性设计,白宫—黑市也以其时尚服装系列和四季颜色服装系列而闻名。

重围并获得影响者的注意。一个营销团队在此方面所做出的选择起到很重要的作用。这在聪明水及其启动全国性宣传活动的案例中可见一斑。

品牌人格化

2005年初，当他一早驱车行驶在万维（Van Wyck）高速公路上经过施恩体育场（Shea Stadium）的背阴地时，时任聪明水品牌经理的马特·康恩，正在为聪明水启动首次全国性品牌宣传活动而冥思苦想。作为可口可乐公司的一名前任品牌经理，当接手为聪明水启动大型营销活动并发掘出品牌关联事物这一任务时，他无疑接了一个烫手山芋。奥运会、超级碗、格莱美奖（the Grammy Awards）和美国偶像（American Idol）都是可口可乐公司在发布品牌时所赞助过的对象。但是康恩现在在为一个小型的名为酷仕乐（Glacéau）的初创企业工作，资源紧张，工作节奏快而富有效率，没有大额的营销支出，这都是现实情况。然而，康恩想冒一下险，将明星代言作为把聪明水推向全国市场的一项战略。他认为，因为明星引领潮流，还能够获得媒体的很多免费报道，这特别适合酷仕乐公司现行的营销支出政策。他解释道："对于一个想成为时尚必备品的品牌来讲，让合适的明星来代言可能会出现奇迹。对于一个不能够在全国性电视台进行大笔投入的品牌来讲，这将是高效地孕育品牌声誉的一个途径。"

然而，问题的关键在于找到那个合适的明星来代言品牌。毕竟，明星代言战略的整体目标在于借用明星的现有资产并将它转移到品牌身上。为了确保能够找到合适的聪明水品牌代言人——这个人能够帮助聪明水在全国范围之内建立品牌—消费者关系奠定基础，康恩列出了一些关键性的选择标准：

● 非常重要的一点就是，她需要贴切地反映出品牌信息：她应该是一个健康、身材好的人。

● 她应该具有真实而平易近人的个性，不乏深度，不落落寡合。

● 她个人应该喜爱品牌以及与品牌相关的一切。

他考察了很多明星，她们都是著名的好莱坞一线女星。从表面上看，所有的人都符合公司所罗列出的代言人选择标准。但是有一个人脱颖而出，可以成为聪明水品牌的最佳代言人选。康恩说明了原因："首先，她平易近人。她代表邻家女孩，但仍然非常迷人、时尚。一个人同时具备这两种特质，很有意思。显然她注重保养，因此看上去要比实际年龄年轻很多。这一点能够强化一个事实，聪明水确实是第一个主打富含矿物质特性的瓶装水品牌。她健康，身材又好——聪明水确实起了点作用。"

她是好莱坞最炙手可热的明星之一，已经出演了一系列卖座影片和收视率第一的电视剧《老友记》（*Friends*），这都是好事情。还有一点也很重要，那就是她是全世界最上镜的明星之一。当时，即使你不记得这个宣传活动，你现在也知道了詹妮弗·安妮斯顿（Jennifer Aniston）就是聪明水选择向全世界来推介品牌的明星代言。如果该品牌能够与她达成有效的合作，让她来代言品牌并让她随身携带到各种地方，这种战略就成功了。

康恩说："詹妮弗·安妮斯顿真的爱这个品牌。她尽一切可能把聪明水带在身边，也经常让该品牌和她一起出现在照片中，聪明水品牌的实际曝光度要比代言合同中要求的还要高。"为了让该品牌在全国范围之内建立声誉，她是最佳人选。康恩承认，安妮斯顿提升了聪明水的品牌个性。"詹妮弗吸引我们的是，她事业心强，但看上去又平易近人。她很时尚，但却具有经典品位。她努力保持身材，即使她认真对待演艺事业，但又不自视甚高，她的这些特点非常契合我们想要传达的一系列品牌个性。"换句话来讲，安妮斯顿让聪明水品牌传递出一种时尚人士必备品的形象，也最终帮助品牌建立起来一种象征意义。

公司启动了一场由安妮斯顿代言的户外平面广告创意活动，消费者反响非常热烈。该品牌在消费态度认可层面获得了大幅度的提升："让我看上去和感觉上都很棒"、"一个值得信任的品牌"、"有格调"。更重要的是，即使在超高端瓶装水品牌依云（Evian）和斐泉（Fiji）进入市场多年之后，聪明水还是成为了美国高端瓶装水的第一品牌。在自20世纪30年代大萧条以来这样一个经济环境最恶劣的时期，高端品牌的销量均出现了大幅度下降，而培育聪明水品牌声誉的投入为公司换来了每年两位数的销售增长。[11]

让品牌与关联事物融为一体

很显然，创建强大品牌声誉的一个关键就是决定最终如何传播品牌金字塔中的诸多利益属性。名人就是实现这一目标的方式之一。就像我们接下来要看到的那样，关联事物可以有各种各样的形式。

那么你怎样才能够找到恰当的关联事物来与品牌匹配呢？如果你把它放在某种关系的背景下考虑，恰当的关联事物应该与品牌紧密相关，它们能够与之"联姻"。一个我屡试不爽的好办法就是在品牌与可能存在关联的事物之间创建一个关联矩阵。在这个关联矩阵中，将品牌与可能存在关联的事物之间的定位与个性进行比较。让我们以聪明水品牌与詹妮弗·安妮斯顿之间的关联作为例子。就像之前讨论的那样，我们将在功能性属性与利益基础上提炼出来的聪明水情感性利益总结如下：

- 我感觉很健康。
- 说说看我是一个什么样的人（象征价值）。
- 是不是说我不仅长得好看，还有内涵？

这类说法建议我们开发以下的品牌个性：

- 现代的。
- 时尚的与有格调的。
- 朴素大方的。

将之与普遍认为詹妮弗·安妮斯顿所具有的品牌属性相比较：

- 有吸引力的。

- 健康的与身材好的。
- 幽默感。
- 潮流引导者。
- 总是很上镜的/具有新闻效应的。
- 善待别人。

还有她的个性：
- 邻家女孩。
- 有趣的。
- 朴素大方的。
- 平易近人的。
- 友善的。

很明显，詹妮弗·安妮斯顿的特点与个性和人格化之后的聪明水品牌特别匹配，让她来代言品牌就成为一个自然的选择。只有通过将人们对关联事物的认知与品牌的利益组合、个性、社会声望紧密连接在一起，我们才能够将一方的资产转移到另一方身上。但是你得慎重行事。即使在纸面上可以产生关联，但是当你在市场上执行时，结果可能完全不同。名人也是人，如果一个品牌与某一个名人关联过于紧密，该品牌的声望就会受到名人过气效应的影响。有些时候，与某一个实体事物而不是与某一个人相关联，将更具操作性。

对于动乐而言，我们特地选择**不采用名人代言**。为何？佳得乐在它的品牌传播中启用了迈克尔·乔丹（Michael Jordan）和其他一些知名的职业体育明星。相反地，我们决定利用可口可乐公司的长期奥运会赞助商身份并将其作为跳板，从而成为"奥运会官方软饮料赞助商"，这能够构建一个动乐与佳得乐的差异点。虽然佳得乐被认为是适合职业运动员和各种体育赛事的运动饮料，动乐却与奥运会运动员关联在了一起。就像我们的消费者一样，奥运会选手参与体育运动是出于他们对体育运动的热爱而不是拜金。

借助动乐运动俱乐部（Powerade Athletic Club）的名义，高级品牌经理拉里·塔曼（Larry Taman）与耐克结成伙伴关系来吸引一批有可能参加奥运会比赛的运动员进入了俱乐部。这个俱乐部由许多很有前途的运动员组成，他们可能不会成为奥运会运动员，但是动乐运动俱乐部却能够展现出动乐的品牌精神——年轻的、渴望成功的、具有潜力的，但这还难以说服消费者。

还记得那个曾让我们无从下手的产品差异点——"多含33%的碳水化合物"吗？营销团队最后通过启用奥运会运动员才将某个利益点与那个产品的差异点关联起来。在一次可口可乐内部调研中，奥运会运动员表示他们更喜欢富含更多碳水化合物的运动饮料。品牌经理帕拉·沃恩（Parra Vaughan）对这个调研结果很重视，并将它与动乐的碳水化合物含量要比佳得乐多33%这一事实相关联。这最终意味着奥运会运动员——这一世界上最纯粹的运动员群体，更喜欢类似于动乐的软饮料配方，而不是佳得乐。与奥运会赛事相关联帮助动乐将品牌信息传递了出去。事实上，奥运会运动员更喜欢富含更多碳水化合物的运动饮料这一品牌信息，被证明比佳得乐的任何广告都更具说服力，其中也包括迈克尔·乔丹代言的佳得乐广告。

● ● ●

在本章，我们已经探讨了识别某一品牌应该去吸引哪类消费者的方法——可能对品牌的特定功能性与情感性利益、个性、社会声望和精髓最感兴趣的那部分人。如果品牌主张不够清晰、准确、真实或者在逻辑上没有与影响者的需求相吻合，那么品牌—消费者关系在还没有开始产生之前就注定要遭遇失败。记住，首次谋面关乎一切。我们的目标是要确保我们能够控制的每件事情对于首次谋面来讲都是完美的。如果做不到这一点，那么我们就可以和任何有可能发展为"恋爱关系"的消费者吻别了。在最佳的环境下和我们的影响者见面，这一点至关重要。在下一章，我们将讨论如何完成这项任务。

第四章　难以忘怀的相遇
MEET MEMORABLY

想象一下你与生命中某个特殊之人的相遇时刻。在我的记忆中，我太太和我已不记得我们相遇的确切时间。似乎是通过偶然的机会认识的，然后过了一段时间，我们就开始约会了。但是，我们确实记得彼此开始更深入地了解对方的确切时间。有一天，我们进行过一次长时间的交谈，然后就此开始交往。在意识到这一点之前，我们之间已经产生了某种联系。

品牌与消费者的相遇取决于很多因素：相遇之前品牌的已有声誉、先前的"关系"（消费者之前的品牌体验和他/她是否熟悉品牌所属的品类）、是否在现实中能够接触到品牌（消费者是否有现实的机会接触到品牌）以及其他因素。但当一个消费者初次"见到"或者尝试使用了一个品牌，这就为两者开始产生某种关系迈出了一大步。用我们人类的语言来讲，如果我们与某人相遇，不论男女，然后发现彼此有很多的共同语言，我们将发展成为一种朋友关系（或者还会超越朋友关系）。当然，如果发现双方的共同语言并不多，我们将继续停留在相互熟识的阶段。对于营销者来说，关键就是要让品牌与影响者——在某一品类中能够对其他人产生鼓舞作用的那部分消费者——相遇，这在某种程度上能够为未来双方的互动奠定基础。

很高兴见到你
NICE TO MEET YOU

作为一名营销者,你能够控制的只有这些,但还是有些方法能够确保初次相遇与随后的早期互动达到尽可能好的效果。在本章,我们将讨论创建品牌与影响者难以忘怀相遇场景的四种方式。

- 让他们感觉到与众不同。
- 确保品牌出现在恰当的场所。
- 保持沟通的一致性。
- 建立亲密关系。

如果一个品牌能够做到以上四点,它与影响者的初次相遇很有可能是一次成功的见面。

让他们感觉到与众不同

当你与某人见过面并有了联系,你肯定会有意无意地与他/她沟通,因为这个人身上有吸引你的地方。与此相类似,一旦识别出品牌的目标消费群体,你就需要告诉这部分消费者你认为他们是与众不同的。

还记得,动乐(Powerade)品牌的影响者是"校园中的牛人"——高中校园里每个人都想效仿的体育运动员。该品牌想要说服那些刚刚开始接触运动饮料品类的年轻运动员,动乐就像鞋子或者手套一样,是他们必备的一件运动装备。我们所做的一切(没错,是*所有的一切*),就是满足这部分影响者的需求。

我们把这部分影响者从众多消费者当中挑选了出来。我们了解他们的想法。在营销团队针对动乐品牌发起任何种类的营销活动，包括任何形式的包装、口味或者传播之前，我们都征询过这些校园体育运动佼佼者的意见。他们告诉我们什么酷、什么不酷。我们洗耳恭听。

举个例子，想知道为什么市面上的运动饮料总是以各种鲜亮的色彩出现吗？调研表明，色彩（而不是实际的口味或口味的名称）是这些 10 多岁的影响者在选择运动饮料时的首要考虑因素。鲜亮的色彩被认为是"热烈的"和"个性十足的"。因此，动乐开发出了一系列色彩鲜亮的产品——蓝色、紫色、水绿色、绿色。在此之前，运动饮料只是以传统的黄绿色（加少量莱姆酸橙的柠檬汽水）、红色（混合型果汁饮料）和橙色出现在市场上。这部分影响者指引着我们的决策方向。当我们与他们相遇时，我们想为他们提供最好的产品。

那么，初次见面的时候，我们如何将品牌推介给他们？

我们的首要目标是要寻找到每一个美国高中校园的优秀运动健儿，并把动乐品牌推介给他们。通过互联网出现之前的传统调研技术，即应用每项主要体育运动项目的高中校园优秀候选人名单，我们从中选出了大约 100 万名杰出的青少年运动员。我们给这些青少年运动员发了信，邮包外面的信息内容是："在赛场上骁勇善战与被打得落荒而逃之间的区别在哪里？"打开邮包，会看到问题的答案："选择合适的装备"，同时还有我们的新型普福罗（Powerflo）运动水壶和一张动乐优惠券。

仔细想一下这种情形。我们的影响者从动乐品牌的来信中接收到某些特殊的信号（之前他们从没有收到过类似的信件）。动乐从众多选手中挑选出了这一特殊群体。他们的朋友却没有收到这样的信。事实上，似乎只有在体育运动中表现优异的群体才会收到这样的一封来信。动乐品牌向他们发出了这样的信号：收到来信的人是他们学校的杰出运动员之一。你觉得他们是不是有可能开始对动乐品牌产生正面的情感？他们被动乐从人群中选出。该品牌立即获得了一种社交货币：这些原本就并不怎么谦虚的年轻人，现在具备了更多自吹自擂的能耐。

与此同时，动乐品牌针对高中校园优秀运动员所展开的直邮营销活动也在如火如荼地进行，教练员们也接触到了这个品牌。如果一位教练员在健身房或者更衣室中安放一台动乐自动售货机，公司将会为其配备大量的与动乐品牌相关的运动装备：毛巾、冷却剂和运动水壶。在那个学校体育项目预算僧多粥少的年代，能够获得额外的运动装备受到了这些教练员的热烈欢迎（学校从动乐自动售货机产生的销售收入中所获得的分成也能够反哺体育运动项目）。从运动员的角度来看，教练员也在心照不宣地为该品牌背书——使用带有动乐品牌的运动装备、训练期间饮用动乐产品、在更衣室里也有接触动乐产品的机会。

我们用恰当的方式将动乐品牌推介给了活跃在体育场上的年轻男性影响者，这种方式能够直接与他们沟通，并让他们感觉到自己与众不同。结果，在18岁以下的这一年轻群体中，我们看到动乐和佳得乐的品牌忠诚度变得相差无几。

确保品牌出现在恰当的场所

当然，品牌与消费者的相遇环境也至关重要。消费者须处于适宜的精神状态，周遭的环境也应该恰到好处。这就是我们重点将动乐品牌放置在高中校园健身房的原因所在。与此相类似，聪明水的营销团队一经确定他们的影响者是追逐时尚、注重健康的年轻职业女性，他们就懂得需要在恰当的地点将品牌推介给这些女性。在她们聚集的地方，营销团队开始让品牌生根发芽，主要的方式包括将产品送到负责举办美发沙龙、负责组织瑜伽课、为别人充当私人教练的众多女性家中。聪明水品牌同样被推介到了曼哈顿地区最受欢迎的健身房和舞蹈俱乐部。在这里，不仅这些组织的领导者能够接触到聪明水，这些组织的每一个成员也能够接触到聪明水。从时尚俱乐部的安保人员到最受欢迎健身房的前台经理，在任何人流密集的地方都可以见到聪明水。此外，营销团队还在这些地方安排了样品派送活动（招募并培训员工以恰当的方式与顾客接触），这样健身房和俱乐部的老主顾同样会喜欢上聪明水产品，但更为重要的是，他们还拿着带有品牌标识的水瓶在这些场所四处走动。

聪明水的营销团队希望最初的影响者们不要试饮完这种产品之后就停止消费——事实上，他们并没有停止消费。他们很快就开始与聪明水形成一种关系，把它找出来，拿着它四处走动，并谈论它。结果，与其他瓶装水相比，消费者开始认为聪明水品牌别具一格。在焦点小组访谈中，影响者用了以下词汇来描述他们对聪明水的感受："具有创见的"、"时尚的"，但同时又是"受人欢迎的"、"全身心投入的"、"和蔼可亲的"。它已经成为"不仅是水的产品"——消费者能够在聪明水中发掘到比其他品牌更多的价值，他们愿意支付更高的价格来购买聪明水。

在前面的几章中，我们已经看到，聪明水品牌与消费者之间恋爱关系的产生取决于多重原因。首先，该产品的功能性利益对最初的影响者具有吸引力。其次，这部分消费者感觉到该品牌确实是为他们而创造的，从它的外观与感觉上来讲，该品牌与消费者建立起了一种情感联系。与动乐品牌针对青少年运动员所开展的营销活动相类似，聪明水主动与这一具有强大影响力的女性群体接触，并给予她们关注。聪明水让她们感受与众不同。结果，社交货币也获得了提高。那些从这一具有吸引力的品牌当中感觉到自己与众不同的影响者们，跟来参加瑜伽课程或者美发沙龙的人们饶有兴致地谈论着聪明水品牌。当纽约最受欢迎的俱乐部的所有者们开始售卖这一品牌时（同样被样品派送所淹没），他们也在为聪明水提供了一种潜移默化的品牌背书。

注意，聪明水并没有用瓶装水品牌的惯用方法与影响者沟通。因为人们将聪明水拿在手中的样子，就像衬衣、钱包或者项链一样成了一种装饰品，它能够与影响者心意相通，营销传播也需要围绕着这一点来展开。酷酷的瑜伽教练拿着聪明水四处走动，并感到他/她与产品之间有某种私人联系，这还远远不够。聪明水必须出现在各种恰当的场所，并成为其中的"一分子"。品牌必须出现在瑜伽教练的工作场所（这也是大量来自不同公司的样品摆放在最受欢迎俱乐部中的原因）。虽然公司也很希望在这些场所销售出大量产品，但这并不是此举的真正目的。此举的目的在于确保人们在影响者聚集的场所能够看到这个品牌，让尚处于培育期的品牌声誉获得提升。这种做法既能够保证品牌只出现在特定的场所，同时也让品牌合情合理地出现在更多的场所。

双方相遇的地点几乎与相遇本身一样重要。周围的物理环境必须与品牌基因相一致。它们必须能够增强品牌信息，不会喧宾夺主。每一所商学院都会教授一个基本的品牌—消费者—渠道协同战略：将品牌推介给消费者的终极目标是要在使用者、公司品牌与品牌的销售渠道之间形成一个交集。营销团队必须做到：①了解并满足消费者需求；②拥有正确的品牌主张；③销售场所要与品牌主张**相一致**。这就是你在沃尔玛看不到耐克的原因。尽管耐克能够在沃尔玛销售大量的鞋子，但是沃尔玛的低价形象与耐克品牌格格不入，而且还会对耐克品牌的消费者关系造成不可挽回的损害。与从沃尔玛的销售渠道中获得短期收益相比，这样做的代价将会更高。

动乐和聪明水采用了这一经典的协同战略，并对此做出了变形与提升：最初的渠道或者销售场所是被用来建立并提升品牌体验的。换句话来讲，销售渠道不仅要与品牌定位**相一致**，还要对此起到**强化**作用。这就类似于一个有益的相互回应闭环：在被有效地协同起来之后，影响者的需求、品牌的主张和周围的环境之间能够相互支持、相互提升。

保持沟通的一致性

思考一下品牌与消费者之间的互动有多少不同方式。不要仅仅考虑产品体验本身。要去思考产品包装透露出来的信息——外观、色彩、字体。

第四章 难以忘怀的相遇
MEET MEMORABLY

思考一下销售场所以及店铺或者渠道传递出怎样的信息，思考一下品牌能够与谁或者与哪些因素相关联，思考一下它的各种广告，思考一下它的广告出现在哪些剧目中或者杂志上，它的价格能够传递出怎样的品牌信息？思考一下它所开展的各种促销活动，以及通过某项促销活动它有可能与哪些群体或者哪些事物建立起联系？它的品牌名称本身能够传递出怎样的品牌信息？这只是品牌与消费者之间众多接触点中的一小部分。如果这些接触点相互冲突，没有聚焦于一个核心品牌理念，尤其当影响者刚注意到它时，该品牌将注定会失败。

以产品名称为例。我曾经为功能型饮料品类（在红牛出现之前）中的某一品牌提供过短暂的服务。当时，该品类的领导品牌是激浪（Mountain Dew）①，它将该产品品类定义为液体能量（找到取得胜利的方法）。激浪饮料呈亮黄色，富含比常规软饮料更多的咖啡因（54毫克，而可口可乐的咖啡因含量为34毫克）。这一品类关注的是产品能够带来的瞬间能量迸发。跟激浪相比，可口可乐公司的竞争性饮品与之颜色一样、咖啡因含量相似、功效相同。但是，可口可乐公司将它命名为"麦乐"（Mello Yello）。麦乐这个品牌名称很难让影响者去相信它是一款功能型饮料，这个名称完全与品牌主张相悖。一个好的品牌名称无法挽救一个设计不佳的产品，但一个构思拙劣的品牌名称将为品牌设置一个无法逾越的障碍。

在可口可乐公司，"一切皆能沟通"的理念已经被我们铭记于心（尽管麦乐的品牌名称与其主张并不匹配），并且，所有的一切都必须在保持高度一致的基础上进行沟通（见图4.1）。让我们以迪士尼为例，迪士尼品牌可以用一个词来总结："魔幻"。每当与迪士尼品牌沟通之时，其主要的

---

① 激浪（Mountain Dew），百事可乐公司旗下产品。1940年，美国田纳西州的邦尼（Barney）和阿里·哈特曼（Ally Hartman）两兄弟在调制烈酒的时候，无意间创造出了激浪饮料。很快，激浪就以其独特的口感而广受欢迎，并在美国中部流行起来。1964年，百事可乐集团为了进入柠檬味碳酸饮料市场，收购了激浪品牌。2007年，激浪在美国市场实现了50亿美元的销售收入。

诉求点都是"魔幻"。无论你身处迪士尼乐园、观看迪士尼电影,还是观赏冰上迪士尼之夜演出(Disney on Ice),或者乘坐迪士尼游轮,全部的体验都跟魔幻有关。在迪士尼乐园的每一次互动活动中,工作人员都在向你传递"度过魔幻的一天"这一信息。丽思卡尔顿酒店(Ritz-Carlton)①以其"我们以绅士淑女的态度为绅士淑女们忠诚服务"(Ladies and Gentlemen Serving Ladies and Gentlemen)这一信条而著称于世。丽思卡尔顿酒店所做的一切都与其经营信条保持了高度的一致性,让顾客感觉如沐春风,就像其网站上声称的那样:"为顾客提供全心全意的服务。"这些品牌总是保持各种消费者接触点之间的沟通一致性,而且这种沟通一致性非常重要,尤其是在顾客初次遇见品牌之时。这能够提高品牌脱颖而出并建立联系的能力。

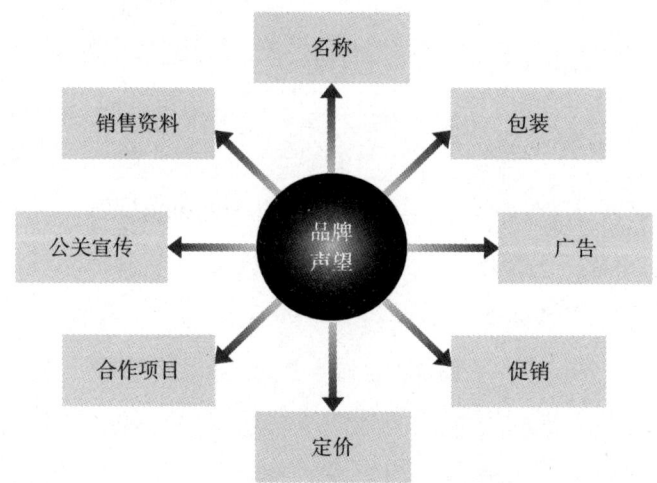

图 4.1　品牌声誉:一切皆能沟通

---

①　丽思卡尔顿酒店(Ritz-Carlton)是一个高级酒店及度假村品牌,始创于1927年,总部设于美国马里兰州。1998年,万豪酒店国际集团收购了丽思卡尔顿酒店公司的全部股份。丽思卡尔顿作为全球首屈一指的奢华酒店品牌,从创建以来,一直遵从着经典的风格,成为名门、政要下榻的必选酒店。因为极度高贵奢华,它一向被称为"全世界的屋顶",尤其是它的座右铭"我们以绅士淑女的态度为绅士淑女们忠诚服务"更是在业界被传为经典。

建立亲密关系

当然,在与消费者见面的时候,我们不应该仅停留在"打招呼"阶段。这一点至关重要。除了表面上的"见面问好紧接着各自走开",我们还得与消费者拥有某种共同的东西——让他/她停下脚步,注意到我们的存在并想知道更多关于我们的事情。我们得进入到更深的层面,并能够快速地进入这一层面。

创业者珍妮·霍夫曼(Janie Hoffman)曾发现自己处于这样一种情境:她不仅是在启动一个新品牌,还是在开启一个新的产品子品类。而且,这种品类延伸与该品类现有顾客的普遍预期完全不同。事实上,她不仅需要让消费者见到妈妈籽(Mamma Chia)品牌的健康饮料,她还需要教育消费者并说服他们去和一款不同于传统饮料的产品进行接触——这可是一场攻坚战。

有些品牌能够将使用者的灵魂注入品牌基因,妈妈籽就是这样的一个品牌。珍妮·霍夫曼发现了奇亚籽(Chia Seeds)①——30年前,它曾经是人们并不喜欢的奇亚草头娃娃中放置的种子,但后来被证明含有丰富的营养物质。霍夫曼自身患有多种自体免疫病症,也一直在寻找能够保持身体康健的食品,她还经常更换食谱以找到让自己更健康的东西。据她回忆,有一天她正向某位朋友抱怨着亚麻籽(Flax Seed)的诸多不好之处——它保质期短,研磨费时费力,然后这位朋友就问她为何不尝试一下奇亚籽。"她说,奇亚籽尝起来没有味道、抗氧化剂含量高、'Omega-3'脂肪酸②的

---

① 奇亚(Chia Seed)又名奇雅子、奇亚籽、奇异子,学名芡欧鼠尾草(Salvia Hispanica L.),薄荷类植物,原产地为墨西哥南部和危地马拉等北美洲地区。可生长在荒漠带海拔4000英尺以下的地区,人们通常所指的奇亚,其实是该植物的种子——奇亚籽。它是含Omega-3脂肪酸最丰富的食物,并且含有天然抗氧化剂。
② Omega-3,又被写作ω-3、Ω-3、w-3、n-3,中文称"奥米茄-3""欧美加3""欧米伽3",为一组多元不饱和脂肪酸,常见于深海鱼类和某些植物中,对人体健康十分有益。

含量极其丰富，可以说是一种超级棒的东西。"霍夫曼这样解释道。[1] 与此同时，梅曼·奥兹博士（Dr. Mehmet Oz）开始在《奥普拉脱口秀》（*The Oprah Winfrey Show*）① 中将奇亚籽作为一种"超级食物"来加以推广。他还向人们演示了如何将奇亚籽添加到包括果昔（Smoothies）② 和松饼在内的各种日常饮食中。[2]

霍夫曼发现，奇亚籽拥有着悠久的种植历史。早在公元前 3000 多年的玛雅文化时期，武士们就在食用它，由于其富含能量物质并具有治疗功效，因此深受人们的喜爱。奇亚籽的营养物质结构说明：它不仅含有"Omega-3"脂肪酸和抗氧化剂，膳食纤维和矿物质的含量也很均衡，可以说它就是一种 100%的蛋白质。霍夫曼还注意到，在把奇亚籽添加到日常饮食中之后，她的体能增强了，后来她开始尝试在几乎所有的食物中添加奇亚籽。"在饼干、面包、饮料等你可以想到的一切食物中，我都添加了奇亚籽，"她回忆道，[3] "我的这种制作方法在家人和朋友圈中深受欢迎。如果有人举办派对，我询问带点什么过去为好，他们立即就会要求我把自制的某款奇亚籽食物带过来——类似这种食物，人们还远远没有吃够。"

因此，她决定开设一家以奇亚籽为原料的食品饮料公司。很明显，这

---

① 《奥普拉脱口秀》（*The Oprah Winfrey Show*，又译作奥普拉·温弗瑞秀、奥普拉秀等）。该节目由美国脱口秀女王奥普拉·温弗瑞制作并主持，是美国历史上收视率最高的脱口秀节目。1984 年，奥普拉·温弗瑞在芝加哥主持 WLS 电视台的脱口秀节目《芝加哥早晨》并迅速蹿红；第二年，节目更名为"奥普拉·温弗瑞秀"。1986 年，奥普拉成立了自己的制作公司，该节目在全美首播，不久便成为全美脱口秀王牌节目。从节目的选题来看，《奥普拉脱口秀》一般以话题型为主，关注性、虐待儿童、减肥困难、缺乏自信等与普通百姓生活息息相关的现实问题，试图通过对典型事例的探讨和分析，给人们提供一种指导性的建议。尤其是减肥，成为了没有话题时最大的话题。奥普拉认为，肥胖者的受歧视问题是美国当前最新的偏见之一。该节目形式上也更为灵活，有时前半部分探讨一个社会问题，后半部分则邀请一位明星作访谈。在美国相对自由开放的传播环境下，无论是嘉宾还是主持人，都敢于在屏幕上秀出自己的生活、经历、想法，展现自己的个人魅力。2011 年 5 月 25 日，《奥普拉脱口秀》停播。

② 果昔（Smoothies），中文译作思慕雪、思慕、果昔等。思慕雪是一种健康饮食概念，它基本上是一种杯中的健康食品，同时也可以理解为一种富含维生素的快餐小吃或甜点。思慕雪的主要成分是新鲜的水果或者冰冻的水果，用搅拌机打碎后加上碎冰、果汁、雪泥、乳制品等，混合成半固体的饮料。这种饮料类似沙冰，但是与沙冰不同的是它的主要成分为水果。

是一项风险很高的事业，但是霍夫曼这样形容自己："一个坚韧的人，充满激情。我对食品行业一无所知——绝对是门外汉，但是我深知自己想将服务当成事业来做，我想为人类和地球做些事情，正是由于我确信奇亚籽的神奇功效，所以才想去做这件事情。"

她想要创建一家能够"播撒活力种子"的企业。根据妈妈籽网站的描述，霍夫曼的目标是将她的奇亚籽产品与使用者的精神相连接，公司的使命是向人们传播奇亚籽的神奇功效，并引领奇亚籽走向复兴。

在与奥德瓦拉（Odwalla）①的创始人格瑞葛·斯泰尔顿波尔（Greg Steltenpohl）会面并征询了他的建议之后，霍夫曼决定开始自己的饮料事业——奇亚籽饮料。她的奇亚籽饮料关注的焦点在于"籽"本身，因此它与普通的果汁饮料根本不是一回事——这并不是将奇亚籽磨成粉然后与果昔混在一起来食用的产品。相反，它让完整的'籽'悬浮在饮料中。霍夫曼可以清晰地设想出这款产品的样子："奇亚籽就代表着活力。如果我们要让人们体会到奇亚籽的神奇功效，那么我们就需要让"籽"本身来完成这个任务。因此，'籽'——完整的籽——就得是这款产品的一种关键成分。"

在经历了几次生产失败的小插曲之后，霍夫曼的生产团队就能够创造出这种原先设想中的产品。当时发布了具有四种不同水果口味的系列产品，这些产品被命名为黑莓芙蓉（Blackberry Hibiscus）、激情木莓（Raspberry Passion）和椰肉芒果（Coconut Mango）等。就像霍夫曼设想的那样，"籽"悬浮在了饮料中，有着类似于杰利奥（Jell-O）果冻般的质地。它是一款需要仔细啜饮而不是被几大口就喝掉的饮料。

霍夫曼把品牌命名为"妈妈籽"（Mamma Chia）。霍夫曼这样解释："嗯，首先这个名字听起来不错。但更重要的是，我们在寻求与消费者建

---

① 奥德瓦拉（Odwalla），是一家销售果汁、豆奶、瓶装水和能量棒等食品的美国公司，1980年创建于美国加州。奥德瓦拉的品牌名称来源于一首爵士乐唱词里引领太阳的子民走出灰色阴霾的英雄。2001年，奥德瓦拉公司被可口可乐公司以1.8亿美元收购，成为了后者的全资子公司。

立一种能够被感知的品牌联系。我们想把诚恳而又令人振奋的个性和地球母亲的元素融入品牌中——神圣的地球和它的灵魂。这个名字隐含着'哺育你的灵魂'之意——这也正是我们想要做的。我们想要推动一场运动——一场跟奇亚籽息息相关的运动。"

在产品标签上，有三行字对这场期望中的运动做出了总结：

- 口感妙趣横生——有益身体健康！
- 为你播撒活力的种子。
- 为你的社区播撒活力的种子。

每一行字所蕴含的信息都代表着霍夫曼想要与消费者最终建立的品牌联系。妈妈籽类似于杰利奥果冻般的质地、悬浮着的奇亚籽和创新性的口味能够给消费者带来一种"有趣口感＋健康饮品"的产品体验。"为你播撒活力的种子"说明了奇亚籽所富含的能量，也代表着品牌潜在地可能与影响者在最深层次的个人情感方面产生联系——不仅在身体层面，还要在精神层面。作为创建一个健康、有灵魂的社区活动的一部分，妈妈籽将把销售额的1%捐赠出来以用来支持当地食品事业的发展。

原先设想中的产品刚进入生产阶段，就出现了难题。妈妈籽的团队如何才能够在市场上赢得某个消费者群体的青睐，饮料应该是什么样子行业中早已有了特定的游戏规则，这种产品还值得一试吗？这就需要去克服一些真正的心理障碍。饮料被认为应该是顺口、好喝而又解渴。人们认为饮料不应该这样的：像杰利奥果冻而且还有"籽"悬浮在液体中。霍夫曼确实认为，如果妈妈籽团队能够让影响者来试用品牌，那么他们将会被奇亚籽的"灵魂感"所折服并爱上它。由于注意到了那些已经了解奇亚籽诸多强大益处的消费者最有可能去天然健康食品店购物，她决定拜访一下全食公司（Whole Foods）。带着好多瓶妈妈籽饮料，她拜访了全食公司南太平洋大区的办公室，希望负责这一区域的采购人员能够喜欢这个产品。

她说："我的计划是说服全食公司让我的产品在几个门店试销。但是

第四章 难以忘怀的相遇
MEET MEMORABLY

采购人员看了一眼我的饮料，说道：'不，我想让南太平洋区的所有40家门店都能够销售你的产品——我的顾客也是这么想的。'"但采购人员也提醒说，培育霍夫曼所描述的潜在顾客并与他们建立精神层面的联系非常重要，否则妈妈籽品牌就不会有好的销路。

作为回应，珍妮·霍夫曼亲自来到该地区的全食公司门店，并在店内支起了桌子。当她碰到买东西的人，她就会边倒饮料边问："要不要品尝一下妈妈籽饮料？"路过的人看到这种胶状的饮料，液体中还漂着籽，纷纷显示出或不安，或不适，或感兴趣的表情。当一位购物者表现出了对产品的兴趣，霍夫曼就会热情地为他们讲解有关奇亚籽的生动故事，它为何重要，对她又意味着什么以及它如何能够为购物者的生活带来新的意义。在很多时候，她发现消费者能够听得懂并且一心想尝试一下这种质地奇特的新式饮料。那些试饮过的顾客认为，这种饮料不仅有益健康，而且口感有趣、口味很不错。根据霍夫曼的说法，产品很畅销。妈妈籽涉及人们所有的五种感官。从看到饮料中悬浮着的籽到胶状的质地，再加上高浓度的营养物质奇亚籽，这些体验为品牌与最初的影响者之间建立关系找到了一个切入点。

在全食公司门店中正在发生的事情，使得事情向着更好的方向发展。全食公司的门店是潜在的影响者接触妈妈籽的理想场所。两个品牌完美地连接在一起——这一点全食公司的区域采购人员第一眼就看出来了。从根本上来讲，全食公司是一家通过普及健康与保健理念来提升人们生活品质的公司，在这里人们可以购买到质量最好的天然产品和有机产品。妈妈籽在这样的场所针对消费人群开展的赠饮活动也获得了来自强势零售品牌的潜移默化的背书效应。

霍夫曼亲自参与全食公司门店的赠饮活动，成为了品牌与消费者亲密接触的起点，这一活动现在已经成为一种成熟的推广模式。妈妈籽成功发展了一大批"口碑大使"，他们的目标就是用一种有意义的方式与消费者进行接触。我们将在后续的部分详尽地讨论口碑营销这一理念，但在此我们有必要提一下，因为霍夫曼所招募的这些"口碑大使"热忱地投入到了妈妈籽品牌魅力的扩散传播工作中。霍夫曼这样讲道："他们在讲述品牌故事方面比我做得更好。"虽然她花费了大量的时间来培训、支持和指导"口碑大使"的工作，以便妈妈籽在赠饮过程中传递出始终如一的信息，但是霍夫曼仍然花很多时间亲自出马将妈妈籽品牌推介给更多的人。当然，她现在一定程度上已经成了知名人士，当妈妈籽品牌的粉丝发现她在现场时，他们对她的喜爱之情溢于言表。霍夫曼这样补充说："消费者走到我跟前，与我分享他们的快乐和感激：全是由于公司为他们提供了这个代表着爱与营养的品牌。"根据霍夫曼的叙述，这才是妈妈籽品牌—消费者关系的成功秘诀所在："我真的相信我们不同于其他品牌，因为妈妈籽品牌承载着满满的爱。你能够从我们的产品中品尝到这些爱。"

市场培育是关键
EDUCATION IS KEY

我们应该重视妈妈籽成功导入市场的这些经验。首先，要知道初次的相遇不但要激发起影响者的兴趣，吸引他们购买，还要对消费人群进行**培育**——尤其是当你的品牌与人们的普遍预期存在巨大差异之时。如果妈妈籽仅是将产品摆放在货架上而没有开展赠饮活动——没有精神层面的故事讲述，也没有市场培育——肯定无法将产品销售出去。它是一种奇特的产品。霍夫曼和妈妈籽团队需要保证针对消费者的市场培育工作能够让他们克服消费者在潜意识层次可能存在的各种抵触情绪。如果没有任何形式的市场培育，消费者通常会拒绝接受与其预期有所出入的产品。在经典书籍

第四章 难以忘怀的相遇
MEET MEMORABLY

《决断于瞬间》（Blink）中，马尔科姆·格拉德威尔（Malcolm Gladwell）介绍了赫曼·米勒品牌（Herman Miller）①的办公室座椅是如何在消费者测试中被拒绝的，但它仍然取得了巨大的商业成功。[4] 人们普遍认为，高管办公座椅的靠背应该是皮制品，而不是网制品。如果公司遵循最初的消费者测试结论，这款座椅几乎没有可能面世。但是营销团队扎扎实实做好了必要的消费市场培育工作，品牌最终取得了成功。

妈妈籽品牌与影响者建立起了某种亲密关系，这一点也很重要。试着从使用者的角度来考虑一下。你正与品牌进行第一次的当面接触。见面的场合令你心情舒畅。然后，企业的创办人为你介绍该品牌，亲自为你讲述奇亚籽的传奇故事、品牌的起源、如何为她带来健康和精神层面的诸多益处，并亲手为你奉上一份试饮样品。哪一种市场培育能够带来如此亲密无间的体验？这种既简单又亲密的互动形式能够让霍夫曼（抑或是"口碑大使"中的一员）分别从功能性利益、情感性利益和社交性利益层面来推介妈妈籽品牌。这不是一时兴起的花拳绣腿式的营销活动，但又很简单，通过一次气氛融洽的品牌故事宣讲与体验开启了发展品牌——消费者关系的旅程。

可能有些人会认为，这样做会让一个品牌由于过于关注私人层面的事情而可能疏远消费者。然而，如果此刻你已经做了自己该做的事情，准确无误地识别出了你的消费者群体以及他们想要的是什么，那么你就应该知道如何对这些问题做最好的回应。妈妈籽的消费者愿意甚至热切地希望与品牌结成这样的亲密关系。记住，品牌要追求的消费者应该是那部分愿意超越物理的功能性利益层面并投入品牌怀抱的群体，还会以同样的方式来影响他人。产品标签上的信息要与品牌精髓保持一致：为你播撒活力的种

---

① 赫曼·米勒（Herman Miller）公司始建于1905年，已经从一家生产传统家具的公司演变形成美国现代家具设计与生产中心。它是美国最主要的家具与室内设计厂商之一。公司因其老板赫曼·米勒而得名。现今，公司以独特的办公家具设计为代表作，让每个办公家具都带有动感。

子。这并不是通过人为操纵或者流于表面形式就可以做到的：品牌寻找即刻与影响者建立联系的机会；通过真心的、非胁迫式的、并不花哨的方式、人性化的方式推介自己，它最终才能够达成目标。

让相遇难以忘怀
MAKE IT MEMORABLE

很明显，并不是所有的品牌都能够像妈妈籽那样通过消费者培育与建立亲密关系的方式将品牌引入市场，而且很多品牌也不能去这样做（例如，对于动乐品牌来讲，这种方法就是错误的）。但是如果考量一下你的品牌，你肯定会意识到总有一些使用者愿意突破只停留在表面的相遇阶段来拥抱你的品牌。或许它处于情感层面，或许它处于社交层面。就妈妈籽的案例来讲，或许还处于精神层面。无论特定的品牌以及它所属的品类如何变化，有一点很确定：初次相遇确实令人难以忘怀。与偶然邂逅相比，不期而遇更加令人印象深刻，它为增强潜在使用者的品牌黏度提供了更好的机会——它能够让品牌展示出自己最好的一面、讲述品牌故事、开展市场培育。事实一直如此，只有当你的产品能够超出其所属品类的消费预期或者又有可能被认为具有诸多"奇特的"益处，品牌才能够胜出。初次相遇时，并不一定要立马做出诸如"你好，很高兴见到你，回头见"之类的互动行为，只要品牌能够与正确的消费群体进行一次较长时间的、令人难以忘怀的、（还可能是）亲密的对话，效果就可能会更好一些。

奇亚籽很快在竞争激烈的饮料市场上拥有了一席之地，事实上，正是由于她创造了"一个全新的品类",霍夫曼获得了"饮料之家"网站① 2012 年度人物"的称号。[5] 现今,该品牌已经将分销渠道从原先的天然食品零售店扩展到了主流的杂货店,并计划在将来把产品拓展到其他的食品品类领域。霍夫曼依旧把自己和奇亚籽紧紧地捆绑在一起,既出版生活方式类图书来推广奇亚籽的诸多益处,也出版烹饪类图书介绍如何使用大量的奇亚籽来制作各种菜品。霍夫曼的目标和她的公司的目标是一致的:将品牌营销沟通的焦点聚集在奇亚籽的诸多益处上。

• • •

如果你做了自己该做的事情,在恰当的环境下与影响者相遇,那么我们就为进一步形成品牌—消费者"恋爱关系"做好了准备。影响者将愿意与我们的品牌展开交往。在初次相遇之后,我们的目标是将这种"恋爱关系"推入正常的轨道,最后促使双方形成日益紧密的纽带关系。但这同时也是要求获得某种回报的时刻。从字面意义理解,某种关系的维系离不开双方之间的相互依赖。到目前为止,我们除了要让消费者愿意与我们产生联系之外,并没有其他的要求。一旦形成了这种联系,事情就会开始发生变化。就像我们在本章的几则案例中看到的那样,消费者围绕我们品牌的各种讨论,即他们的口碑,将推动品牌与他们以及其他人之间的关系进入到下一个层次。我们将在第五章讨论口碑营销所能够激发出的强大力量。

---

① "饮料之家"网站(BevNet.com),1996 年创立于美国,是专注于食品饮料行业的传媒企业,旗下包括网站、杂志和会议直播等业务单元,通过各种传媒方式,公司为饮料行业提供最佳、最及时、最丰富的资讯合作等专业服务。自从创建以来,它已成为该行业公认的权威媒体。

第五章　让彼此心有灵犀
MAKE IT MUTUAL

从长远来看，你认为哪种婚姻关系更有可能走得长久一些：是两个人先前在酒吧偶遇而后成为夫妻的婚姻关系，还是经由对两个人都很了解并认为双方有可能般配的第三方介绍而促成的婚姻关系？在偶然相遇的情况下，你需要依靠直觉和能力来立即判断此人是否有可能成为你的恋人。在通过相亲认识的情况下，你完全信任那位安排双方见面的红娘朋友。这位红娘朋友不仅认识你并在某种程度上还知道你的择偶标准（或多或少还是真知灼见），而且你也很可能去赴约，因为你得体谅这位红娘朋友的良苦用心。现在，就让我们从这个视角来审视品牌与消费者之间的关系。

斯图尔特·谢尔登（Stuart Sheldon）会争辩说，与品牌和消费者的偶然邂逅相比，来自一个可靠源头的"相亲安排"或者建议将有助于品牌取得长久的成功。斯图尔特·谢尔登的职业是让别人认识到口碑（Word of Mouth，WOM）的力量，并帮助他的客户从战略与策略层面来积极践行口碑营销（Word of Mouth Marketing，WOMM）。

谢尔登在口碑营销领域拥有相当丰富的经验。2003年，作为可口可乐美国市场的时任高级品牌经理，他开始初涉口碑与口碑营销领域。也是在此期间，他发起了可口可乐历史上首次完整意义上的口碑营销活动。谢尔登回忆说:"活动收到了非常热烈、非常积极的效果,以至于公司分析团队需要再三核实结果的真实准确性。"两年后,可口可乐公司指派他带领一个跨职能团队去探寻可口可乐如何把口碑与口碑营销融入公司业务的方法。

现今,作为跃升公司(Escalate)的总裁,这是一家专注体验营销和口碑营销的广告代理机构,谢尔登将让你相信,除了口碑营销,没有其他更加强大的方法能够提高品牌—消费者关系的成功概率。当然,口碑营销也并不是什么新生事物。这一理念的核心思想是浸淫在影响者的朋友、亲属和同事圈子中,以便和这个人际网络中合适的群体来分享某一品牌信息。然后,这些人再将这则品牌信息传播到更多的人际网络圈。如果一个影响者曾经有过一次正面的品牌体验,他/她将会告诉朋友、家人或者熟人,正是由于与最初发出分享品牌信息的那位消费者之间存在着某种信任关系,他们将会认真考虑来自他/她的推荐。随着品牌信息的逐级传播,它的影响力也逐渐减弱,因此就需要不断地通过传统的品牌传播来加以强化,这样人际网络的传播效应才能够得以维持。当这一切奏效的时候,它就像一次次事先安排好的相亲一样,不仅进展顺利,而且还能进一步发展成为许许多多强大的品牌—消费者关系。

谢尔登认为,营销者通常会滥用或者忽视与品牌相关的对话并从中受益的宝贵机会。他强调说,口碑营销是品牌与消费者之间的双向沟通。"口碑营销就像在经营某种关系。你在向你的伙伴证明你在听他们讲,也听懂了他们在讲什么,并尊重他们的意见。你可能不会每一次都按照他们的意愿来行事,但你确实需要不断地向他们证明你重视他们所说的一切。"[1]

谢尔登所指的是,品牌与消费者最终将会像身处恋爱中的两个人一样来沟通。许多品牌(实际上是品牌背后的营销者)试图妄称他们才是这种关系(这种就像两个恋人之间的关系)的唯一主宰。在那种模式下,营销团队有可能会认为,如果一个品牌呼喊的声音足够高(想象一下大量的付费广告或者在脸书网① 上点赞的百万受众），那么消费者就会沿着营销计划所指引的方向去思考、说话和行事。但事实上，消费者要形成对于一个品牌的直接看法受到多种因素的影响，其中就包括（而且主要是）通过他们对品牌的亲身体验。他们也将毫不吝啬地与他人分享他们的看法——并且每年都会出现许多更强大的信息共享渠道。消费者所谈论的内容远远超出了营销者所能够控制的范围。但是，这还在我们的控制范围之内。谢尔登说："消费者一直都在谈论着品牌。仅在美国，就有人在无数次地谈论着我的品牌。"我必须问自己的问题是：①我是不是想知道消费者是怎样谈论我的品牌的？②如果是，我想加入或者发起什么样的对话？③那么，我怎么才能做到呢？

我们假设第一个问题的答案是肯定的。就像谢尔登说的那样，这则对话已经发生了。"在成百上千的案例分析、论文、书籍中，人们都将口碑看作是消费者形成认知、做出购买决策的主要驱动因素，甚至将它看作是决定上市公司未来业绩表现的主要驱动因素。"他解释道，"那些意欲在品牌经理这个职位上长期做下去的人，对第一个问题的回答当然肯定的。"

第二个、第三个问题的答案将会决定口碑营销战略的成败。如果一个品牌的最终目标是去培育那些终生都拥护它的消费者群体——这部分消费者与品牌形成强大关系，并想让每个人都知道这件事情。当然，这一拥护品牌的消费群体还必须是合适的人才可以，他们须是品牌一心想要获得的拥护者。这就是我们一直在讨论的经典影响者战略：影响者必须成为品牌的化身，必须是令人敬仰并且是他人愿意追随的人。但并不仅限于此。在一个理想的状况下，这些影响者还需要清楚他们应该去影响哪些合适的

---

① Facebook（被译作脸书、脸谱、面书）是一个美国社交网络服务网站，于2004年2月4日上线，总部在美国加利福尼亚州，主要创始人为美国人马克·扎克伯格（Mark Zuckerberg）。网站的名字"Facebook"来自传统的纸质"花名册"。通常美国的大学和预科学校把这种印有学校社区所有成员的"花名册"发放给新来的学生和教职员工，帮助大家认识学校的其他成员。

群体。

谢尔登说:"如果影响者在与错误的人群谈论品牌,那么错误的消费者就会接收到品牌信息。但更为重要的是,影响者就开始失去别人对他的信任。一个健康的品牌拥有大量的拥护者,他们清楚自身与他人的关系并且知道应该与谁来分享品牌信息。这也是决定口碑营销活动成败的关键所在。"

根据美国口碑营销协会(Word of Mouth Marketing Association,WOMMA)的数据显示,一名普通的成年人每天会收到3000条品牌信息。其中,3/4的消费者会质疑某些品牌的诚信度,这些品牌通过付费方式在电视屏幕、广播电台、户外广告牌和网络通栏等投放广告信息。与此同时,根据口碑营销测评公司快乐飞(Keller Fay Group)的观点,几乎80%的消费者指出口碑在他们的购买决策中会起到作用,大约20%的消费者指出他们的全部购买决策都是依靠口碑来做出的。那么,一个营销团队怎样才能设计出一场能够产生正面口碑效应的营销活动?无巧不成书,让我们来看一个由斯图尔特·谢尔登本人帮助设计并取得极大成功的口碑营销案例。

正宗的可乐口味与零卡路里含量
REAL COKE TASTE AND ZERO CALORIES

2005 年,可口可乐公司发起了自 1985 年新可乐(New Coke)①上市以来规模最大的可乐型软饮料营销活动。公司确实希望这一次的营销活动能够取得更好的效果。为了努力留住那些关心卡路里摄入量的男性消费者,可口可乐要发布一款不含卡路里的新型可乐产品。虽然公司的健怡可乐(Diet Coke)已经是一款非常成功的低卡路里可乐产品,但公司还缺少一款与加糖型可口可乐口感相似但不含卡路里的产品。

市场调查显示:虽然有些消费者(而且主要是男性消费者)随着年龄增长会开始日益关注卡路里的摄入量,但他们并不会抛弃可口可乐转而选择健怡可乐。这一消费群体想要的是不含糖、不含卡路里的可乐口味型产

---

① 1963 年,百事可乐公司发起了以"百事的一代"为主题的广告行动,这次行动成功地吸引了"婴儿潮"一代的注意力,其主题后来也被证实是广告史上最长盛不衰的主题之一。这一新的行动使百事从众多可乐生产商中脱颖而出,并将竞争的矛头直指可口可乐公司。1975 年,百事的市场研究人员发现,在无品牌口味测试中,受试者更喜欢百事可乐,而不是可口可乐。当可口可乐的市场份额慢慢被百事可乐所吞噬时,可口可乐公司高层决定立即采取行动。由于其广告和分销渠道的力量已经十分强大,可口可乐的管理层便将注意力集中到了产品本身。先前的证据表明,口味是导致可口可乐市场份额下降的唯一的、也是最重要的原因,因此解决问题的办法就是,用一种更甜的新配方替代有着 99 年历史的老配方,这个新配方是在 1981 年开发健怡可乐时研发出来的。1982 年,为了研究消费者对于新可乐的接受情况,可口可乐公司在 10 个主要市场进行了 2000 多次访问。访谈的结果是,大多数受试者都表示会选择新可乐,有一部分则表示不会。调查显示,10%~12% 的可口可乐饮用者会因这种改变感到不安,但其中一半的人最终都能克服这种感觉。1985 年 4 月 23 日,可口可乐公司决定放弃已有 99 年历史的经典可乐配方,转而采用一种口味更甜的配方,新配方的名字叫作"新可乐"(New Coke)。可口可乐公司的高层认为,通过重新定位可口可乐,使之更接近百事可乐的口味,他们将能够从这个味道更甜的主要对手那里重新夺得市场份额。花费了 400 万美元、耗时两年半的消费者口味测试并没有让"新可乐"的配方为消费者所接受。在引入新配方三个月后,可口可乐公司不得不承认自己的失误,并将老可乐配方作为"经典可口可乐"重新推出。

品。可口可乐已经于一年前引入了名为"C2 可口可乐"①、含有 70 大卡路里的产品，公司认为它已经找到了留住这部分消费者的秘诀，但是 C2 并不是消费者想要的产品。[2] 他们要么会牺牲口味去选择不含卡路里的产品，要么会接受任何口味的产品而不在乎卡路里含量，他们不会游走在口感和卡路里之间的中间地带。很明显，理想的产品就是要同时满足他们这两方面的利益诉求：极佳的口味和不含卡路里。因此，可口可乐公司重新回到了实验室去开发一款卡路里含量为零的产品，这款产品比被公司引入市场上的其他任何产品都更要接近加糖型的可口可乐。品牌被命名为"零度可口可乐"（Coca-Cola Zero），它将聚焦于那些寻找不含卡路里却具备真正可乐口味的年轻男性消费群体——可口可乐公司要达成这一目标挑战不可谓不大。

该品牌与一则名为"清凉"（Chill）的广告一同发布，这则广告可以说是重新演绎了可口可乐 1972 年"我想让世界与我一起歌唱"（I'd Like to Teach the World to Sing）② 这则经典广告。虽然这则广告引起了很大反响，但它强调的是清凉提神，并没有谈论产品口味。在凯仁·帕斯克·席克乐（Caren Pasquale Seckler）担任零度可乐产品经理之后，对此做出了改变。她的目标就是要让零度可乐品牌聚焦于可口可乐的经典口味，她这样说道："我们正在做的每一件事情都要传递出这一信息。"[3]

零度可乐发起了一场新的略带幽默色彩的广告创意活动。画面围绕与真实的律师工作者（包括不动产和移民律师）举行会面的两名可口可乐品牌经理（由演员扮演）而展开。他们的会面场景被一台隐藏着的摄像机记录下来，律师们其实并不知道他们被偷拍的事情。广告描绘出了品牌经理

---

① 2004 年，可口可乐公司在美国和日本市场上推出低卡路里饮料"C2"（Coke Ⅱ）。这种可乐在口感上与普通可乐相似，只是碳水化合物和卡路里含量只有普通可口可乐的一半。

② "I'd like to teach the world to sing"，"I'd like to buy the world a Coke, and keep it company"，广告中一群来自世界各地的年轻人，手里拿着可口可乐唱着上述歌词。

向律师咨询起诉零度可乐品牌团队"口味侵权"的场景——因为零度可乐的口味与可口可乐实在是太像了。那些并没有意识到自己被"设计"的律师们坐在那里感到错愕不已,但还是竭力做出各种回应。这场广告传播活动有趣而又令人难以忘记,吊足了人们对零度可乐的胃口。

这场广告创意活动为品牌建立了声誉,它促使潜在消费者想要与这个新品牌见个面。营销团队需要以某种难忘的方式将产品交到消费者的手中。因此,他们做了一个简要说明,要求广告代理公司提交一份体验式的试饮方案。作为计划的一部分,谢尔登和他的跃升广告代理公司(Escalate)向可口可乐公司建议:口碑是这项活动的重中之重。他知道口碑对于消费者与品牌见面之后的关系快速升温起到非常关键的作用,零度可乐最终选择由跃升公司来代理这项广告创意活动。

激发口碑产生

传统的营销理论认为:公司需要成为品牌的坚定支持者,主要手段包括尽可能多地向消费者派发样品,通过付费广告、赞助和其他由公司发起的营销活动获得市场关注。跃升公司的做法却截然不同:在它的计划中,消费者对品牌所产生的兴趣来源于他人(同辈、同事、朋友等)的支持与推荐。谢尔登用男女约会的词汇来形容:"传统的营销认为:品牌与消费者之间的关系就像在最短的时间之内去亲吻尽量多的女孩。我们认为:品牌应该首先花一些时间去了解某人。这样,如果你真的亲吻了他们,品牌与消费者发展成'稳固恋人关系'的成功概率将会被大大提高。"

这场广告传播活动所采用的方法不能落入俗套,也不能通过常见的品牌主与广告代理公司展开头脑风暴的方式来激发创意。相反,它的设计与执行将由公司自命名为"零度可乐联络组"(Coke Zero Connection,CZC)的深入参与来得以实现。CZC成员从零度可乐品牌的众多首批拥护者群体(零度可乐的影响者,16~24岁的年轻男性,他们喜欢具有真正可乐口味却不含卡路里的产品)当中招募而来。他们将被邀请来设计既让亲朋好友感兴趣又让他们与品牌产生情感联系的广告传播创意。

该活动的第一步就是为热情的零度可乐粉丝创建一个社区。试图为一个相对较新的品牌找到其最热情的粉丝不啻为一个挑战,但是跃升公司的团队欣然接受了这一挑战。可口可乐公司为旗下所有的品牌设置了一个名为"我的可乐奖励"(My Coke Rewards)的品牌忠诚项目。根据该项目,消费者只要将瓶盖底部的编码输入在线账户中,然后他们在任何时候都能够使用这些"点数"积分来购买公司旗下产品。这个活动给可口可乐公司带来了以下好处:公司能够知道每一位 CZC 成员的身份以及他/她购买的是公司旗下的哪一个品牌,因此,团队能够比较容易地识别出谁是零度可乐的高频次购买者。

为了能够成为 CZC 社区的一员,你还须展示出你具备影响他人的能力,而且你也须证明你对该品牌极其忠诚。该活动还设计了一个流程用来直接跟踪最初被认为是潜在影响者的那部分消费者。基于一系列的因素,例如他们的年龄、地点、购买零度可乐的频率、参与营销活动的意愿,大约有 1200 名最活跃、最投入、最热情的零度可乐粉丝被邀请加入了 CZC 这个社区团队。[4]

在接下来 8 个月的时间里,零度可乐品牌团队及其广告代理公司通过对话和工作室的方式(在线和面对面)来与 CZC 社区成员进行交流。双方之间的讨论围绕以下主题展开:他们看重的是什么、他们的兴奋点在哪里、他们喜欢什么样的体育运动和游戏,以及他们在业余时间都在做什么等。他们也被问及,在当地市场上举行体验营销活动的最佳地点在哪里。所有这些内容都被设计进了推广方案,其中还包括方案的最终名称:零度可乐"无限可能"("It's Possible"),这也是在 CZC 社区成员的参与下设计出来的。接下来,广告代理公司完善并执行了该方案,并通过反馈单和追踪访问的形式让 CZC 社区成员持续地参与着活动。

当 CZC 社区成员在设计零度可乐"无限可能"的广告创意方案之时，发生了一些有趣的事情：成员们开始谈论这一品牌了。几乎 70% 的成员认为他们与他人分享零度可乐品牌信息的可能性提高了。事实上，正在发生着关于零度可乐的数万次对话——私人会面中、电话上、网络上——如果没有 CZC 社区成员的全程参与，这一切是不会发生的。此外，大约 45% 的 CZC 成员指出他们建议朋友们去尝试饮用零度可乐。所有这一切都发生在该方案试运营之前！

110 推动口碑传播

零度可乐的这种互动体验活动逐渐蔓延开来，从音乐会到体育赛事等各种活动现场都可以看到它的身影。活动的目标是要派送出 1500 万份零度可乐样品。2009 年 1 月 1 日，该体验活动在洛杉矶"玫瑰碗体育场"（the Rose Bowl）启动，并在接下来的 12 个月中在 40 个市场举办了 2 万场类似的体验活动。部分建议来自 CZC 社区成员，互动合作伙伴包括全美大学体育协会（NCAA）[①]、AMC 院线[②]、迪士尼、六面旗[③]、棒约翰（Papa John's）[④] 等。还有其他的一些活动，包括设立游戏厅，让人们参与依爱体

[①] 全美大学体育协会（National Collegiate Athletic Association，NCAA），它是由美国千百所大学院校所参与结盟的一个协会。其主要活动是每年举办的各种体育项目联赛，其中最受关注的是上半年的篮球联赛和下半年的橄榄球联赛。

[②] AMC 院线（AMC Theaters），美国一家连锁院线机构，隶属美国 AMC 娱乐控股公司（AMC Entertainment Holdings, Inc.）。美国 AMC 娱乐控股公司是世界排名第二的院线集团，旗下拥有 346 家影院，共计 5028 块屏幕。其中 IMAX 屏幕 120 块，3D 屏幕 2170 块，是全球最大的 IMAX 和 3D 屏幕运营公司。2012 年 5 月 21 日上午，大连万达集团在北京与美国 AMC 娱乐控股公司签署并购协议，共支付 31 亿美元购买该公司 100% 股权。

[③] 六面旗或六旗（Six Flags），总部设于纽约的主题公园连锁品牌。公园的名字来自历史上飘扬在得克萨斯的六面旗（分别代表西班牙、法国、墨西哥、得克萨斯共和国、美利坚合众国、美利坚联盟国）。

[④] 棒约翰（Papa John's），美国比萨连锁品牌，第一家棒约翰比萨店于 1984 年开设。棒约翰公司（Papa John's International Inc.）2015 财年实现了营业收入 16.4 亿美元、净利润 7540 万美元。

育视频游戏（EA Sports）①、Xbox 手柄式游戏以及传统的街头投币式游戏（想象一下投篮游戏）。所有重要的口碑指标能够被跟踪：参加游戏者被要求参与一项例行调研项目，让他们说出关于零度可乐品牌的谈论内容。通过这种指标跟踪手段，零度可乐团队发现，在那些活动开展以来首次试饮过零度可乐的消费者中，78%的人说他们平均向 11 个人推荐过零度可乐。但更重要的是，零度可乐发现之前已经与该品牌"见过面"然后又开始饮用它的消费者数量在急剧上升。在已经试饮过产品并参与了体验活动的人当中，超过 2/3 的人要向别人推荐该品牌。

但是关于这场广告创意活动，真正值得注意的是人们在谈论什么。调查结果显示，口碑的价值远远超过体验活动本身。两个指标被纳入了测评范畴。第一个测评指标是活动直接影响的人数。测评了三个群体：G0 人群（在体验活动中直接与零度可乐接触的群体）、G1 人群（从 G0 人群那里听说过零度可乐体验活动的朋友、熟人群体）和 G2 人群（G1 人群的朋友、熟人圈子，代表着二次传播率）。第二个测评指标是品牌与消费者的对话质量。换句话来讲，调研人员不仅注意到了人们开始谈论品牌，他们也监测到人们谈论品牌的具体内容。他们的调研结果令人振奋。

让我们先从品牌与消费者的对话质量说起。在亲身参与过体验活动的群体和他们的朋友与家人（G0 和 G1）之间所展开的对话中，有 58%的内容是关于零度可乐的口味，有 23%的内容是关于零卡路里含量。也就是说，超过 80%被测评的对话内容涉及了零度可乐，这正是品牌团队对品牌传播信息内容的期望所在。这简直太棒了！

在亲身参与体验活动的人（G0 人群）当中，几乎 80%指出他们至少

---

① 依爱体育视频游戏（EA Sports），是美国艺电公司（Electronic Arts，EA）旗下制造研发体育视频游戏的品牌。美国艺电公司是全球著名的互动娱乐软件公司，主要经营各种电子游戏的开发、出版以及销售业务。美国艺电创建于 1982 年，总部位于美国加利福尼亚州红木城。依爱体育视频游戏（EA Sports）系列，包括 NBA LIVE、FIFA 系列、火爆冰上曲棍球、麦登橄榄球和纳斯卡赛车等。FIFA 系列是销售最好的 EA Sports 系列游戏。

跟另外一个人谈论过此事。如果全部计算出来的话，G0人群共向4000万人（G1人群）谈论过此事。当这4000万人听说此消息后，又将它传播给了他们人际圈中的其他人（G2人群）。虽然不及G0人群所带来的口碑效应，G1人群中的相当一部分人至少与一个人分享过此消息。零度可乐团队预估G2人群的数量超过了7000万人。所有这一切都说明，听说过此体验活动的总人数超过了1.1亿！

关于该项活动，发人深省的是：消费者的现场体验不仅能够带来更高的口碑传播率，而且与社交媒体所引发的品牌口碑（有时被称为是"数字化口碑营销"）相比，现场体验能以更高的频率传播正确的零度可乐品牌信息。经由亲身参与体验活动的人群所传递出的信息与通过社交媒体知晓零度可乐的人群所传递出的信息，这两种途径所传递正确的零度可乐品牌信息（纯正的可乐口味，不含卡路里）的频率有多大差距？通过我们上述的讨论，你猜答案是什么？你很可能也认为那些亲身参与过体验活动的人们会接收到更清晰的品牌信息，向别人谈论此事的可能性也更高。他们对正确品牌信息的口碑传播频率能高出多少？能超过20%？能超过50%？还能超过100%？接着往下猜。如果一个亲身参与过体验活动的消费者与一位仅通过社交媒体进行过互动的消费者相比，前者对正确品牌信息的口碑传播率比后者要高15倍。也就是说，事实证明，如果消费者仅仅通过网络进行互动而没有亲身参与体验活动，那么要准确地将品牌信息传播给他人是一件更为困难的事情。

你可能会说，先别着急下结论。在过去的几年中，我们早就听说过社交媒体如何改变着我们的营销方式。不就是通过数字化的方式来传播一则信息，并利用电子媒体让消费者与品牌产生联系吗？对，没错，但并不全对。社交媒体不能够、也不会取代现实环境中的品牌体验。现今许多营销者可能已经忘记了这一点（或者他们压根儿就没有理解），因此就让我们来花点时间讨论一下我们这么讲的原因。

第五章 让彼此心有灵犀
MAKE IT MUTUAL

综合考量社交媒体
SOCIAL MEDIA IN THE GRAND SCHEME OF THINGS

口碑营销测评公司快乐飞有一项名为"谈话追踪"（Talk Track）的辛迪加式服务，这项服务能够测评口碑的活跃程度。除了测评人们之间任何形式的关于品牌的讨论内容之外，这项服务几乎等同于一项尼尔森电视测评系统（Nielsen TV Measuring System）[①]。主要的测评内容不仅包括传统的一对一谈话，例如通过电话或者面对面讨论，还包括在线谈话、社交媒体上所分享的信息。"谈话追踪"访谈对象涵盖了全美国范围之内的大量代表性人群样本（每年 3.6 万名 13 岁及以上的美国人），并且每年测评 35 万次关于品牌的对话，每 24 小时更新一次数据。

根据"谈话追踪"的测评结果，线下所发生的社交分享信息的数量——主要是面对面分享或者通过电话分享（电话讨论，而不是发送短信）——比线下要大得多。尽管人们已经离不开智能手机和平板电脑，但事实是我们大多数关于品牌的讨论都是在线下进行的。"谈话追踪"的测评结果还表明，90%的与品牌相关的口碑传播内容是在线下产生，而社交媒体仅产生了 2%的与品牌相关的口碑传播内容。

即使在网络空间里，社交媒体也并不占据着统治地位。快乐飞集团的总裁，艾德·科勒（Ed Keller）说道："关于在线的品牌口碑传播，即时通信（IM）或者短信占据着最大的份额，两者大约产生了 50%的品牌口碑传

[①] 尼尔森电视测评系统（Nielsen TV Measuring System），尼尔森公司从 1950 年开始从事的一项关于电视观众的测评项目。该项目测评电视观众的各种收视习惯，以帮助企业客户做出更好的营销决策。

播内容。电子邮件和社交媒体各占据着25%的份额，因此在所有的在线品牌口碑传播中，即时通信、短信和电子邮件代表着超过3/4的份额，而社交媒体只占据着1/4的份额。"[5]

这些结论与亚历西斯·玛智（Alexis Madrigal）的结论相一致，他在《大西洋》（Atlantic）杂志2012年10月刊上的一篇文章中写道：一项分析表明，当使用者被链接到其他网站时，大部分情况都不是来自社交媒体。事实上，玛智说大约69%的网站流量来源于"不可测评的方式"，通常是通过电子邮件和短信形式实现的，而仅有20%来自脸书（Facebook）、6%来自推特（Twitter）①。[6]

在商界普遍存在这样一种说法：没有调查就没有发言权。作为营销者，我们总想让我们的品牌出现在最流行的社交媒体上——不管它是脸书网、品趣网②，还是其他新的社交媒体网站——很自然我们都想让品牌出现在这些地方。学术机构和分析公司都在忙于为这项新的技术开发出合适的测评工具。先进的、创新的技术肯定会一直出现，而我们才刚刚开始见识到它的强大力量。但仅就现在而言，综合考量，社交媒体在建立品牌—消费者关系方面所发挥的作用，并没有我们想象的那么强大。

要与另一个人建立有效的关系仍然需要面对面的互动。品牌也一样。艾德·科勒谈道："口碑难以测评并不意味着它不是真实存在的，也不意味着营销者应该忽视它。"[7]

总之，科勒为我们提供的数据显示，我们应该更加关注现实环境中的品牌与消费者互动。那些忽视现实、仅仅关注虚拟互动而忽略消费者真实体验的营销者，将会冒品牌与消费者建立虚假关系的风险。人生活在现实

---

① 推特（Twitter）2014财年营收为14.03亿美元，比2013财年的6.65亿美元增长111%。截至2014年12月31日，Twitter的月度平均活跃用户人数为2.88亿。

② 品趣（Pinterest）于2010年正式上线，为用户提供在线收藏和分享Pinterest视觉艺术图片服务，目前进入全球最热门社交网站前十名。Pin（图钉）+ Interest（兴趣），即把自己感兴趣的东西用图钉钉在钉板（Pin Board）上。

世界。作为营销者，我们必须找到深入了解现实生活并发掘如何通过分享体验来建立品牌恋爱关系的有效路径。社交媒体上各种天花乱坠的宣传能够让我们驻足思考：为了能够与消费者进行更为全面的接触，并确保将双方的关系顺利推进到下一个阶段，我们是否在朝着正确的方向开展各项工作。

设计理想的品牌体验模式
CRAFTING THE IDEAL EXPERIENCE

我们怎样才能设计一种让消费者主动与他人开展口碑传播的体验模式？我们与消费者的关系必须达到消费者想要向他人倾诉他们与品牌恋爱故事的程度。基于本章目前已经进行过的讨论，须谨记三个要素：善于使用宣传者、强调互动行为和理解社交媒体所扮演的恰当角色。

善于使用宣传者

就我们已经分析过的每一个成功的品牌案例而言，他们都找到了该品牌最热情、最热心的核心消费群体。动乐品牌（Powerade）找到了高中校园中的杰出运动员；聪明水品牌（Smartwater）找到了高端、新锐的年轻女性群体；多瑟瑰品牌（Dos Equis）找到了20多岁的大学生群体——最初他们都在成为品牌采用者和信息传播者方面起到了关键作用，他们是各个品牌的影响者群体。但从零度可乐的案例我们可以看出，营销团队不仅依靠被动的影响者沟通，还通过一项口碑营销活动让影响者主动地成为品牌的宣传者。

零度可乐团队让品牌宣传者担当起了重任。让他们在一场重大的品牌营销创意活动中扮演主要的角色。这就不仅赋予了品牌宣传者决定品牌成功与否的权利，也为他们提供了一个与朋友讨论新品牌的平台。因为CZC成员是一个深具吸引力和影响力的群体，事实上还在活动开始之前，他们针对体验活动所展开的讨论就已经让零度可乐在正确的群体中产生了正确的口碑。这次活动在启动之前就已经成功了。你怎样才能够善用最大的宣传者群体，不仅让他们谈论品牌，还让他们在招募新的宣传者方面发挥出积极的作用？

强调互动行为

综合考量一下消费者行为，激发品牌知晓与消费者的产品试用相对来说是比较容易的——为你的营销努力投入足够的资源与资金就可以实现。就如我们已讨论的那样，形成最初的品牌声誉并确保消费者形成尽可能好的最初品牌体验，实现这两点将指引你一步步迈向成功。

在可口可乐公司，我们总是密切关注重复消费的人群——这项测评指标可以表明一个消费者是否会第二次、第三次、第四次惠顾我们的品牌。这个时候，你也将会知道这种有待培育的关系是否具有转变为恋爱关系的潜质——是否可能招募到足够多的早期品牌宣传者来开启一场品牌运动。尽管电视、广播电台、在线视频和社交媒体上的信息发布能起到一些作用，但所有的一切都需要从"与品牌面对面的体验"入手。

我们所讲述的很多案例已经表明，消费者与品牌最初的几次体验对于全面品牌—消费者关系的形成起到绝对关键的作用。回想一下"妈妈籽"、"零度可乐"和"动乐"的品牌案例。那些对最初的品牌体验进行投入以保证体验活动要与消费者需求紧密结合的品牌，它们取得成功的可能性更高。这些最初的品牌体验决定了两件事情：①在试用—重复消费阶段过去之后，品牌将产生的影响力；②这种品牌影响力是否足够强大，能让消费者主动传播品牌信息给那些身边的人和关系亲近的人。在这个阶段，我们能够要求消费者冒点险去选购我们的品牌。如果最初的体验和头几次的"约会"足够让人回味无穷，那么消费者就会对品牌产生强烈的感情，他们不仅自己要和品牌多交往，还要与他人分享这种感情。

因此，品牌—消费者体验的质量远比体验的数量重要得多。有效口碑营销的一项关键原则就是为更少的消费者带来更好的品牌体验，效果才能更好。为什么呢？我们已经看到了这一点，那就是口碑传播率会更高。如果较佳的品牌体验所带来的口碑传播率三倍于较差的品牌体验所带来的口碑传播率，那么我宁愿把消费者数量减半来为他们提供卓越的品牌体验（相对于平庸的品牌体验来说）。这还远远没有囊括那些以更高比例通过口碑传播出去的"正确信息"。我们能够创造最佳的广告、社交媒体信息、病毒传播视频，但最终消费者更有可能去分享一次正面的、在现实环境中参与过的品牌体验。

理解社交媒体所扮演的角色

虽然我们已经看到，在培养品牌—消费者关系方面，社交媒体与真实的产品体验相比明显处于劣势，但这并不是说其不重要。事实上，在本书的第六章和第七章，我将向大家展示病毒传播的魅力。在病毒传播活动中，社交媒体在通过扩散初始信息来提高营销活动影响力方面发挥着极其重要的作用。但是我们得了解如何更好地运用它。

以我们刚刚讨论过的零度可乐为例。大多数品牌都没有一个维护良好的忠诚消费者数据库，以便找出最忠诚的消费群体，而零度可乐就利用汇集大量消费信息的"我的可乐奖励"（My Coke Rewards）做到了这一点。但是营销者可以利用社交媒体，通过新的途径接触到消费者。作为消费者，我们通过社交媒体网站、积分购物卡和在线订购等方式让大量个人信息成为了"共享"信息。当我们共享信息时，它不仅改变了我们与其他人的关系，也改变了我们与品牌之间的关系。这就是"大数据"（Big Data）

来源所在，在此我们可以将之定义为将消费者的关键信息聚合起来进而产生出的一个庞大的数据集合。这正在改变着营销者了解消费者的方式。

约翰·道夫尼（John Doughney）是脸书网的一位客户合伙人（Client Partner）①，他咨询了一些全球著名品牌企业，以便确认它们正在充分地利用脸书网来提升公司的影响力。他将告诉你，通过消费者自愿提供给营销者的那类信息，我们能够判断出品牌与消费者之间的关系是否他们想要的那种关系。[8] 同样的信息还能帮助营销者来决定谁是品牌的宣传者，以及如何更好地与他们进行沟通。消费者在社交媒体空间中的行为透露出他们的很多信息，包括他们的兴趣爱好以及他们与品牌有哪些共通之处。举例来讲，他们"喜欢"哪些事物，他们是哪些网页的"粉丝"，他们对哪些事情做出评论，甚至他们与朋友分享哪些事情。社交平台能够帮助营销者深刻理解潜在消费者看待世界的方式。但是多瑟瑰的品牌案例已经很明确地告诉我们，如果要更深入地了解消费者，仅有社交媒体肯定是不够的。结论就是：它只是一种工具（尽管很强大），只是实现整个营销战略的一种营销工具而已。

道夫尼说："营销者应该围绕人来设计方案，而不是技术。品牌不必设计一项脸书网战略或者推特网战略。它们应该围绕商业目标来制定营销战略。"

这将我们带回到前文我关于6岁双胞胎女儿垒球选手的类比（每个人都在追球，没有人打出一垒）。在匆匆追赶"技术潮流"的过程中，我们无法看到更大的战略图谱。我们忘记了消费者，只想着如果能制定出一项正确的社交媒体计划，我们就定会取得胜利。道夫尼补充道："一项社交媒体计划需要和其他方式相互补充，并不能取而代之。营销者应该将它看作是一种能够与消费者更即时地发起对话的方式。"他将告诉你，在一个年度中如果两三次的消费者沟通活动就已经足够的话，那就相当于说如果

---

① 客户合伙人参与公司的决策与利润分配。

我们赠送给别人生日礼物、情人节礼物之后，在本年度的其他节日就可以无须再去理会他/她。在大多数的人际关系中，正是每天点滴的互动促成了关系的发展并产生了强烈的情感。营销者应该思考一下，如何将更大规模的营销活动与频次更高而每次程度较轻的消费者互动结合起来。道夫尼补充道："这在类似于脸书网这样的社交平台上能起到很好的作用，因为它是人们相互沟通的另一个渠道。同样，品牌在网络社交空间中也能够更精准地与消费者进行沟通。"

这正是社交媒体起作用的地方。尽管我认为社交媒体所产生的话题价值不及更为亲密的品牌与消费者互动，但在品牌与消费者保持对话或者围绕共同话题展开即时会话之时，没有社交媒体的参与是绝对不行的。社交媒体是营销组合的一个重要组成部分，通过连接对于品牌来讲最为重要的人群——品牌自我定义的粉丝，它提升了品牌的体验效应。

道夫尼说："社交媒体能够让我们对信息进行定制化处理，这样消费者就会真的感觉到这正是他们所需要的信息。"他说习惯上营销者以这种方式来处理信息：他们不知道品牌与消费者关系已经发展到何种程度，也不知道双方关系在过去进展得怎么样。他补充道："不能这样讲'你好！很高兴见到你！让我们一起去欧洲旅行吧！'社交媒体有可能让营销团队知道，品牌可以直截了当地和哪些消费者讲这样的话。"

他说得没错。传统上营销者发送给消费者的信息与品牌—消费者关系的进展情况无关。社交媒体能够让品牌以一对一的方式来与消费者进行沟通，这样就能够更好地将品牌—消费者关系的进展情况相关联起来。也就是说，社交媒体能够让营销者有更多的机会与消费者展开个性化的沟通。

• • •

我们与消费者群体交往得很好，他们现在正和其他人谈论着我们的品牌。双方的"恋爱关系"还在继续向前发展。在某个时间节点，双方都需要问自己："是向对方做出承诺的时候了吗？"我们怎样才能知道这个时间节点呢？我们将在下一章找到答案。

第六章 让感情升温
DEEPEN THE CONNECTION

123 我的家人所喜欢的夏日度假地点并不是诸如费城（Philadelphia）的独立宫（Independence Hall）①或者巴尔的摩（Baltimore）的麦克亨利堡（Fort McHenry）②之类的历史景点。对于我的妻子、我们10岁的儿子和6岁的双胞胎女儿来说，这次旅行最好的去处是我们一直到了最后才找到的。费城往西驱车约两个小时，经过宾夕法尼亚中部的农场区域，我们到达了好

---

① 独立宫（Independence Hall），美国著名历史纪念建筑。在费城国家独立历史公园独立大厦内。于1732~1753年建造。独立大厦原为殖民时期宾夕法尼亚州的议会大厦。1774年9月和1775年5月在此召开第一次和第二次美洲大陆会议。1776年7月2日，13个英属美洲殖民地代表组成的大陆会议在此举行，7月4日通过了由杰克逊起草的《独立宣言》，宣布北美殖民地脱离英国，建立"自由独立的合众国"。独立宫是美国独立的象征。

② 麦克亨利堡（Fort McHenry）建于1798年，以美国第二任战争部长詹姆斯·麦克亨利（James McHenry）的名字命名。这座堡垒位于巴尔的摩（Baltimore）内港的出海口，19世纪时是巴尔的摩的防御要塞。1814年，英军向麦克亨利堡发起攻击，从停靠在巴尔的摩港的舰艇上用迫击炮连续25小时发射了1500多枚炮弹，但麦克亨利堡毅然挺立。9月14日清晨，整夜被拘留在英军舰艇上的一名律师弗朗西斯·斯科特·基（Francis Scott Key）看到美国国旗仍在要塞上空迎风飘扬，写下了一首歌的歌词。这首歌最初的歌名是"保卫麦克亨利堡"（*The Defense of Fort McHenry*），后来更名为"星条旗永不落"（*The Star-Spangled Banner*），并于1931年成为了美国国歌的歌词。麦克亨利堡防御战不但守住了城池，还诞生了美国国歌，也被美国视为"1812年战争"中两次重要胜利之一。每年9月12日是保卫者日（Defenders Day），人们通过放烟火和重演当年情景纪念保卫麦克亨利堡的战役。

第六章 让感情升温
DEEPEN THE CONNECTION

时（Hershey）这个小镇。接下来，我要谈论的是这个小镇上的好时①巧克力世界（Hershey's Chocolate World）。

当我从停车场走进好时巧克力世界时，我立马注意到了有多少车辆停放在那里。那天是一个再普通不过的星期一，停车场内停满了车。拐角处还排了一个很长的队伍在等待购票，人们在等着购买每张40美元的门票来体验与好时品牌相关的系列活动。这里并不是好时巧克力的游乐园，游乐园在马路对过而且还需另外购票。好时巧克力世界让参观者完全置身于这个著名糖果品牌的体验世界。参观项目包括一段了解巧克力制作过程的徒步参观、一段参观生产设施的电瓶车旅行、一场4D电影体验、一场关于如何品鉴巧克力的课程、一个允许参观者动手制作个性化巧克力的活动。

我的儿子和他的双胞胎妹妹戴上围裙和网状头套，然后开始兴奋地进入了手工制作区域。在这里，他们可以自行选择原料、设计个性化标签，甚至还可以亲眼目睹巧克力的诞生过程，我见识了好时品牌是如何活灵活现地出现在每一位参观者面前的。比起30年前我在孩提时代参观该工厂时，好时品牌的巧克力制作体验给我的孩子们留下的印象要比我当时深刻得多。许多参观者都要在此逗留数日，第一天体验好时巧克力世界，第二天到好时游乐园游玩。他们不仅长途驱车而来，而且还愿意遵照好时公司的独特营销设计乖乖地把辛苦赚来的钱双手奉上，同时还吸收着每一个与好时品牌相关的信息。我也确信在参观人数最多的好时门店——规模比绝

---

① 好时（Hershey's），创立于1903年，总部位于美国的宾夕法尼亚州。好时的名称来源于该公司的创始人密尔顿·史内夫里·赫尔希（Milton Snavely Hershey），因此将公司命名为"Hershey's"，主要业务范围为巧克力及非巧克力类糖果的制造商、坚果产品加工等。1903年，好时巧克力的创始人密尔顿·史内夫里·赫尔希选择了宾夕法尼亚州一片少有人烟的牧场开始了他的巧克力事业。这个环境优美的牧场后来成为美国著名的好时镇，也是孩子们最喜欢去的旅游景点之一。在20世纪上半叶，好时镇就是好时公司，镇上的居民几乎是好时公司的员工。好时公司铺筑了道路，修建了医院，建筑了体育馆、剧场、游乐场、巧克力温泉等几乎镇上的一切公共设施，并带头把好时镇建成美国小城镇绿化建设中的模范。2014年，好时公司实现了18.45亿美元的销售收入，在全球拥有超过1.5万人的员工队伍。2014年9月，好时以24.168亿元人民币的价格完成了对中国糖果制造商上海金丝猴食品公司80%股权的收购。

大多数杂货店都要大，人们购买了大量的含有好时品牌信息的衣服、家庭日用品、家具，以及新近生产的好时糖果。

在那些把品牌与受欢迎的游乐园或者娱乐设施连接在一起的众多消费者体验案例中，好时的做法并不是个案。全世界已有六座乐高乐园（LEGOLAND Parks）①，还有另外三座正处在建设阶段。此外，还有10个乐高探索中心（LEGOLAND Discovery Centers）——一种规模较小的乐高家庭游乐中心。根据乐高网站资料的描述，最大的乐高主题公园每年都能吸引超过150万的游客。所有的乐高主题公园都有一个共同的目标：通过游览、教育和创意互动活动让消费者去体验乐高品牌。

好时和乐高代表了一种现象：以品牌建设为导向的游乐园和精心设置的品牌之旅都开始在各地纷纷涌现。可口可乐博物馆（The World of Coca-Cola）②、康胜啤酒③酿造之旅（Coors Golden Brewery Tour）、本杰瑞④冰激

---

① 乐高集团（LEGO）创建于1932年，总部位于丹麦的比隆（Billund）。乐高集团早在1990年就已经成为世界十大玩具制造商之一，目前也是全球最大的积木玩具生产商。乐高集团的创始人奥勒（Ole Kirk Kristiansen）于1932年在丹麦比隆小镇的一间杂货铺做出第一件木制玩具。两年后，他给自己的公司起名"LEGO"，取自丹麦语"Leg-Godt"，意思是"玩得好"、"用心地玩"。乐高玩具从1948年进入塑料时代，十年后"乐高颗粒"（即拼插类塑料积木：一头有凸粒，另一头有可嵌入凸粒的孔，也被称为"魔术塑料积木"）诞生，即不再生产现成玩具，而是提供无限拼砌可能。2014年，乐高公司实现营业收入286亿丹麦克朗（约合43.5亿美元），实现净利润70亿克朗（约合10.6亿美元）。全球共有6个乐高乐园（LEGOLAND Parks），分布在丹麦巴隆乐高乐园（Legoland Billund，1968年）、英国温莎乐高乐园（1996年）、美国加州乐高乐园（1999年）、德国冈兹堡乐高乐园（2002年）、美国佛罗里达州乐高乐园（2011年）、马来西亚柔佛州乐高乐园（2012年）。

② 1990年8月，可口可乐博物馆（The World of Coca-Cola, the New World of Coca-Cola, the World of Coke）在美国乔治亚州亚特兰大市成立。可口可乐博物馆既是展示可口可乐公司历史的一个永久展示场所，也是亚特兰大市知名的娱乐区和景点。在这里，游客可以了解可口可乐的品牌历史、观看不同版本的可口可乐广告片，还可以品尝来自全球各地不同口味的可口可乐公司的产品等。

③ 康胜（Coors），美国啤酒公司，1873年创立于美国丹佛黄金城，旗下银子弹啤酒最为著名。2005年，美国康胜啤酒公司与加拿大蒙特利尔的摩森啤酒公司（Molson）合并为摩森康胜啤酒公司（Molson Coors）。

④ 本杰瑞（Ben and Jerry），美国冰激凌品牌，是由两位童年玩伴本·科恩（Ben Cohen）和杰瑞·格林费德（Jerry Greenfield）在1978年共同创办，以口感香醇和口味新奇闻名。使本杰瑞快速驰名的原因，除了对产品品质的坚持外，还有该公司"社会公益向导"的企业使命。早在1994年，本杰瑞就实现了1.48亿美元的年营业收入。

第六章 让感情升温
DEEPEN THE CONNECTION

凌之旅（the Ben and Jerry's Tour）、美国有线电视新闻之旅（the CNN Tour）、绘儿乐① 体验之旅（Crayola Experience）和家乐氏② 丰谷城（Kellogg Cereal City）等不胜枚举，它们都在以极具吸引力的方式来让参观者亲眼见证品牌，同时还给他们带来独特的品牌体验。这些互动式的体验活动还为加深品牌与消费者之间的联系提供了另外一个途径。当消费者远道而来并付费体验与品牌相关的信息之时（除传统的 30 秒广告之外），你就会知道双方之间的感情纽带有多紧密。当然，并不是每一个品牌都能够提供游乐园或者工厂之旅之类的独特品牌体验，但这并不意味着品牌在建立特别情感纽带并继续"追求"消费者方面束手无策。即使是成熟品牌也需要设法找到一些让消费群体眼前一亮的新方法。

在本章，我们将集中讨论深化品牌与消费者之间关系的各种方法。其中的许多观点是建立在最初将品牌与消费者联系在一起的各种要素之上，只不过是从另外一个角度来加以说明。就像任何种类的关系一样，一旦消费者投入了情感，品牌就不能忽视他/她。营销团队必须持续地强化这一观念——消费者是与众不同的。

让消费者感觉到他们的重要性
MAKING THE CONSUMER FEEL IMPORTANT

2010 年 5 月 31 日，一小部分经过筛选的粉丝在深受他们喜爱的快餐

---

① 绘儿乐（Crayola），美国儿童绘画工具品牌，创建于 1903 年，由美国奔尼史密斯（Binney & Smith）公司生产。主要产品包括水彩颜料、绘画工具箱、儿童学习画板、白板水笔、蜡笔、彩色铅笔、油画棒等，绘儿乐已成为颜色、欢乐、品质、安全及创意的代名词。
② 家乐氏（Kellogg），美国谷物早餐和零食制造商，创立于 1906 年，总部设在美国密歇根。主要产品包括谷物早餐、甜饼干、薄脆饼干、烘烤点心、冷冻烘饼等。2007 年，家乐氏的年销售额为 120 亿美元。

店门外，等候着行使一项特权。他们正在参与的是该品牌组织的20多年来最受消费者期待的三明治午餐。事实上，他们是全球范围内试吃福乐鸡公司辣鸡三明治（Spicy Chicken Sandwich）这一新品的首批消费者——他们每个人都收到了公司的邀请。为什么这部分特殊的消费者能够得到这次试吃的机会？

就在10天前，几千名福乐鸡（Chick-fil-A）① 在线俱乐部（E-club）的会员收到了一份邀请，他们可以在5月31日到6月5日通过访问一个特殊网站进行试吃辣鸡三明治的预约，没错，是进行预约。6月7日开始，该款辣鸡三明治将正式向公众发售（6月6日是星期日，而大家都知道福乐鸡周日是不营业的）。福乐鸡在线俱乐部的会员需要根据各自的时间并选择一家门店来试吃这种新产品。一旦消费者预约成功，就会发生两件事情：①他们被要求打印出正式的邀请函；②他们可以选择在脸书网和推特网上来发布预约成功的消息并可以将预约网站推荐给一位朋友。他们需要在指定的时间携带正式的实名邀请函到指定的门店，才能试吃到辣鸡三明治。门店的员工在为顾客提供三明治之前会核对预定顾客的身份信息。如果顾客没有预约，即使愿意出钱购买，也没有试吃的机会。任何没有提前预约和没有携带邀请函与身份证明的顾客，是绝对没有试吃机会的。

这是一次独特的消费者抽样方案。"能够通过预约的方式让我们忠诚客户来试吃三明治新品，我们感到特别兴奋。"福乐鸡品牌战略与设计部门的副总裁威廉·福尔克（William F.，"Woody" Faulk）说道："我们想邀请我们的消费者来品尝这款辣鸡三明治的口味和品质，但是不想把它组织成为

---

① 福乐鸡（Chick-fil-A），创办于1946年，总部设在美国亚特兰大，是美国最大的快餐服务连锁餐馆之一。2012年，福乐鸡实现销售收入46.21亿美元，共拥有1683家门店，其中1391家是特许加盟店。也是在这一年度，主打鸡肉三明治的福乐鸡首次超过肯德基，成为美国市场上最大的鸡肉食品连锁餐厅运营商，而肯德基在2012年度美国市场的销售收入为44.59亿美元。该公司的创办者特鲁特·凯西（Truett Cathy）是一位基督徒，由于信仰问题，这家店从一开始就依照圣经上的一些原则来管理业务，比如周日停止营业。即使是在今天，这项传统也没有改变。

一个无法提供优质服务的临时性活动。这个预约系统为我们的新产品导入提供了一个更为人性化的方法。"[1]

这个创新性抽样方案所蕴含的专属特性不仅为新产品，也为福乐鸡品牌带来了极大的推动作用。想想看，我们正在讨论的不是一个新的品牌。我们正在讨论的是一个已经拥有非常忠实消费群体的强势品牌。多年来，福乐鸡的高服务标准已经让消费者感到他们在餐厅用餐时受到了重视。现在，这一抽样方案的施行让消费者感受到了来自福乐鸡的更为特殊的礼遇。

在先前的动乐（Powerade）品牌案例中，我们讨论说在向新的消费者推介一个新品牌时，要让他们感受到自己与众不同这一做法的重要性，这一原则在这里也同样适用。如果你想让你们的关系继续保持下去，你就不能在搞定男朋友或者女朋友之后，就松懈下来。你要始终让自己保持魅力。通过让在线俱乐部的会员首先获得试吃新三明治产品的特权，福乐鸡是在告诉他们：你们对公司来讲是一批很重要的消费者。结果，他们用很快的速度完成了预约，这样他们就能够成为首批试吃这款备受期待的三明治的消费者，并能和他们的亲朋好友分享他们的感受。

如我所述，传统的营销智慧认为：作为一名营销者，你想让你的产品到达尽可能多的消费者手中。当我还是一名品牌经理的时候，样品派送代理机构会向我们灌输这样一个观点，如果我们支付给他们若干金额的费用，他们就会为我们派发出几百万份的样品。这种做法关注的焦点完全在于数量。就像妈妈籽、聪明水和福乐鸡的品牌案例告诉我们的那样，如果你想建立一种真正的品牌—消费者关系，这种方式可能是行不通的。

虽然我相信福乐鸡也想让尽可能多的消费者来购买公司的三明治（它也确实做到了），但它有意识地做出了一个能够给消费者带来特殊体验的决策。体验本身要比简单的销售数据重要得多。该公司并没有在每个消费者进入餐厅之后，简单地通过就像拉斯维加斯大街（Las Vegas Strip）①霓虹牌上闪烁的"欢迎品尝"这类的标语来向消费者兜售鸡肉三明治。福乐鸡在告诉消费者，他/她并不是一名普通的消费者，而是一名被特地邀请来试吃新品的特殊消费者。

想想这个词："邀请。"一份邀请指的是通过礼貌而又具有辞令的方式来要求某人出席或者参加某项活动。并不像这样一种做法：商城中美食广场的餐厅员工向过往的人群递送着插着牙签的鸡块；并不是每个人都有机会试吃新款的辣鸡三明治，因此试吃邀请就具有了一种"稀缺"的意味。

福乐鸡正在开展某种口碑营销活动，它被用来向市场推介新品牌。它的独特预约系统使得在线俱乐部会员不仅能够进行预约，还能够通过在线的方式向他们的朋友和家人宣布他们将试吃新款三明治这一消息。还有重要的一点就是，会员可以邀请朋友来预约试吃新款三明治。福乐鸡让他们在试吃新产品之前就成为了宣传者。在线俱乐部会员还很乐意做这件事情。为何？首先，福乐鸡从众多的消费者当中将挑他们选出来。就像动乐和聪明水，福乐鸡拥有众多的忠实消费者，他们非常高兴被挑选出来跟别人分享有关一款新产品上市的消息。他们是否尝过并不重要。他们对福乐鸡品牌有足够的信心，愿意向别人推荐这款新三明治。福乐鸡也让他们的推荐工作变得容易起来。这是典型的口碑营销，以一种天衣无缝的、利于信息相互传播的形式将形成关系的双方当事人聚合在了一起。

事实上，这项创新性的预约系统为该品牌和该款三明治产品带来了巨大的口碑效应，共获得了超过150次的媒体报道。[2] 结果，成千上万的福乐鸡粉丝分享了新款三明治上市且需要通过预约才能试吃这则消息。在这个案例中，社交媒体成为合适的传播工具，并显示出了它的力量。媒体关

---

① 拉斯维加斯分为拉斯维加斯大街（Strip）、老城区（Downtown）以及拉斯维加斯湖区（Lake Las Vegas），尤其是拉斯维加斯大街（Las Vegas Strip），以两侧分布着诸多巨型的高级酒店而闻名于世。

于提前预约试吃三明治这一消息的不断报道，让更多的消费者越发认识到了获得预约机会的稀缺性，也促使他们通过网上预约来获得试吃机会。稀缺性这一因素当然只是人们的主观认知——所有消费者都可以吃到很多的三明治。但收到邀请的每一位影响者依然会感觉自己与众不同——这种独特属性也被加具在品牌身上。

在为期一周的消费者抽样时间里，公司共派发出 120 万只三明治。在接下来的两个星期，公司销售了 330 万只三明治。[3] 全都包括在内的话，福乐鸡在 2010 年上半年共销售了超过 5800 万只辣鸡三明治，平均每分钟销售 110 只三明治或者几乎每秒钟销售 2 只三明治。[4]

一个"属于我的品牌"
A "BRAND FOR ME"

让我们看一下以下的 22 个品牌，它们分属娱乐、技术、体育、包装消费品、汽车和其他的不同领域：

- 哈雷—戴维森（Harley-Davidson）
- 可口可乐（Coca-Cola）
- 星巴克（Starbucks）
- 宝马（BMW）
- 美国立特电视台（Lifetime）
- 亚马逊（Amazon）
- 《广告狂人》（*Mad Men*）
- HBO 电视网（Home Box Office，HBO）
- 苹果（Apple）

- 波士顿红袜橄榄球队（Boston Red Sox）
- 索尼（Sony）
- 耐克（Nike）
- 华尔特·迪士尼（Walt Disney）
- 特纳经典电影频道（Turner Classic Movies）
- 国家橄榄球联盟（NFL）
- 美国经典电影有线电视台（American Movie Classics，AMC）
- 汰渍（Tide）
- 美国广播公司（American Broadcasting Corporation，ABC）
- 塔吉特（Target）
- 《辛普森一家》(The Simpsons)
- 美国赛车协会（National Association of Stock Car Auto Racing，NASCAR）
- 陶仓（Pottery Barn）

可以说，我们召集了一群消费者来了解他们对以上所有这些品牌的"崇拜程度"，这些品牌都是我们认为消费者真正喜爱的品牌。当然，考虑到品牌在规模上的差异，不同组别的消费者数量应该是有所差别的。一群热情的迪士尼粉丝很可能比《广告狂人》(Mad Men)①的粉丝数量要多。但是我们现在不去考虑忠实消费者的绝对数字。我们考量的是每一个组别的消费群体对于某一特定品牌的情感强度。现在让我们问一问他们是否同意这个说法："我感觉这个品牌与我心意相通。"在所列出的22个品牌当中，

---

① 《广告狂人》(Mad Men) 是由 American Movie Classics 公司（AMC）出品，马修·维纳创作的一部美国年代剧。故事背景设定在20世纪60年代的纽约，大胆地描述了美国广告业黄金时代残酷的商业竞争。据热衷该剧的广告从业人士透露，剧中展现的广告业的残酷竞争与当下无异，其中的许多广告案例都堪称经典。该剧于美国时间2007年7月19日起在AMC频道首播。全剧共7季92集，已于2015年完结。该剧是AMC频道首部原创剧，也是第一个基本有线频道（Basic Cable）电视剧获得艾美奖最佳剧集，自2008年至2011年连续四年获得该奖。该剧亦曾连续三年获得金球奖最佳剧集奖项。2013年，该剧在《电视指南》杂志评出的"有史以来最伟大的60部电视剧"中位列第21。

第六章 让感情升温
DEEPEN THE CONNECTION

你认为哪个品牌的排名最高？

在你回答之前，思考一下问题本身："我感觉这个品牌与我心意相通。"你觉得我们为何要特别注意这个问题？对于同意这种说法的消费者来讲，他或她必须感觉自己与品牌之间拥有十分紧密的联系。这是一件特别重要的事情。它类似于在恋爱中的双方真心认为彼此为对方而存在。当他们进入这一阶段，这就会成为双方关系的一个重要里程碑。他们不再去考虑下一次约会、下一个星期或者下一个月的事情。他们考虑的是要一辈子在一起的事情。

因此，回到这一问题，哪些品牌的忠实消费者强烈地感觉到这些品牌是真的为他们而存在，如果你的答案是苹果，那么你回答的是正确的。但是这可能并不是很意外。苹果在使用者中建立强大热情和创建品牌方面颇有建树，其最大的粉丝群体真切地感觉该品牌就是为了满足他们的特定需求而存在的。但是，谁排第二呢？迪士尼？国家橄榄球联盟（NFL）？全国赛车联合会（NASCAR）？耐克？哈雷—戴维森？还是可口可乐？所有这些品牌都拥有热情度超高的消费群体。但是，在本次研究中，这些品牌中没有任何一个排在第二位。

仅就这个关键问题来说，紧紧排在苹果后面的是哪一个品牌？不论你相信与否，是TCM电影频道（Turner Classic Movies，TCM）。我敢打赌，你现在很可能感到意外——除非你是TCM电影频道的一名粉丝。但如果你不是，你可能会坐在那里陷入沉思：TCM电影频道？为什么？怎么会？

有个人丝毫不会感到意外，这个人就是杰夫·格瑞治（Jeff Gregor），他是特纳有线网（Turner Networks，包含TNT和TBS业务）的首席营销官，也是TCM电影频道的总经理。格瑞治对该品牌的表现做出了这样的解释："TCM电影频道一直能够与消费群体建立起一种真正的恋爱关系。我们不仅是一个经典电影频道。我们用原汁原味的方式去播放电影。从品牌创立的第一天起，这就已经成为了我们的使命。"[5]

一个独特的主张

在我们深度剖析让 TCM 电影频道变得如此独特的各种因素与其深受最大粉丝群体喜爱的原因之前，我们先来看一下它所经营的业务。TCM 电影频道拥有一种独特的商业模式。电视网络至今已经有 20 年的历史，虽然它是特纳公司旗下收入最少的业务单位之一，但它的盈利能力却很强。但还有另外一件事情：它不播放广告。没错。TCM 电影频道的其中一个立足之本就是所播放的电影是无删节版，而且没有广告。你打开 TCM 电影频道，在非 TCM 出品的节目中你也是不会看到广告的。[6]确实，特纳公司依靠它赚得盆满钵满。不像其他公司一样拥有两项收入来源——广告收入和有线运营费——该品牌只有一项收入来源，那就是有线运营费。但这项收入来源仍然是公司的赚钱工具，在美国任何一个有线电视和卫星系统都可以收看到它的节目。

但是公司刻意做出了不插播广告这样的决定：这是为了建立品牌与观众之间的真正关系。需要再说一遍，它从产品体验入手。格瑞治补充道："真正让我们与其他任何有线电视网络与众不同，比之更好、更特别的东西，我把它称为'影片选择依据与播放内容监护'。"

格瑞治这样描述："影片选择依据与播放内容监护"远远要比 TCM 电影频道选择播放的电影要重要得多。在 TCM 电影频道，播放内容监护是这样被定义的：排播电影时要遵循这样的原则，即观众可能"学到某些东西，感受到某些东西，并且能够理解 TCM 电影频道之所以排播某部电影的影片选择依据"。格瑞治补充说："在 TCM，每一天都是电影节。"每天的节目排播都具有一个特定的主题，无论这个主题跟某一个男演员、女演员、导演、流派或场景相关，还是跟某一时段（例如漫长的周末）或者主题（例如极品飞车）相关。事情的关键就是 TCM 电影频道以一种真正的方式将这些影片编排在了一起。观众所要做的就是去思考为何有的电影被编

第六章 让感情升温
DEEPEN THE CONNECTION

排在节目单中，而有的电影却不在此列。格瑞治说："对于我们的影迷群体来讲，它成为了一个让人着迷的地方，在这里人们可以不断地讨论着我们已经播放了什么影片与我们漏播了什么影片。他们会在考虑各种因素的基础上反过来告诉我们应该引进或者剔除哪些电影。但正是这一点让他们感觉很有吸引力，并且来我们电影频道收看更多的节目。我们已经成为一个鼓励就经典电影进行讨论的场所。"

TCM 电影频道讲求原汁原味。电影没有经过任何形式的人为处理——没有去掉片头片尾信息、没有对黑白电影进行彩化处理、没有删减。这就意味着，与其他非订阅式的有线电视频道不同，你能够在 TCM 电影频道上看到没有经过删减的裸露、暴力和亵渎镜头。这些影片还会按照其原始的画面宽高比例来播放。TCM 电影频道围绕某一主题选择电影时，遵循这一原汁原味的原则。我不仅只为观众播放好看的电影。格瑞治说："如何定义一部经典电影？如果我们要举办一个为期一天的以凯瑟琳·赫本（Katherine Hepburn）为主题的电影节，我们不仅播放她演过的好影片，还播放她曾出演过的烂片！如果我们不将她的那些不知名影片一同播放的话，那么我们在播放内容监护领域就不是真正的领导者。也正是这一点激发出了我们与影迷之间的对话。"如果 TCM 仅仅播放"各种精选集"，那它就是在欺骗 TCM 的观众——违背品牌承诺。因此，TCM 不会这么做。

但是它的品牌体验并没有就此止步，因为 TCM 电影频道的目标是为观众有可能没看过的每一部电影提供洞见。目标是让观众从观影中发掘新的东西——包括内幕消息、在电影上映时不为观众所知的影片拍摄过程中的各种挑战、这部特殊的影片对当前电影所产生的影响。（例如，你知道《猩球大战》中的光剑场景直接取材于 1938 年由埃罗尔·弗林主演的影片《罗宾汉》吗？）TCM 电影频道在每一部电影播放之前，长期担任节目主持的罗伯特·奥斯博恩（Robert Osborne）给观众带来与影片相关的各种花絮片段与观众分享电影制作台前幕后的故事，这能够为观众更好地理解影片提供新的洞见。

TCM 电影频道的观众

如果我问你谁是 TCM 电影频道的核心观众，我敢肯定你马上能够想象出一个人的具体模样：可能是"二战"的幸存者，也可能是正在电视机前观看属于其年轻时代的老电影的已退休之人。虽然这能够代表 TCM 电影频道的其中一个影迷群体，但这一群体规模相对要小很多。

当接手 TCM 品牌之时，杰夫·格瑞治首先要做的事情之一就是去开展消费者调查，以便更好地了解那些每个月至少收看一次 TCM 电影频道的近乎 6200 万人的观众。他做了一项基于定性调研的消费者细分研究，他依据观众评判该电影频道的各种重要因素（包括他们的观影需求和观影习惯）对 TCM 消费群体进行了分类。格瑞治有了重大的发现。

首先，TCM 电影频道的影迷与年龄无关。事实上，2/3 的观众介于 18~49 岁。从人口结构来看，他们受过良好的教育、男女比例为 1∶1、收入处于中上等水平。但是就像我们在讨论品牌—消费者关系时反复强调的那样，爱上某个品牌的消费者还具有人口统计特征之外的其他特点。所有这些影迷，他们除了在态度与文化方面拥有相似性，还在心理特征方面拥有相似性。如果你要总结这些观众的特点，那么他们有一点是相通的：他们称颂经典影片。

TCM 电影频道的核心消费者，它的影响者，被戏谑地称为"文化参与者"（Cultural Engager）。他们对经典影片十分痴迷，并倾注感情。他们关注细节、寻找知识、对经典影片做研究，想知道这些影片之所以被称为经典的原因。他们与该品牌在社交层面上建立起了联系。他们与其他的影迷讨论影片、影片的意义、影片的相关性，以及对当今电影的影响。他们对电影摄影学及其演进史感兴趣。他们想去探寻《雨果》（*Hugo*）、《战马》（*War Horse*）和《艺术家》（*The Artist*）等诸多当代电影是如何受到了经典影片的影响。更为重要的是，他们想要加入一个可以和他人讨论电影的社区。这是一个向人们传播电影知识和告知鲜为人知事实的群体。这部分观众具备了影响者的典型特征。

第二大群体被戏谑地称为"关联追寻者"（Relevance Seekers）。他们寻找那些能够与个人产生某种共鸣的影片。他们喜欢那些经典的、能打动现代人的影片。他们是喜欢引用电影台词和模仿电影场景的这样一个群体。他们在电影中找寻与流行文化相关联的元素。他们想看到与21世纪生活相关联的"具有酷元素的电影内容"。他们认为观影体验与个人的生活存在着联系。

创建一个社区

TCM品牌的立足之本就是锲而不舍地关注于创建一个社区，围绕"文化参与者"和"关联追寻者"群体，创建一个可以分享、称颂经典影片的社区。该品牌能够反映"文化参与者"的信仰，即经典影片不论在首次上映之时还是在当下，它都具有普遍的适用性。格瑞治这样讲道："经典影片是永恒的。演员们的受欢迎程度在今天和过去都是相同的。"他说得没错。在哈里斯民意调查（Harris Poll）的"2012年度最受欢迎演员"的名单上，约翰·韦恩（John Wayne）①名列第五，比乔治·布鲁尼（George Clooney）或者威尔·史密斯（Will Smith）的排名都要靠前。[7]

TCM社区将被定义为，一个聚集在一起欣赏经典影片的群体，TCM可以鼓舞他们的精神，还可以丰富他们的人生。可能更重要的是，社区要与品牌进行双向式的对话。格瑞治补充说："TCM将提供影片选择依据与播

---

① 约翰·韦恩（John Wayne，1907~1979），1907年5月26日出生于美国艾奥瓦州，好莱坞明星，以演出西部片和战争片中的硬汉而闻名。韦恩是那个年代所有美国人的化身：诚实、有个性、英雄主义。其作品《关山飞渡》蜚声世界影坛，一生共出演181部影片，影响极大，是好莱坞有史以来最伟大的影星之一。1999年，他被美国电影学会选为百年来最伟大的男演员第13名。他同时位列"美国十大文化偶像"第4名。

放内容监护,'文化参与者'不仅是该品牌的呐喊助威者,还是品牌表现的评判者。如果我们做了错事或者他们认为我们不是原汁原味的,他们会让我们知道。双方都能够从对方那里汲取养分。"

为了吸引这一核心群体,TCM 与世界各地最大型的电影公司共同设立了一个频道,这个频道汇集了每个主流电影公司的各种经典影片。格瑞治说,"文化参与者"将这些影片看作是艺术品,并很想知道影片创作背后的各种秘密。他解释说:"这些影片的演职人员随时都有可能离我们而去。我们希望听到他们的故事。例如斯蒂文·斯皮尔伯格(Steven Spielberg)对犹太人大屠杀(Holocaust)[①] 幸存者的访谈,这些故事需要趁着他们尚在世时及时讲述给人们听。"

TCM 与其观众之间的"恋爱关系"继续向前演进。从根本上来讲,TCM 已经成为了一个代表生活方式的品牌。该品牌已经远远超出了线性网络的范畴。它为消费群体提供了诸多社交性利益。格瑞治和他的团队已经将活动提升到年度经典电影节的层次,TCM 围绕最经典的好莱坞影片举办为期四天的电影节,在不同的地点放映了 100 多场的影片和其他主题活动,演员、导演和其他的主创人员随时能够为观众提供关于影片摄制的洞见与幕后故事。但是这种体验的关键还是其社区理念,影迷和 TCM 能够就好莱坞的事情进行互动并做他们想做的事情——与心意相通的影迷谈论经典影片。

"我们希望电影节成为影迷的一个娱乐盛事,效果比我们预想的还要好。"格瑞治解释说。首届电影节门票全部售罄。为期四天的活动,参与人数超过 25000 人。需求量最大的是那些售价最高的门票。"那个时候我就知道了这个品牌要比我们想象的还要强大。"电影节上有一个"好莱坞之

[①] 犹太人大屠杀(Holocaust),是纳粹德国在第二次世界大战中的种族清洗,是"二战"中令最多人熟悉的暴行之一。德国在这场种族清洗活动中屠杀了近 600 万犹太人。犹太人大屠杀在英语和德语的名称为"Holocaust",此字是来自希腊语,意思是用火牺牲。

旅"（Road to Hollywood）的活动，节前数月在主要的城市放映经典影片。其他的品牌延伸活动主要还包括：发售由著名演员和导演参与的未发行影片和经典影片的 DVD、TCM 经典巡礼（TCM Classic Cruise）、TCM 经典影片巡演（TCM Classic Film Tour）。所有的这些活动都让观众感受到了一个富有激情的品牌。罗伯特·奥斯博恩被 TCM 影迷看作是一名具有传奇色彩的主持人，新出镜的主持人本·曼凯维奇（Ben Mankiewicz）带着他特有的风格进入了公司。TCM 受到人们的如此喜爱和热烈追捧，以致一些最忠实的影迷将该品牌的标志文在了他们身体的不同部位。

将感情指数化

杰夫·格瑞治知道，他的影迷已经对品牌产生了深厚的感情，但是他不知道这种感情有多深。他委托第三方机构开展了一项被他称为"情感指数"（Passion Index）的独立研究。两个调研机构——三人组（THREE Group）和智慧网络（Knowledge Networks）的有线网络调研专家和 TCM 通力协作来开展研究。格瑞治的假设是，TCM 影迷对品牌的情感强度与其他顶级品牌的粉丝对这些品牌的情感强度并无二致。情感指数研究为我们度量品牌与消费者的情感强度提供了一个好方法。

这项研究围绕品牌情感强度向消费者提出了很多关键性的问题。这些被进一步缩减为 10 种表述，代表着划分情感强度的各种核心原则。将每一个品牌在 10 种表述中的得分加以平均，一项情感指数就产生了，10 种表述被分为四个关键维度，如表 6.1 所示。

思考一下构成本项研究的四个比较宽泛的维度与 10 种表述。我会说所有的这些表述都可以被用来度量一个人对另一个人的感情——仅仅将一个人的名字用"品牌"一词代替就可以了。综览每一种表述，并试想生活中你与某一个人的关系。这也是适用的，对不对？看一下每一个维度，并将它与你及他人的互动情况进行比较。消费代表与品牌的物理互动——功

表 6.1　情感维度与各种表述

维度	情感指数表述内容
消费	我总是用新的方法让这个品牌成为我生活的一部分 这个品牌我消费再多都不算多
联系与乐趣	我感觉这个品牌与我心意相通 这个品牌鼓舞我 这个品牌让我的生活更美好/丰富了我的生活
社区	使用这个品牌让我感觉良好 我和这个品牌拥有共同的价值观和情趣 无论在什么情况下，我都忠诚于这个品牌
社交与口碑参与	我乐于把这个品牌推荐给其他人 我感觉自己与喜爱这个品牌的人之间有某种很强的联系

资料来源：TCM 情感指数研究，2012 年 6 月。

能性利益组合，类似于我们与他人之间在身体层面的互动。联系与乐趣要深刻一些。这些代表着一个消费者从品牌中获得的情感连接点，"我感觉这个品牌与我心意相通"是其中关键性的驱动因素。社区代表对于品牌较深的一种认可。个性和价值观相互关联，代表共同的兴趣爱好。最后，社交和口碑参与涉及同他人分享品牌故事——品牌关系具有进入更广社交范围来传播的能力。回想一下我们曾在第五章讨论过的口碑营销。

这 10 种表述为我们提供了理解一位消费者与一个品牌之间情感强度的路线图——一种将品牌与最热烈消费者之间情感强度进行量化处理的方式。记住，这并不表示绝对情感强度，而是表示品牌与其最忠实消费者之间关系的相对情感强度。当然，你可能用不同的方式来定义品牌—消费者关系，并用其他的表述方式来代表你自己的消费者情感指数。但在任何情况下，建立一种关系测度系统是十分重要的。你怎样使用这一系统？对于初学者来说，有三种方法简单易学：

● **发掘品牌关系的优势和劣势**。在与消费者的关系图谱中，品牌既拥有优势区域还拥有机会区域。在 TCM 案例中，当杰夫·格瑞治通过 10 种表述和四个维度将 22 个品牌进行比较，他很自然就发现有些品牌在多个指标上的表现都高于其他品牌。你的品牌得分能够让你意识到品牌营销努力

第六章 让感情升温
DEEPEN THE CONNECTION

的方向在哪里。或许你的品牌与其他品牌相比，在消费指标上要好一些，但是在社交和口碑参与方面的表现要弱一些。如果让消费者与品牌产生强大社交联系是重要的事情，那么你肯定知道你需要推出一些创意活动——让消费者在社交场合想和别人介绍或者分享品牌故事的创意活动。

● **要了解你的品牌关系是如何随着时间而演进的。**就像我们之后要讨论的那样，品牌—消费者关系随着时间推移会发生起起伏伏的变化。不间断地实施一项类似于"情感指数"这样的研究，能够帮助你知道品牌关系可能在什么时间和哪些地方偏离了轨道——让你在常规的市场或者消费指标显示有问题出现之前就早早知道了问题之所在。将它看作是预防品牌关系出现问题的一剂良药，通过这些常规的测试，可能会发现一些导致更严重问题的警示信号。

● **与其他品牌进行比较。**与你的竞争对手相比，你的品牌与最忠实消费者之间的情感强度如何？它们在哪些地方表现比你好，这是否需要引起你的重视？杰夫·格瑞治将 TCM 的情感指数得分情况与他认为具有最强情感指数的品牌进行了比较。他不仅将竞争对手纳入了比较范围，还将那些他认为最具情感强度的品牌也纳入了比较范围。由于你要考量的品牌关系维度有所不同，你就很有可能需要将品牌划分为不同的组别再来进行比较。然而，还要不间断地以其他品牌的类似情感强度指标作为参照，这一点非常重要。这些参照指标将帮助你：①清楚这些品牌是否正在做一些提高或者降低情感指数得分的事情；②发现你的品牌是否可能面临着隐藏于表象之下的潜在问题。

让我们来简略地看一下 TCM 情感指数的测度结果。还记得本章之前所说的，在"我感觉这个品牌与我心意相通"这一维度上，它排在第二位。当所有品牌根据综合情感指数进行分组排序时，TCM 的表现仍然很出众。所有品牌被分在了四个得分有明显差异的不同组别。得分最高的组别里只有一个品牌：苹果。这个结果一点都不意外。TCM 被排在仅次于苹果的第二组。这一组的品牌还包括波士顿红袜橄榄球队（Boston Red Sox）、《广告狂人》（*Mad Men*）、迪士尼、国家橄榄球联盟、亚马逊、美国赛车协会（NASCAR）、《辛普森一家》（*The Simpsons*）①和塔吉特（Target）②。

这些品牌有什么共同之处？有些被认为是大品牌（迪士尼、国家橄榄球联盟、亚马逊、塔吉特）；其他的（波士顿红袜橄榄球队、TCM 和《广告狂人》）被认为是小一点但被消费者更热烈地追崇的品牌。有一点是清楚的：尽管它们的规模相对较小，但它们几乎将所有的营销努力都投入了核心消费者身上。

值得一提的是，他们关注消费者体验。那些拥有强烈的、正面的、难忘的体验性元素的品牌，同时也是最受人们喜爱的品牌。他们让消费者感觉到被重视，并且他们愿意花心思与消费者进行真正有意义的互动。要获得稳固的"恋爱关系"，这是最可靠的一个路径。

像其他强势品牌一样，TCM 并没有在取得一点成绩之后就不思进取。它一直在改进它的产品，以便能够与消费者建立更强大的关系。该品牌已经引入了"TCM 嘉宾节目编排"（TCM Guest Programmer）这样的创新性活动，奥斯博恩邀请诸如斯派克·李（Spike Lee）、艾伦·巴金（Ellen Barkin）③和里杰斯·菲尔宾（Regis Philbin）④等影视界知名人士来参与节目的编排制作。继"精品电影档"（*Essentials*，放映不同类型的电影，还在观影前后设置了讨论环节）取得市场成功之后，TCM 还为吸引经典电影的下一代观众

---

① 《辛普森一家》（*The Simpsons*）是美国福克斯广播公司的一部动画情景喜剧，作为美国历史上最长寿的情景喜剧及动画节目，对流行文化产生了极大的影响。

② 美国塔吉特公司（Target Corp.）成立于 1902 年，总部位于明尼苏达州明尼阿波利斯，全职雇员 34.7 万人，是美国仅次于沃尔玛的第二大零售百货集团公司。截至 2015 年 1 月 15 日，塔吉特共在美国（覆盖美国所有州）和加拿大开设了 1934 家商店，大部分在美国，为 1801 家；加拿大 133 家。

③ 艾伦·巴金（Ellen Barkin, 1954~），美国知名女演员。曾出演过作品《大出意外》、《午夜惊情》和《十三罗汉》等卖座影片，曾获得过艾美奖和东尼奖。

④ 里杰斯·菲尔宾（Regis Philbin, 1931~），北美地区最具传奇性的脱口秀主持人和电视名人之一，之外还拥有歌手、作家等多重身份。

编排了新节目。这档节目的名字叫作"青少年精品档"（*Essentials Jr.*），它们的运营设计模式相同，只不过主要播放的是儿童和家庭题材电影。最后，TCM还开发原创性节目，不仅包括探索艺术电影制作心血的系列剧，还包括关于知名影片和经典电影人物的纪录片。格瑞治补充道："对于想要分享他们在经典影片中的故事和角色的那些好莱坞业内人士来讲，TCM为他们提供了一个对外发声的平台。"

• • •

本章的核心议题是品牌必须不断地向前推进品牌体验，着眼于核心消费群体的需求来推进品牌体验。创新是任何品牌—消费者关系的生存命脉。这是推动品牌—消费者关系不断向前发展的主要方式。就像我们人与人之间的关系，如果有人春心荡漾却又不能从现有感情中获得新鲜元素的刺激，关系将停止发展并最终出现问题。为消费者提供关于品牌本身的新理念、新信息、新远景，这一点至关重要。下一章，我们将看到与消费者建立起十分稳固关系的品牌是如何通过创新来持续让这种关系保持新鲜与活力的。

第七章　保持爱情的新鲜度
KEEP LOVE ALIVE

对于纽约来说，这是一个再平常不过的寒冷冬日。在圣约翰大学（St. John's University）①校园里的主餐厅里，除了补货员在给自动售货机补充着货品之外，整个餐厅一片寂静。上午的课就要结束，这里的寂静也将在几分钟之内被从教室涌到餐厅的大批学生所打破。十分确定的一件事就是，11点半一过，整个餐厅将会挤满前来就餐的在校大学生。

现在，那台靠墙而立的自动售货机已经完成了补货，静候顾客光临。一位年轻女士走到自动售货机跟前，购买她午餐时想要喝的饮料。她先投币，再选择按钮，然后从自动售货机中"吐出"了一瓶可口可乐。当她伸手拿可乐时，自动售货机又"吐出"了一瓶。感到庆幸之余，她微笑着去抓第二瓶可乐。就在这时，售货机"吐出"了第三瓶可乐。然而，这一现象已经开始吸引了其他就餐者的注意，她面带窘色地去拿第三瓶可乐。接着，一瓶瓶的可口可乐从售货机中"吐出"，而且速度更快了。每瓶可乐

---

① 圣约翰大学（St. John's University）成立于1870年，是由罗马天主教会的文森特（Vincentian Fathers）响应布鲁克林的第一个主教约翰·洛夫林（John Loughlin）的邀请而建的，其建立目的是为城市的贫困青年提供智力和道德教育。现今，该校除位于纽约市皇后区的主要校区以外，还有曼哈顿、史泰登岛、意大利罗马等校园和分部。

第七章　保持爱情的新鲜度
KEEP LOVE ALIVE

被"吐出"的同时，都能够听见从附近餐桌传来的惊叹声和偶尔的尖叫声。她手中现在已经有六瓶可乐了。她开始把可乐分发给其他同学，而自动售货机依然在往外"吐着"一瓶又一瓶的可乐。在她把好多瓶可乐都分发出去之后，自动售货机才停歇下来。

另一位年轻的女士来到自动售货机跟前，把钱放进去，选择购买可乐的按钮，然后拿到了她的可乐。她也希望自动售货机能够再次上演"不停吐可乐"这一幕，于是中途她还等了一小会儿，看看售货机会不会"吐出"更多的可乐。当她要转身离开的时候，从自动售货机的取货口中伸出一只手来，送给她一束鲜花。

看到了这一幕，一个小伙子也想尝试一下。就在他投币之后，自动售货机关闭了，然后灯亮了起来，同时警报声、响铃声、嘀嘀声……响成一片，那场景就如同他在拉斯维加斯中了大奖一样。自动售货机"吐出"了一瓶瓶的可乐，好似获胜的老虎机吐出钢镚儿一般。他也将这些可乐分发给了其他同学。现在，整个餐厅已经沸腾了。同学们举手击掌，分享可乐，甚至有的同学还给了自动售货机一个大大的拥抱。

更为疯狂的事情开始出现了。一瓶可乐和一副时尚的红色 LED 太阳镜同时被自动售货机吐了出来，还出现了两只手，开始折出各种动物形状的气球，然后送给大学生们（当然是和可乐一起）。一位女士站起身来去拿可乐，自动售货机送出一个大尺寸的比萨饼，还有一瓶两升装的可乐。一个足够每个人享用的比萨饼！最后，自动售货机的灯开始再次闪烁，嘀嘀声也响了起来，紧接着送出了一个六英尺长的潜艇堡（Submarine Sandwich）①。学生们都站了起来，笑声、欢呼声、兴奋的尖叫声此起彼伏。圣约翰大学校园里的这个小餐厅已经成了一个欢乐的海洋。这些同学将永

---

① 潜艇堡（Submarine Sandwich），又称潜艇三明治、长卷三明治，用长卷面包纵向切开，内夹有肉、芝士、蛋和沙拉等各种食物。

147

远铭记这一天。

可口可乐欢乐机（The Coca-Cola Happiness Machine）完成了它的首秀[1]。隐藏着的摄像机把整个过程记录了下来，以便让更多的人分享到学生们（不是演员）的现场反应与由可口可乐散播的无处不在的欢乐。活动执行的主题是"下一站的欢乐将在哪里？"（Where Would Happiness Strike Next?），它成了一个具有轰动效应的口碑传播事件。

故事讲述
STORY TELLING

你如何能够让一段 120 年的品牌—消费者关系保持它的新鲜度？这就是来自效力于始终排在国际品牌集团（Interbrand）[2]"年度最佳全球品牌报告"榜单首位的企业的营销团队所要面对的挑战。像可口可乐这样的品牌如何能够做到让品牌—消费者关系与时俱进地进化？可口可乐公司如何在品牌与消费者之间建立恋爱关系，而这个品牌创立于克利夫兰（Cleveland）

---

[1] 英国一家名为"第六定义"（Definition 6）的广告公司将可口可乐自动贩卖机加入了温暖的人情味儿，转化为可口可乐欢乐机（Happiness Machine）。该公司将一个校园的可口可乐自动售货机进行了特别的改装，从第一个投币购买可乐的人开始，接下来的每个人都会收到远超过一瓶可口可乐的惊喜，更多的可乐、大容量可乐、鲜花、比萨、汉堡等。越来越多的学生围观参与进来，"欢乐机"的神奇引得学生们的喝彩。这项创意活动在 2010 年 1 月启动，或许还会在其他校园陆续上演。

[2] 国际品牌集团（Interbrand）成立于 1974 年，是全球最大的综合性品牌咨询公司之一，致力于为全球大型品牌客户提供全方位一站式的品牌咨询服务。Interbrand 的客户群体覆盖约 2/3 全球财富 100 强的公司。1993 年 Interbrand 加入宏盟集团（Omnicom Group）的 DAS 事业部（Diversified Agency Services）。DAS 的业务覆盖广告代理、企业财务沟通、直效营销、形象设计、保健、信息技术、整合营销、媒介计划和购买、组织传播、促销、公关/公共事务、招聘传播、电话营销、商标许可和黄页广告。2002 年，Interbrand 在上海设立办事处，与各大全新品牌和著名公司密切合作，以确保他们在中国的市场地位得到优化。

第七章　保持爱情的新鲜度
KEEP LOVE ALIVE

总统在白宫迎娶弗朗西斯·福尔瑟姆（Francis Folsom）的那一年？毕竟，就如可口可乐前全球事务创意总监杰克·詹图斯（Jackie Jantos）所言："产品本身——实际的液体饮料——130年间几乎没有变化。但这并不意味着品牌—消费者关系就不能进化或者创新。"[1]

可口可乐公司并没有回避它要与下一代消费者培育关系的愿望。21世纪，需要通过这一战略来拥抱市场营销：强势而又特别接地气地来提升与品牌相关的对话与故事。即便是营销预算有些紧张，也要执行这一战略。是的，可口可乐正向我们展示它是如何计划加强业已十分强大的品牌—消费者恋爱关系的。可口可乐公司全球广告战略与创意部副总裁乔纳森·米登霍尔（Jonathan Mildenhall）曾在网络上发布过一则17分钟的视频，视频中他讨论了可口可乐如何遵循一个回归其品牌本真（故事讲述）的核心理念，并对其加以提升。

就像米登霍尔在视频中描述的那样，"讲故事处在所有家庭、社区和文化的核心位置。"[2]思考一下他说的这句话。我们的生活本身就是由一系列的故事构成的。有些是好的故事，有些是不好的故事。有些故事有皆大欢喜的结局，而另一些故事的结局让人感伤或者具有悲剧色彩。每当你在与另一个人沟通的时候，你通常都是在讲述一个故事。你可能会向别人讲述诸如"你的生活是如何一步步走过来的"这样的家常故事，你也有可能向别人讲述"你的梦想是如何实现的"这类动人故事。故事是构成我们生活与各种关系的不可或缺的一部分。它们也是我们不可或缺的一部分。从其诞生之日起，故事讲述就已成为可口可乐品牌基因的一部分。

让我们来共同回顾一下可口可乐的品牌起源。1886年，美国南北战争时期南方政府的约翰·彭伯顿（John Pemberton）上校发明了可口可乐。弗雷德里克·艾伦（Frederick Allen）在他的《神秘配方》（*Secret Formula*）一书中这样写道：

美国南北战争之后的南部佃农地区治疗头疼脑热的各种药物十分匮

乏。许多人都饱受膳食不良之苦，穷人们仍然依靠所谓的淀粉、蛋白质含量高的 3M 食品（肉—Meat、谷物—Meal、糖蜜—Molasses）来填饱肚子，这导致了大范围的营养不良。在农村地区，无排水设施的沼泽地就像巨型的细菌培养皿，散播着各种疾病。南部地区漫长而又炎热的夏天让病虫滋生、使食物变质，只能光着脚在野外活动的儿童们得了钩虫病。甚至许多家庭的茅厕都不具备最基本的卫生条件。南方政府的退役军人纷纷带着未愈的伤病和疾病回到故乡。该地区的贫困和乡村隔离造成了折磨人的、令人绝望的厌烦情绪，这使得许多南部地区的人都倾向于从那个含有酒精、鸦片酊或者其他镇痛剂的褐色小瓶子中获得某种程度的宽慰。[3]

听起来是不是很有意思？彭伯顿意识到该地区的人们需要而且想要某种能够在某种程度上帮助他们摆脱当时糟糕处境的东西。就像可口可乐多年之后宣传的那样，他们需要一个简简单单的欢愉时刻。

詹图斯补充说："思考一下可口可乐是如何诞生的这个故事。药剂师彭伯顿发明了它，将它当作一种让人精神振奋的饮料。今天它依然如此。我们的工作就是发掘出层出不穷的蕴含在饮料中的各种欢乐故事，因为可口可乐事实上就代表着一瓶饮料所能够带给人的欢乐。"可口可乐品牌的使命没有改变。它只是在不断地进化着。综观其品牌历史，欢乐一直发挥着必不可少的作用。从 1923 年的"享受生活"（Enjoy Life）一直到 1979 年的"畅饮可乐，微笑生活"（Have a Coke and a Smile），可口可乐一直也将永远代表着欢乐。营销团队的工作就是要沿用"欢乐"这一理念，并用符合 21 世纪的营销方式发掘出蕴藏在可口可乐饮料中的各种欢乐故事。

米登霍尔的视频叫作"2020 年可口可乐品牌要义"（*Coca-Cola Content 2020*），他向人们展示了全世界最大的营销公司在 21 世纪将如何调整策略来与消费者发展关系。他通过一种启发式的说法来形容这次主题为"要义"的广告创意所带来的挑战，提示性地告诉我们："每一次与消费者的接触都是在讲述一个情感方面的故事。"这一战略被称为"液体与连接"

(Liquid and Linked),它定义了可口可乐与消费者的未来互动形式。"液体"用来形容那些由于自发传播性强而无法控制的创意。"连接"指的是这些故事将在公司业务、品牌和消费者之间创建联系。米登霍尔继续说道:"通过可口可乐讲述的各种故事,我们将激发出各种关于品牌的对话,并在很大程度上引领流行文化。"[4]

米登霍尔所阐述的观点并不是为讲故事而讲故事。可口可乐应用了**讲述生动故事**(Dynamic Storytelling)的方法,这从根本上能够让可口可乐通过既激发消费者兴趣又给他们与家人朋友交谈带来话题的方式向消费者讲述品牌故事。可口可乐将创意出各种品牌故事,但最终的目标是让消费者接受这些故事并谈论它们。毕竟,公司已经做过调研并且也知道,正在流传的各种可口可乐品牌故事中,有80%并非来自可口可乐本身的品牌传播信息。可口可乐将接受这一事实并围绕它来开展工作。这将鼓励更多的故事分享与故事讲述行为。由可口可乐欢乐机主导的"下一站的欢乐将在哪里?"在线视频片段(就像圣约翰大学发生的那一幕)就是最好的证明。

定义快乐

"下一站的欢乐将在哪里?"是可口可乐"开启欢乐"(Open Happiness)这一新品牌宣传活动的首次在线尝试,这一活动在2009年启动。这一新的定位将可口可乐多年以来一直做的事情(开启一个简简单单的欢乐时刻)放置在了一个新的沟通环境中。还记得一个品牌所拥有的那个核心利益吗?可口可乐就代表着欢乐。可口可乐品牌精髓的魅力就在于它将品牌能够提供的有形产品与积极情感完美地联系在了一起。

但欢乐究竟是什么,以及怎样才能把欢乐传递出去?简单来说,欢乐理念适用于任何社会背景下的任何人。欢乐有身体层面的、有情感层面的,还有文化层面的。实际上,可口可乐总结出了在任何品牌沟通情景下都能够催生欢乐的五种创意元素:

- 保持积极（Be Active）
- 共同分享（Be Together）
- 勇于探索（Discover）
- 活在当下（Be in the Now）
- 懂得付出（Be Giving）

记得我们在之前曾经说过，某种关系被定义为双方都为对方付出？当然了，可口可乐也不想再去简单地谈论欢乐。相反，可口可乐想与他人分享一种欢乐的体验，并为之喝彩。如果可口可乐能够提供各种欢乐体验，消费者将讲述更多的故事，而这些故事将最终扩散到各个地方。

当然，作为可口可乐，可以用声势浩大的方式来开展"开启欢乐"这一新的广告创意活动，将重点放在超级碗广告与强有力的促销上。但是这一次，它还融入了数字元素，虽然与围绕欢乐创意的其他营销活动相比，数字元素在本次活动中所占比重并不是很大。可口可乐高级品牌经理阿·J.布鲁斯登（A. J. Brustein）这样解释道："我们的战略是要利用粉丝（忠实消费者）的力量来扩散品牌要义与品牌信息。这种尝试性的做法是想要看看如果我们能否在没有额外投入的情况下让品牌产生病毒传播效应。"[5]在"2020年可口可乐品牌要义"视频中，米登霍尔解释说，可口可乐有一个独具特色的营销支出模型，基本上都是通过以下方式来分配营销支出的：

- 70%的投入用于那些经过验证的品牌激活工具（广告、新包装、促销等）。
- 20%的投入用于对经过验证的品牌激活工具所进行的各种创新（分享一则广告的新方式、新型的终端货架展示等）。
- 10%的投入用于全新的、试验性的营销工具。

"下一站的欢乐将在哪里？"这一创意很明显可以被看作是试验性的做法。布鲁斯登回忆："这个活动就完全符合这10%的营销支出范畴，但全公司只有五六个人明白这一点。"

第七章　保持爱情的新鲜度
KEEP LOVE ALIVE

传递欢乐

为了设计一份以在线的方式与消费者建立联系的营销计划，布鲁斯登求助于一位促销领域的资深人士，在过去20年中她的职业生涯一直辗转于可口可乐公司和各种广告代理机构之间。之前在传统的可口可乐公司，克里斯蒂·阿莫德（Christy Amador）总有点像一个调皮捣蛋之人。她以做事追求完美而闻名，但也执掌过最近几次更具创新性的可口可乐营销项目。她将成为负责这项非常规性广告创意活动的理想人选。

阿莫德很快就明白的第一件事情就是，如果你想创意出一些消费者真正愿意传递的某种有料信息，你在传递广告信息时就不能像可口可乐之前那样行事——把这一切控制起来。阿莫德说："我们想为人们带来一种令人惊喜而愉悦的真正意义上的欢乐体验。我们不会去操控它。如果被看出有我们的操控痕迹，我们就失去了所有的信任。"[6] 如果那样，情况只会越来越糟。常有这样一种情况，营销者把想要让消费者传递的品牌信息明确地说了出来。然而，在很多情况下，这类品牌信息由于商业性过强而使得消费者没兴趣把它们再传递给他人。当然，也有一些例外。丰田塞纳（Toyota Sienna）的"拉风座驾"（Swagger Wagon）在线音乐视频广告和彩虹糖（Skittles）①的"遇见彩虹"（Touch the Rainbow）视频广告都遵循了一项不成文的原则：如果你想要获得病毒式传播的互动效果，你就得把信息向消费者说明并让他们来传播。如果可口可乐想要成功，他们想要让观众传播的信息就得包含既具有幽默感又能够打动人的内容。

这又一次把我们带回到了2011年的那个冬日，当可口可乐欢乐机第一次出现在圣约翰大学校园的时候，不知情的学生所产生的体验被隐藏着的

---

① 玛氏食品公司（Mars）生产的一种果汁糖，脆脆的糖果外衣包裹着不同味道的水果软心，分为红色包装的原果味和绿色包装的酸劲味。

摄像机记录了下来。因为摄像机被隐藏了起来,有关体验的一切都被准确地记录下来,包括学生们的真实互动反应。消费者与品牌之间的"恋爱关系"得到了完整的呈现。詹图斯这样描述:"简单而又亲密的可口可乐时刻。"阿莫德补充说:"它得可信,它得真实,我们得捕捉到人们在真实环境中的真实情感。"

那么,这次体验又有哪些不同寻常之处?詹图斯解释道:"我们看到了人们真正善良的一面。他们懂得分享。如果自动售货机吐出5瓶可口可乐,他们会和朋友们分享。我们捕捉到这样一个信息:分享不仅能给你自己带来欢乐,也能够给别人带来欢乐。"

广告信息的结束语"下一站的欢乐将在哪里?"以一种期待的口吻产生出了一个具有口碑传播效应的元素:可口可乐欢乐机可能会出现在你所在的城镇。实际上,这次广告创意活动的受欢迎程度促使可口可乐用这样一种方式来做出回应:通过抽样程序来开展一次可以模拟出先前病毒传播体验的可口可乐欢乐机系列路演活动。

关于这次广告创意活动的另一个独特之处就是,它与可口可乐之前的做法截然不同,因为它并没有大笔的预算用于全国媒体宣传。它是顺其自然的。可口可乐从社交网站和公司网站上发起了这次活动,但绝大多数的"传播"是由消费者自发产生的。如果我们说广告信息自己具有生命力,那还没有点到问题的关键。根据阿莫德的说法,时至今日,最初的"下一站的欢乐将在哪里?"在线视频已经被全世界2500万人观看过,它提醒着每一位观众他/她与可口可乐品牌存在着某种关系的原因。这次广告创意活动在网络上的受欢迎程度如此之高,以至于可口可乐从原先的脚本中截取出了各种电视广告,并把它放到诸如《美国偶像》(*American Idol*)决赛之类的流行节目中播放。阿莫德估计,超过一亿的观众曾经观看过某一版本"下一站的欢乐将在哪里?"广告。当时,可口可乐在脸书网的粉丝数量从370万增长到6000多万。在线公司脸书网也获得了相当的回报,其中包括克里奥大奖（Gold Clio Award）①、艾迪奖（National Addy Award）②和金电视奖（Gold Telly），并成功入围戛纳国际电影节（Cannes International Film Festival）决赛单元，还赢得了《广告时代》杂志（*Advertising Age*）的"年度小型广告代理机构广告创意奖"（Small Agency Campaign of the Year）。此外，本次广告创意活动赢得了"视觉监测者"（Visual Measurers）评选出的"十佳广告"称号，还被"创意在线"（Creativity Online）命名为"最佳病毒传播视频广告"（Top Viral Video）。

创新提升恋爱关系
INNOVATION ENHANCES ROMANCE

为什么"下一站的欢乐将在哪里？"广告创意活动发挥出了作用？有以下几个原因：

● **要出乎意料**。阿莫德说："每当可口可乐做活动的时候，通常多是声势浩大的。包括大规模的抽样方案、强有力的电视宣传、大规模的促销。这次活动却不同。这次活动跟个人有关、关系如此亲密。它显示出品牌以一对一的形式与消费者进行互动。在某个寻常日子，可口可乐的营销活动出现在一个大学校园的小型餐厅里，这本身就出乎了我们的意料。"

● **要保持原汁原味**。布鲁斯登解释说："因为只有极少数人知道此事，我们不需要经由某个委员会批准来确保活动的'安全性'。它近乎保持了

---

① 克里奥大奖（Gold Clio Award）是全球广告业界最受推崇、最负盛誉的国际性广告大奖赛之一，于1959年在美国设立，旨在表彰广告业最富创意的精英，鼓舞和奖励现代文化中最为生动有趣、最富有影响力的艺术形式，是规模最大的国际性奖项之一。

② 艾迪奖（National Addy Award），全世界最大的广告奖项之一，1960年创立于美国佛罗里达，1968年被美国广告联合会（American Advertising Federation）采纳并推介为全国性的广告赛事。

活动的原貌。它保证了活动理念的原汁原味。"这一点很重要。可口可乐还通过一次独特的网站体验对广告创意活动进行了再次创新。① 但这次体验遵循了以下战略：它原汁原味地传递出了品牌信息。太多的时候我们使用创新手法时并没有照顾到品牌的战略，这些手法牺牲了品牌信息的本真而只会把消费者搞得眼花缭乱。别再让这种事情发生！找到那些与品牌精髓紧密相关却又能够为品牌—消费者关系增加兴奋点的创新活动。如果有些活动偏离了战略的既定轨道，就不要继续推进了。

● **要保证真实可信**。詹图斯说："人们对于这一场景设置并不知情。只是简单地重复着过去的日子。在这一场景中，你并没有看到很多技术含量很高的手法。它就是一次普通的进餐时间。它就是一个普通的小餐厅。它的手法一点也不现代，只是用某种方式让品牌回归到它的本真状态。"再一次，品牌信息保持了可口可乐品牌的真实可信特点。

● **它恰当地使用了社交媒体与在线品牌激活工具**。许多营销者将社交媒体看作是与消费者建立联系的新型万能之物，但却经常对其效果感到失望。可口可乐并没有仅仅依赖社交媒体来传播品牌信息。它运用在线视频来加强一个广为人知的品牌信息，并通过适用于网络空间的方式把品牌信息传播开来。这一做法有很强的娱乐特点。它很有意思。但是也并没有强行把可口可乐品牌信息灌输给你。是的，可口可乐是整个故事的一部分，但是故事的主角是消费者自己与他们对于自动售货机吐出可口可乐的真实反应。这项营销活动的执行在某种程度上并没有受到操控。

● **最重要的是，它与消费者在情感层面建立了联系**。阿莫德说："捕捉到人们的各种情感和反应非常重要。我们能够做到这一点，它也成为了一条人们想去与别人分享的品牌信息。"通过具有分享特性的媒介推广出

---

① 这里指的是，可口可乐将圣约翰大学校园餐厅的录像放在了脸书网上，提升了先前广告创意活动的传播效应，也是另外一次创新性的品牌信息传播。

第七章　保持爱情的新鲜度
KEEP LOVE ALIVE

去的"下一站的欢乐将在哪里？"就是一次人们对于欢乐的一种实实在在的表达。从根本上来讲，它代表了可口可乐的品牌精髓：与他人分享简单的欢乐时刻。回看一下可口可乐的各种经典广告。从"小气鬼乔·格林"（Mean Joe Green）①到站在半山腰上的一群年轻人齐声唱着"我想给全世界买瓶可口可乐"②，可口可乐一直在传递着分享欢乐的品牌属性。人们想要欢乐，并且想把欢乐传递给其他人。这也是可口可乐欢乐机所传递出的品牌信息深受欢迎进而得以获得扩散的原因所在。这也说明，没有任何一个品牌会因为过于陈旧或者老套，从而无法与它的使用者群体进一步发展成为恋爱关系。

●　●　●

出乎意料、创新、新闻传播效应——所有这些都是新品牌和成熟品牌与消费者培育关系的有效途径。可口可乐将10%的营销预算花费在创新性极强的广告创意活动上，但这对未来的业务发展起到了极大的推动作用。实际上，可口可乐已经轻而易举地向我们证实了这一点：虽然可口可乐对于创新性广告活动的营销预算只占到全部预算的10%，但为了推动这类创意活动所需要的脑力投入将更为巨大。[7]这些创意活动为未来创新性广告传播项目的形成提供了一个平台。它们形成了持续的良性循环。

创新可以以多种形式出现，而且发挥着许多作用。下面仅举几个例子

---

①"小气鬼乔·格林"（Mean Joe Green），可口可乐曾经的一则电视广告，于1979年在美国职业棒球大联盟赛季上首播，几个月后在"超级碗"橄榄球赛中播出后广为人知。广告主角是美国知名橄榄球员格林和一个小男孩，比赛结束格林进入更衣室，男孩递给他一瓶可口可乐，格林起初拒绝，后又接受并一饮而尽，两人分开后，格林终于改变心意，将自己的球衣送给男孩。广告中的一句经典台词就是格林对小男孩说的"嘿，孩子，接着！"众所周知，格林是个小气的人，曾经在路上拒绝一个向他要签名的男孩，而且对他吼叫。而后来格林表示，"小气鬼乔·格林"带给他的名声甚至超过他在橄榄球界的名声，也向粉丝们证明了他其实是一个非常友善的人。
②"我想给全世界买瓶可口可乐"（I'd like to buy the world a Coke），是可口可乐在1971年推出的一则电视广告。片中，一群来自世界各地的年轻人聚集在意大利的一个山顶上，每人手中拿着一瓶可口可乐，齐声唱着"……我想给全世界买瓶可口可乐"。该广告片想要诠释分享、陪伴等品牌信息。

说明：

- **新的沟通方式**。这包括将技术应用于创意执行和信息传播层面。
- **新的包装、标识与外观**。我们都需要不时地更换装扮，品牌也不例外。
- **产品线延伸与推出系列产品**。对现有产品作出新的改进与改变能够帮助我们进一步将品牌精髓传播出去。
- **新的互动场所与地点**。这包括找到消费者发现品牌的新地点与通过新的渠道和网点合作来销售我们的产品。
- **新的关联事物或者新的代言人**。启动新的体育赛事赞助或者赞助其他事件甚至启用新的代言人能够让品牌改变其主张或者个性。
- **新的产品**。除了产品线延伸，创新往往可以通过品牌推出新产品的形式来实现。这种做法特别适合那些技术或者设计进步特别快的产品品类。品牌有时候会发现，要继续与消费者培育关系就需要做出改变或者改良。耐克时隔多久就会对鞋子的设计做出改变？几乎每一年都会这样做。现有的设计并没有问题，但是为了让鞋子在性能与时尚方面保持竞争优势，耐克将会进行持续的创新。

创新规避品牌关系"僵化"
INNOVATION TO ESCAPE RELATIONSHIP "RUTS"

2010 年，达美乐比萨（Domino's Pizza）——一个消费者关系处于僵化状态的品牌，推出了一些非常规性的举措。实际上，它同时推进了两项激进的战略。首先，公司改变了它的比萨食谱，对于一个主流的品牌化比萨产品，这可是一件非同一般的事情。

第七章 保持爱情的新鲜度
KEEP LOVE ALIVE

事情还远没有结束，就在推出新的比萨食谱的同时，达美乐启动了一场广告创意活动，广告主要讲述了消费者在谈论该公司在过去的50年里向顾客提供的比萨是多么的糟糕。广告中，达美乐将隐藏摄像机记录下来的消费者对于新比萨所做出的反应呈现到了观众面前。多年来，许多品牌都一直在推出"新的、经过改良的"产品，但是没有任何一个品牌能够如此直率地承认其之前推出的产品并不怎么样。这一做法有很大的风险。如果想到达美乐承认其一直以来根本就是有意提供糟糕的比萨，同时还赚了他们的钱，消费者会不会感觉到不舒服？但结果却大相径庭。通过启动这场广告创意活动，达美乐成为了一个比任何品牌都更为坦率的品牌。达美乐的网站上收集了消费者在社交媒体上关于该品牌的每一种看法——好的、坏的，还有中立的——并将这些内容全部发布到了网站上。结果让人难以置信：在广告创意活动推出的这一年中，达美乐的利润与股票价格的上涨幅度超过了200%。[8]一个老套的、有些过时的品牌通过一次比萨食谱的改进成功规避了品牌关系的僵化。但是，这种公开而又坦诚地将品牌所做出的改变沟通出去的创新性做法，为企业带来了一种全新的品牌—消费者"恋爱关系"。

产品创新能够为品牌—消费者关系带来新生。创新可能需要营销者承受来自个人与职业层面的双重风险。1985年，宝洁公司（P&G）①的博迪（Bounty）纸巾就出现过麻烦。纸巾这种产品已经完全同质化了。它们看上去都一样：颜色不是白色的就是素色的。虽然博迪长期以来凭借"更麻利的清洁帮手"这一产品功能优势为其赢得了市场，但是为了获得比其他纸

---

① 宝洁（Procter & Gamble's, P&G），1837年创建于美国俄亥俄州，是世界上最大的日用消费品公司之一。目前，公司的产品结构主要分为美容、剃须护理、口腔护理、电池、厨卫洗涤用品、婴童护理、女性用品和居家护理等板块。宝洁的2015财年销售额为4853亿元人民币（宝洁财年财报结算日期是每年的9月份，该数据为2014年7月到2015年6月的总销售额）。2015财年，宝洁公司销售额超过10亿美元的品牌有23个，销售额在5亿~10亿美元的品牌有11个。早在2013财年，中国市场为宝洁贡献的销售额已经超过了60亿美元（约合382亿元人民币）。

巾品牌更多的价值（定价层面），该品牌在与消费者发展"恋爱关系"方面还做得远远不够。这种现象在宝洁的许多产品品类中都有所体现，公司的高级管理层为所有的员工下达了指令：在产品创新层面寻求突破。

艾米特·利普德（Emmett Leopardi）①，当时是宝洁纸品部的一位工程师。有一天，他走在超市中陈列纸巾产品的过道上，差点就拿起了一款竞争对手的产品，因为任何一个纸巾品牌都没有什么差别。他突然想到了一个创意。如果想要继续拥有一个忠诚的消费者群体，博迪就得做出重大的改变。他说："我们需要针对纸巾品类做出某种创新，就像彩色电视机对于电视机产业所产生的效应一样。"[9]

利普德的想法就是，那些每天使用纸巾的妈妈们需要某种让她们的生活亮丽起来的东西。"妈妈们将用纸巾从事这些琐碎性的事务，清洁、收拾午餐等。我只想在她们使用纸巾时为她们提供一个让生活亮丽起来的小礼物。"这个礼物就是在纸巾上印制一些具有装饰性的设计图案。宝洁的中层管理人员并不赞成这一想法，即使是营销团队也在犹豫不决。利普德被告知，他只是一名工程师，并不了解消费者的心态。他们认为消费者只会关心诸如吸水性与结实性等功能性利益。

虽然没有获得管理层的支持，利普德仍然利用业余时间来尝试在博迪纸巾上印制彩色图案。当他发现这种做法可行的时候，他知道是时候把他正在做的事情告诉宝洁公司的高级管理层了，但也需要让他们知道他是在没有经过公司允许的情况下开展的这项工作。宝洁的管理层认可了他的这种创新行为，并让他来负责该项目。根据利普德集团（Leopardi Group）网站的信息显示，利普德和他的团队创新出了一种给博迪纸巾印制图案的构想，这一创意获得了公司有史以来的最高分。博迪纸巾推出了一项具有新

---

① 艾米特·利普德（Emmett Leopardi），利普德集团（Leopardi Group）的创始人、CEO。在1980~2012年，他供职于宝洁公司，2013年他创建了自己的公司，为客户提供营销、广告和设计等方面的服务。

闻传播效应的产品创新。现今，印制着各种设计图案的纸巾占据着该品类超过一半的销售量。

创新几乎总是需要承担风险。风险从来都是不确定的，并且从其字面意义就可以看出，风险也从来不会保证成功。事实上，许多创新都以失败告终。如果我们从来不冒风险，我们与消费者的关系最终将会出现问题。在开发一个为了不同而不同的创新型产品与承担一个"聪明的风险"（一个经过深思熟虑的、充分计算过得失的风险，这也包括本书一直推崇的做法：了解消费者——他们的功能性与情感性利益、他们的渴望与目标，并确保创新能够以不同于现有产品的方式来满足这些需求）之间还是有所区别的。

当然，创新也能够在挽救某种已经被淡忘的品牌关系方面发挥出作用。它能够为那些多年来没有受到消费者关注的品牌带来新生，下一部分我们会看到类似的案例。

重新建立联系

当布莱克·霍利（Blake Hawley）正在穿过马路的时候，她注意到一辆闪烁着蓝色灯的巡逻车正朝她缓慢驶来，紧接着又有一些亮着灯的车开了过来，它们缓慢而有序地行进。就在这些车辆依次经过的时候，她看到后面跟着一辆加长版的黑色礼宾车。她愣了一下然后恍然大悟。镇子上有什么名人吗？总统？还是州长？但这并不是一辆礼宾车。她看到的这辆车是一辆驶往当地墓地参加葬礼仪式的灵车。布莱克·霍利自己叹了口气。又一位巨利多（Geritol）[①] 消费者离开了我们。

霍利是一家名为美达消费者保健（Meda Consumer Healthcare，MCH）

[①] 巨利多（Geritol），美国的一个膳食补充维生素品牌，创立于1950年。

的特种药物公司的营销总监。这家公司是美达生物医药集团（Meda AB）[①]旗下的成员企业，隶属于一个国际性的制药集团。她的工作是为被消费者长期淡忘的 MCH 公司重新培育消费者关系。巨利多是这一战略的关键所在。这同时也是一项最具挑战性的工作。布莱克和巨利多的品牌经理辛克德·特普利（Cigdem Topalli），需要让这个 20 世纪 70 年代以来就一直被大力营销的品牌焕发出新的生机。

MCH 公司的副总裁、总经理杰夫·科恩（Jeffrey Cohen）是一个乐观主义者。他的工作是寻找那些沉寂已久的品牌，然后用相对于其辉煌时期的很小代价收购它们，最后重新建立起这些品牌的价值。科恩的团队被委以如下任务：收购那些曾经在各自所处品类中居于领先地位的品牌。就像他讲的那样：“这些品牌不是处于危在旦夕的阶段，就是处于维持生命静待放弃治疗的阶段。我们的任务就是让这些品牌复活——对那些曾经强大的品牌—消费者关系进行再次投入。”[10] 他所接手的这些品牌看上去在制药领域都久负盛名，其中就包括 1941 年首次面世的补铁制剂品牌费奥索（Feosol）、1952 年面世的巨利多（Geritol），还包括感冒药物品牌科特得（Contact Cold & Flu，1961 年面世）和咖啡因提神药物品牌吾醒灵（Vivarin Caffeine Alertness Aid，1968 年面世）等相对较新的品牌。

所有的这些品牌多年来一直处于持续下滑的状态，它们与消费者的关系管理不善、被淡忘或者疏于培育。然而，在寻找这些品牌并从中挑选被收购的品牌之时，科恩指出在众多看似前景暗淡的品牌当中，通常总有一些品牌具有复活的希望。这就变成了一件令人着迷的事情。

如果 MCH 公司要收购一个大多数公司都不会接手的品牌，这个品牌需要满足一些关键性的评价标准。不言而喻，该公司的基本情况（现金

[①] 美达生物医药公司（Meda AB），总部位于瑞典的跨国医药集团。它在全球 60 个国家建立和管理自己的销售团队，产品销售范围涵盖 120 多个国家。2016 年 2 月，美国制药巨头迈兰公司（Mylan）与瑞典美达公司达成并购协议，前者将以 99 亿美元收购对方公司。

流、支出、盈利能力）必须是良好的。如果该品牌是由于管理不善而导致亏损，MCH公司是不会去收购的。只有那些在现金流与盈利能力方面表现良好的品牌才能达到MCH公司的起码收购要求。

但是要让科恩和他的团队对一个将要接手的品牌产生真正的兴趣，这个品牌需要在善变的消费者群体中拥有某种程度的声誉。通常，总是有些品牌一度被大力地营销，但接下来的几年营销推广不足或者被消费者完全淡忘。人们多少知道这个品牌，并且多少都对品牌有好感，即使他们无法确切地言明这种好感。科恩说："如果品牌拥有知晓度，并且它还积攒了一些声誉，我们就能够与这些消费者重新发展品牌关系。"他补充说："许多这类的品牌都被公司过度地从它们身上榨取着现金。拥有这类品牌的公司根本就是在说'我们才不关心这些品牌呢'。"

MCH团队的最后一个评价指标是产品本身具有跟其他竞争对手相类似的配方。MCH公司要收购的品牌需要符合这一标准，某种程度上也是为了符合美国联邦贸易委员会（FTC）[①]对于OTC药物行业的规范性要求。科恩说："科特得中含有你能在感冒药中发现的所有成分。费奥索是一种与竞品相似的补铁制剂，每片吾醒灵中含有200毫克的咖啡因，这在行业中比较普遍。唯一一款与竞品相比有明显差异的就是巨利多。我们得重视这件事情。"

简单来说，MCH公司所收购的都是些人们常见的普通品牌，普通得就像当地宠物收容所中收留的那些最常见的狗。有些品牌可能历史悠久一些，而另一些品牌的历史可能不是很长。虽然这些品牌都曾经辉煌过，但它们仍然具有某种可以被激发出来的潜力，需要让团队成员相信只要给予一点爱护与关心，这些品牌依然能够兴盛，并能够积极地与关键的消费群

[①] 美国联邦贸易委员会（Federal Trade Commission，FTC），是执行多种反托拉斯和保护消费者法律的联邦机构。FTC的目的是确保国家市场行为具有竞争性，且繁荣、高效地发展，不受不合理的约束。FTC也通过消除不合理的和欺骗性的条例或规章来确保和促进市场运营的顺畅。

体建立品牌关系。

科恩指出，当 MCH 公司收购某一品牌的时候，它的第一个任务就是遏制下滑。"我们知道消费者对于这些品牌还是有些好感的，我们需要了解这些好感来自哪些方面。要搞清楚这些需要花点时间。但是我们也知道，当我们对这些品牌进行重新定位并将其重新引入市场的同时，我们也不能忽视公司正在开展的业务。我们运用了一项长短期相结合的战略。"从根本上来说，短期战略是想尽一切办法让这些品牌出现在货架上，直至制定出一项更强有力的定位方案并将其付诸实施。MCH 公司向零售商做出了一项承诺：科恩将告诉他们"我们知道这个品牌处在困境中。我们将想办法去重新改造它，并与相关的消费者建立起某种关系"。与此同时，MCH 公司要求零售商继续销售，并通过短期促销来推动销量，直至新的计划出台。没有别的品牌比巨利多在品牌激活方面所需要克服的挑战还要多的了。

激活老品牌

鉴于将 MCH 公司所收购的那些前途未卜的品牌都收至麾下，布莱克·霍利知道巨利多需要某个特别的人来接手。她完全知道那个人是谁。辛克德·特普利（Cigdem Topalli）被委派来接手巨利多的品牌管理工作，她很兴奋。她从参加工作以来一直从事品牌管理工作，并且刚刚从 MCH 公司的药物营销部门转到 OTC/消费品品牌管理团队。因此当这项任命通过的时候，她自然迫不及待地要告诉其他人。她解释说："当我问 68 岁的公婆她是否想要一些样品时，她告诉我说因为巨利多是给老人吃的所以她不想要。我意识到这个品牌出了点问题。"[11]

美达团队很快意识到巨利多陷入了某种时间错位，在过去的 50 年里，无论是它的产品，还是它的营销工作都没有什么变化。在它的消费者关系建设方面，出现的问题就更多了。它的形象变得陈旧老化，甚至出现了这样一种担忧：该产品是否还能够存活到下一个千年的头 20 年？

第七章 保持爱情的新鲜度
KEEP LOVE ALIVE

让我们先从品牌形象着手。巨利多不只被认为是陈旧老化的，它被认为是古旧的，它已经完全落伍了。就拿品牌名称来说。前缀"Geri"立即会让人感觉这是一个为老年女性群体服务的品牌。我们说的并不是刚刚退休的女性。消费者将巨利多看作是一个在协助式照护中心才会出现的品牌。广告，其实压根儿就没有，也没起到什么积极作用。在 20 世纪 50 年代，巨利多经常与消费者沟通，广告中向家庭主妇们宣传巨利多是一种缓解疲劳、克服缺铁性贫血的产品，起用的是贝蒂·怀特（Betty White）[①]等当时年轻而又前途无量的明星。在 20 世纪 50 年代，该品牌随处可见。它的广告攻势很凶猛，且还赞助了很多节目，问题是该品牌一直停留在了 20 世纪 50 年代。除了在 20 世纪 70 年代有过一次短暂的品牌年轻化尝试之外，该品牌基本上就失去了光彩，同时也停止了与消费者的沟通。当时，它起用了诸如棒球运动员史蒂夫·加维（Steve Garvey）[②]和他的妻子辛迪（Cyndi）、网球运动员依芳·格丽果（Evonne Goolagong）[③]等年龄段在 30 多岁的代言人。简而言之，这个品牌已经完全时空错位了。

特普利说："它成了一个笑话。退休派对中人们分发巨利多，这就是你这个品牌已经衰老的信号。"霍利补充说："即便是现在认可巨利多产品的消费者，也不愿意让人知道他们在使用它。"有一位女士告诉我们她不能让她的丈夫发现，因为她不想让他觉得她正在变老。[12] 由于多年来巨利多的品牌意义处于缺失状态，以至于在 21 世纪的头几年，城市中的人们都在暗地里说巨利多是人们在私下里使用的一种催孕药。

---

① 贝蒂·怀特（Betty White，1922~），美国著名女演员、歌手、喜剧演员、作家和电视明星。2010 年，怀特获得第 16 届美国演员工会颁发的终生成就奖。
② 史蒂夫·加维（Steve Garvey，1948~），美国前职业棒球运动员，以其在洛杉矶道奇队（Los Angeles Dodgers）作为一垒手的杰出表现而为人所知。1974 年，他获得"美国棒球联盟最有价值球员"的称号。
③ 依芳·格丽果（Evonne Goolagong，1951~），澳大利亚前头号女网球运动员，是 20 世纪 70 年代和 80 年代早期世界顶尖的网球女运动员之一，取得过 14 次大满贯头衔。

霍利和特普利面临着一项巨大的任务。MCH 公司已经收购了巨利多，因为该品牌的财务数据极佳，并且品牌知晓度也不错，所以仍然有文章可做。然而，重要的是需要设计让一项合适的营销计划来开始与一个更年轻的消费者群体建立品牌关系。

团队先从产品本身下手。巨利多有两种产品形式，巨利多维生素片（Geritol Complete，一种复合维生素片）与巨利多滋补油（Geritol Tonic，添加了铁和维生素 B 的一种液体产品）。特普利首先关注的是巨利多维生素片产品，因为很明显它的机会更大一些。OTC 维生素品类是一个容量为 350 亿美元的市场，其主力军是复合维生素产品。因此她将巨利多的成分标签与一个领导品牌的成分标签进行了比较。他们所获得的比较结果如表 7.1 所示。

表 7.1　膳食营养素含量比例：巨利多 VS 善存

成分	巨利多维生素片 RDA 含量（%）	善存银装多维片 RDA 含量（%）
维生素 A	120	70
维生素 B_6	100	250
维生素 B_{12}	110	833
维生素 C	100	167
维生素 D	100	200
维生素 E	100	117
维生素 K	30	67

如果你是巨利多的品牌经理，你有没有注意到还是有些东西能够引起你的重视？当然你会注意到：除了维生素 A，善存（Centrum）[①] 产品中其他种的维生素含量都超过了巨利多，而且含量还超出了许多。如果你看到这样一份成分对比表，并想被消费者将你看作是一名值得信赖的竞争者，

---

① 善存（Centrum），创立于 1991 年，来自美国的知名维生素、矿物质品牌，隶属美国辉瑞公司。

第七章 保持爱情的新鲜度
KEEP LOVE ALIVE

你会怎么做？

你很有可能立即想去为产品重新制定配方，以让它和该品类的领导品牌旗鼓相当甚至超越领导品牌。如果某个竞争者的维生素 B_{12} 含量几乎八倍于你的产品，这就会让你处于一种明显的劣势，是不是？如果产品配方如此逊色于领导品牌，巨利多如何能够改变消费者对该品牌所形成的陈旧老化的认知？消费者会认为：你说的是 20 世纪 50 年代的事情吧！

但是巨利多不会为产品重新制定配方，实际上团队对巨利多的配方相当满意。为什么？让我们再次看一下成分表。如果你分析巨利多的产品，你会注意到该品牌与膳食营养素推荐摄入量（Recommended Dietary Allowance，RDA）的标准十分相近。在所有的维生素含量比例方面，巨利多都与其保持高度一致。

巨利多也不想去颠覆现有的竞争游戏规则，为什么不呢？有两个原因。首先，MCH 公司不想在一个由两家财大气粗的大公司所主导的、汇聚十大品牌的市场上成为该产品品类的配方颠覆者。其次，也是更重要的，是一个直接能够影响消费者方面的原因。维生素产品品类运行在一个错误的轨道上，人们认为一个人摄入的维生素越多，他/她就会越健康。这不一定是事实。实际上，由诸如奥兹医生（Dr. Oz）①之类的知名支持者所发布的各种报道和专栏文章都有指出，消费者事实上已经过多地摄入了维生素。巨利多团队将保持产品配方不变，并宣称他们拥有**均衡**的产品配方。这是某种其不同于竞争对手的地方。这也是他们具有的独特之处。巨利多带给你的不仅是具有活力的生活——不多，也不少。换句话来讲，巨利多的均衡配方能够让消费者的生活"均衡"起来。

---

① 奥兹医生（Dr. Oz, 1960~），本名梅曼·森格资·奥兹（Mehmet Cengiz Öz），是美国知名心胸外科医生、哥伦比亚大学外科教授兼副系主任，主持美国健康类节目收视排名第一的脱口秀节目《奥兹医生秀》(*The Dr. Oz Show*)，节目组还有一支 12 个人的专家团队，他们对节目邀请的医学嘉宾及其言论都会进行事先的研究与核实，以确保节目的真实性与科学性。

团队很快针对巨利多消费群体与更年轻的女性群体（50~55岁）做了关于"均衡"理念的测试。令人惊讶的是，年轻的消费者对"均衡"信息做出了更为强烈的回应。这与他们对巨利多品牌的认知相一致，该理念被认为具有产生某种影响的潜力。

突然之间，巨利多可以与一个新的关键影响者发展"恋爱关系"。她是一个在50多岁时仍然健康的、活跃的、充满活力的女性。辛克德说："我们将从一个之前被认为是为贝蒂·怀特这样的人服务的品牌，变成了一个为杰米·李·柯蒂斯（Jamie Lee Curtis）① 这样的人服务的品牌。"

霍利补充说："潜藏在品牌背后的新的首要精髓是在身体与心智层面的活力因素。我们能够为消费者提供这种活力的原因就是，我们产品的均衡配方，辅之以一种激动人心而又具有活力的品牌个性。配方本身就代表着均衡。"这属于一种典型的层层递进方法——用产品属性来支撑深具吸引力的功能性与情感性利益。当然，还有大量的工作需要去完成。巨利多具有负面的社交声望，如果真有点社交声望的话，也不会对品牌个性的塑造提供太大的帮助。

这项计划分两个阶段来施行，第一阶段是让业务量保持基本稳定；第二阶段是通过品牌创新重新塑造品牌，在很多情况下，还要与消费者建立起一种新的关系。特普利说："如果我们顺利推进了第一阶段的工作，我们就能够向消费者和零售商证明我们自己还是可以的。他们都将愿意接受进一步的消息和与品牌相关的创新。"

---

① 杰米·李·柯蒂斯（Jamie Lee Curtis，1958~），美国知名女演员。1978年以恐怖片《月光光心慌慌》进入影坛。而后，她主演了一系列的惊悚片，因此她被称作"尖叫女皇"，视作惊悚片的代言人。但事实上她也并不仅限于恐怖惊悚片，她曾主演过不少其他类型的著名影片，如1983年的喜剧片《你整我，我整你》，1988年的黑色犯罪片《一条名叫旺达的鱼》。她凭借1994年的大片《真实的谎言》中的出色表演赢得了一座金球奖。在1998年她又主演了《月光光心慌慌》的续集《大屠杀》，这是一个出色的回归。2003年，杰米·李·柯蒂斯一改往日戏路，出演了喜剧片《辣妈辣妹》（Freaky Friday），其精彩的表现获得了影评家的一致认可，并入围了金球奖音乐片及喜剧类最佳女主角奖。

第七章 保持爱情的新鲜度
KEEP LOVE ALIVE

作为开始,他们为巨利多更换了一种新的包装。它至少有十年没有变化,强化了人们对巨利多老化过时的品牌认知。举例来讲,液体产品仍然被认为是一种"滋补油"(Tonic)——一个在21世纪已经不符合人们表达习惯的词汇。改换后的包装延续了品牌的传统(例如,保留了原来的红色),但是过时的外观已经不复存在,取代它的是有助于传递新的均衡/活力定位的更具现代感的包装。"滋补油"也被"补充剂"(Liquid)所代替,巨利多维生素片(Geritol Complete)也被重新命名为巨利多复合维生素(Geritol Multivitamin)。

团队执行了一项综合计划来与消费者沟通,这在30年中尚属首次。它包括在《好管家》杂志(Good Housekeeping)[①]与《女性之家》杂志(Ladies Home Journal)[②]这样的杂志上投放广告,几十年来巨利多的广告第一次出现在了电视上。巨利多电视广告投放在诸如美国立特电视台(Lifetime)[③]、贺曼频道(Hallmark)[④]和烹饪频道(Cooking Channel)等那些能够覆盖全国的有线电视网。为了形成一种品牌体验,还需要在全国范围内赞助一些主流的健步走活动,以此行动来表示对女性重大健康活动的支持。霍利说:"保持身体活力也是均衡生活的一部分。健步走速度不快,运动量也不大,但是对于促进身心健康很有裨益。它适合所有年龄阶段的女性。"

该品牌在稳定销量方面的努力是成功的。在第一年,即便是在包装或者品牌信息没做任何改变之前,巨利多的销量停止了下滑,而且实际上还

[①]《好管家》(Good Housekeeping),美国的一份家庭时尚杂志,主要针对女性读者。创刊于1885年,主要围绕女性感兴趣的话题刊载诸如保健、美容、食谱方面的文章。

[②]《女性之家》杂志(Ladies Home Journal),创刊于1883年,美国知名的女性杂志。1903年,它成为美国首份订阅量达到100万册的杂志。

[③] 立特电视台(Lifetime),美国女性电视频道,成立于1984年,是美国第一家将受众定位为女性的24小时有线电视频道,主要以播放电影电视剧、情景喜剧和戏剧为主。

[④] 贺曼频道(Hallmark)于1995年成立,是国际知名的贺曼(Hallmark Cards)卡片公司的子公司,是一个全球性的有线及卫星电视频道,收视总数高达1亿万户,24小时不停提供适合一家人共赏的高质素电视电影、迷你影集、连续影集及既益智有趣又有教育意义的儿童节目。

取得了增长。但是品牌团队有更重要的目标。特普利清晰地描述出以下的最终目标:"我们想让女性知道巨利多应该成为她们每天生活中的一部分,这样她们才能够持续保持着一种具有活力的生活方式。它是能够帮助你精力充沛地生活的好帮手,而并不是服用之后不让你死亡的灵丹妙药。我们不想让消费者将巨利多看作是令她们尴尬的东西,而想让她们为药箱中备有巨利多而感到自豪。我的希望就是让巨利多最终成为一个东山再起的品牌并实现回归。"

霍利更为简明地描述出这一目标:"我们将把巨利多打造成这样一个品牌,当我看到有辆灵车从身边经过时,我不必担心我又失去了一位消费者。"

创新的力量

THE POWER OF INNOVATION

即使品牌—消费者关系已经处在了成熟阶段,像可口可乐这样最强大的品牌也会做出持续的创新与改变。它们需要生存下来。想象一下人与人之间的关系,当我们让事情变得兴奋、新鲜起来的时候,人与人之间的关系才会被注入活力并获得发展。我们拥有丰富的共同经历,并一起成长;这一生我们会和不同人共同度过。一个品牌的消费者群体也并非一成不变。没有新鲜事物的持续刺激,这一关系最终开始进入停滞发展阶段。如果再没有沟通,品牌最终就会像巨利多那样遭遇危机,这时就需要采取一些重大的创新性措施。

当然,巨利多的例子是一个长时间忽视品牌建设而需要进行重大创新的案例。它向我们说明,总有一些时候会出现对品牌—消费者关系产生重

第七章 保持爱情的新鲜度
KEEP LOVE ALIVE

大影响的突发事件。在每一种品牌—消费者关系的存续期间，都会有危机出现，各种关系从来都不会一帆风顺。品牌如何对危机做出回应以及如何解决危机将会影响品牌—消费者关系的未来发展，我们将在下一章讨论这些内容。

第八章 和好如初
MAKING UP

173 对于任何一位亚特兰大猎鹰橄榄球队（Atlanta Falcon）的球迷来说——事实上，对于任何国家橄榄球联盟（National Football League，NFL）[①]的球迷来说——这都算是一个离奇的场景。在 2007 年 12 月 11 日的那个寒冷夜晚，万西亚电视台（WXIA，NBC 在亚特兰大当地的新闻联盟成员单位）的现场节目采访了猎鹰队教练博比·帕特里诺（Bobby Petrino），采访地点不是在亚特兰大而是在阿肯色大学（University of Arkansas）的故乡费耶特维尔（Fayetteville），当时做的是"啊唠唠"野猪啦啦队（Sooey Pig

---

① 国家橄榄球联盟（National Football League，NFL）是北美四大职业体育运动联盟之首，世界上最大的职业美式橄榄球联盟，也是世界上最具商业价值的体育联盟。联盟最早在 1920 年以美国职业美式橄榄球协会（American Professional Football Association）的名义成立，后来在 1922 年 1 月 28 日改名为国家橄榄球联盟。国家橄榄球联盟由 32 支来自美国不同地区和城市的球队组成，分为美国美式橄榄球联会（AFC）和国家美式橄榄球联会（NFC）两个联会。每个联会由东西南北四个分区组成，每个分区有四支球队。每年的赛事分为季前（Preseason）、常规季（Regular Season）和季后（Playoff）三个时间段。季前赛共四周，作为常规赛的热身。常规赛季由每年 9 月初美国劳动节后的第一周开始，每支球队在 9 月至 12 月共 17 周的时间内打满 16 场比赛（通常在周四、周日或周一比赛）。常规赛季结束后，每个联会会有六支球队进入季后赛，分别是各分区的四个冠军，和剩余球队中战绩最好的两支"外卡"（Wild Card）队伍。经过三轮淘汰赛，两个联会各自的冠军会在预先决定好球场的超级碗（Super Bowl）比赛中相遇，争夺总冠军杯——文斯·隆巴迪杯（Vince Lombardi Trophy）。超级碗结束一周后，两联会挑选出来的年度最佳选手将参加职业碗（Pro Bowl）——一个在夏威夷举行的明星赛。

第八章 和好如初
MAKING UP

Razorback）的节目。就在 24 小时之前，帕特里诺执教的猎鹰队刚刚在同一个赛季输了第十场比赛——被新奥尔良圣手队（New Orleans Saints）以 34∶14 的比分击败。现在，身边坐着妻子和孩子们，他在阿肯色野猪队（Arkansas Razorback）的一次赛前动员会上正举着双手像猪一样尖叫着。那天上午的早些时候，他从猎鹰队辞职后立即接手了野猪队的教练一职。在运气欠佳的 2007 年赛季里接下来的三场比赛，猎鹰队一直处于没有主教练的状态。

他们同时也失去了球队品牌。帕特里诺"野猪一样的尖叫声"盖过了亚特兰大猎鹰队的这次离奇转折遭遇。就在三年前，这支球队还打进过 NFC 决赛。2007 年初，帕特里诺与猎鹰队签署了一份 2400 万美元为期五年的执教合同，而且被寄予厚望。之前，作为路易斯维尔大学（University of Louisville）的主教练，帕特里诺创造过 41∶9 的胜绩，并且被认为是美国国内能够带领球队创造出稳定胜绩的一名主动出击型教练员。亚特兰大猎鹰队聘用他与迈克尔·维奇（Michael Vick）搭档，维奇是猎鹰队中同时隶属于全美职业橄榄球队（All-Pro）、特权橄榄球会员队（All-Franchise）、全球橄榄球联盟（All-World）的四分卫头号球星。凭借闪电般的速度和强有力的手臂，维奇从根本上改变了 NFL 联赛中四分卫的打法。

2006 年，也就是帕特里诺开始执教猎鹰队的前一年，维奇成为了 NFL 历史上第一个跑出上千码的四分卫球员。拥有了维奇，猎鹰队就拥有了大多数橄榄球业界人士梦寐以求的最具天赋的球员。现在，他将与帕特里诺这位主动出击型天才教练联手作战。

猎鹰队的管理者们在期盼着一个辉煌赛季的到来。据猎鹰队首席营销官古姆·史密斯所述："我们即将成为 NFL 中最受欢迎的球队之一，而迈克尔·维奇是整个球队的灵魂。"[1] 不论是拿起一本杂志、观看一场体育比赛，还是驾车行驶在高速路上，你到处都能够看到维奇的形象。他已经和许多企业签署了代言合同，其中就包括耐克、依爱体育（EA Sports）、可口可乐、动乐、卡夫、罗林斯（Rawlings）、孩之宝（Hasbro）和穿越航空（AirTran）等。据《体育画报》（*Sports Illustrated*）估算，2006 年末维奇的薪水和代言费用合计达到 2540 万美元，在全球收入最高的运动员榜单中名列第十位。[2]

自从猎鹰队在 1966 年的球队首发赛季中完成了 3 胜 11 负的赛绩以后，该球队一直是 NFL 球队中的垫底球队之一。现在，猎鹰队已经为在超级碗（Super Bowl）的杰出表现并一雪前耻做好了一切准备。事实上，在进入职业橄榄球比赛的 41 个赛季中，猎鹰队从来没有连续在两个赛季取得过胜利，但是这将会发生改变。帕特里诺与维奇的强强联手将确保猎鹰队能够获得一次超级碗比赛的冠军。

这些梦想很快就破灭了。2007 年 4 月 25 日，警方针对维奇在弗吉尼亚州萨里县（Surry County）一处房产的一纸搜查令，曝出了他从事非法斗狗活动的丑闻。紧接着，维奇经营斗狗场并将斗败的狗进行虐杀的事情也被曝光。保护动物权益激进人士和广泛的民愤接踵而来，7 月，维奇由于经营名为"坏纽兹犬舍"（Bad Newz Kennels）的州际斗狗场而受到重罪指控。2007 年 8 月 24 日，维奇进行了一次认罪答辩，但几个小时之后，NFL 就对他做出了无限期禁赛的处罚。12 月 10 日，就在帕特里诺主教练告别猎鹰队的前一天，维奇被判在联邦监狱服刑 23 个月。迈克尔·维奇，这位像救世主一样并极有可能帮助猎鹰队成就球队*品牌*的明星球员，就这样陨落了。

第八章 和好如初
MAKING UP

寻找品牌
FINDING THE BRAND

在那个 11 月的寒冷冬夜，在 24 小时稍长一点的时间里，猎鹰队跌至了谷底。猎鹰品牌处在生死攸关的时刻。根据史密斯的讲述："即使在迈克尔·维奇加入球队之前，我们的品牌也并没有怎么强大过。我们球队的橄榄球打法与自己球迷群体的兴趣点完全相反。美国南部地区的球迷喜爱橄榄球运动，但他们喜欢的是传统的橄榄球打法。你带球跑阵、传球、进行出色的防守。如果你要让别人对迈克尔·维奇加入球队之前的猎鹰品牌做出界定的话，他们肯定不会认为猎鹰队的橄榄球打法属于传统的南部风格。我们的品牌被认为是格格不入的橄榄球风格与赛季中经常输掉比赛的球队。即使在迈克尔·维奇加入球队之后，我们的球队也并没有转换为传统打法。"

他说的没错。更重要的是，猎鹰队的品牌，猎鹰队与球迷群体之间的关系是建立在以下的脆弱基础之上的：声东击西的迷惑战术、赛季中经常输掉比赛、天才型球员与教练之间的重大配合失误。这些因素所导致的欠佳现场体验贯穿着整个球队的发展历史。迈克尔·维奇加入球队之前，猎鹰雇用了杰瑞·格兰维尔（Jerry Glanville）[①] 作为球队的主教练。格兰维尔本人就并非传统人士，他本人全身着黑衣、戴着黑色的牛仔帽，为队员配

[①] 杰瑞·格兰维尔（Jerry Glanville，1941~），1986~1990 年执教于休斯敦油人队（Huston Oilers），1990~1994 年执教于亚特兰大猎鹰队。他在一次公开场合指责不公正的一次判罚时，创造性地使用了"NFL 代表着'NOT FOR LONG'"这一说法，现已成为美国橄榄球界的一种流行语。文后所说的杰瑞·格兰维尔与迈克尔·维奇有时会为球队带来噱头，就与此有关。

备了黑色球衣，奉行风靡当时的但是形式大于内容的"跑卫+投球"进攻理念。考虑到亚特兰大作为美国第九大城市这一因素来讲，球队一直没有能够吸引到足够多的球迷。猎鹰队所创意出的最近一次的品牌关联是在1998年的超级碗比赛——那时迈克尔·维奇还没有加入球队——比赛中，跑卫詹马尔·安德森（Jamal Anderson）在达阵区①跳起了一段被人们称为"邋遢鸟"（Dirty Bird）的舞蹈②。虽然这吸引了猎鹰队球迷群体中的一部分人，但是当安德森在第二年赛季就要结束时受了伤，这一点也就逐渐失去了吸引力，猎鹰队又重归沉寂。

必须要改变这种局面。球队所有者亚瑟·布兰科（Arthur Blank）是一名地道的商人，他想用某种务实的方法来改变猎鹰品牌的发展轨迹。作为家得宝（Home Depot）的创立者和前任CEO，布兰科是富有远见之人，之前他就曾颠覆过家装零售模式。现在，他需要为一个确已出现问题的体育比赛类产品及其品牌的激活工作注入一种新的思维。

布兰科聘请了新的总经理和主教练来负责猎鹰队的运营转型，还委托吉姆·史密斯及其营销团队来重新塑造猎鹰品牌。"对于维奇和帕特里诺所造成的一切消极局面，很明显给我们提供了一个机会——它能够让我们开始找到一个切入点。它能够让我们重新审视我们的品牌，并且知道在过去的40多年里我们所奉行的做法其实并不奏效。它能够让我们重新定义我们与球迷之间的关系。"史密斯这样说道。

史密斯的第一项任务就是识别出猎鹰队的球迷群体。直到今天，鲜有营销调研是围绕球迷对球队的认知状况所展开的。根据史密斯的观点，"我们并不是可口可乐或者百威。我们的工作人员少、预算有限，而且真

---

① 达阵区（End Zone，也称为端区），橄榄球场每侧端线与得分线之间有一个纵深10码（9.1米）的得分区。

② 詹马尔·安德森在1998年这次比赛中所表演的"邋遢鸟之舞"，为该队的所有全员在得分时所效仿。"邋遢鸟"（Dirty Birds）也因此成为了亚特兰大猎鹰队的绰号。

的没有能力去了解谁是我们的球迷群体，只知道实际球迷的数量远低于预期"。需要改变这种状况。

史密斯和他的营销团队经过冥思苦想，得出了一个假设：**无须凭借在赛场上的持续胜绩，俱乐部也能够提升其与球迷之间的关系**。从理论上讲，这听起来确实不错：猎鹰品牌的死活不再跟球队在赛场上的表现扯上关系。史密斯是这样认为的："不要搞错我的意思。当球队在赛场的表现是成功的，那会让我们的工作容易很多。但是我们不能掉入这样一个陷阱——只有在赛场上表现良好的球队，才会拥有强大的品牌。NFL的各个俱乐部并不能够控制比赛的输赢，但它却能够影响球迷在其他方面的所有体验。如果你关注一下那些拥有全国品牌效应的NFL俱乐部，它们已经围绕球迷建立起了球队传统与品牌识别系统。"

首先，史密斯需要去验证一下这个假设。他与他的团队须理解并明确地说明猎鹰队的球迷是谁及其原因。猎鹰已经采取了哪些行动来吸引这些球迷，更重要的是，他们需要采取哪些措施才能够强化这种关系并吸引更多的球迷？

与此同时，NFL也在开发一种综合追踪系统来更好地了解球迷群体，并测度球迷对球队在比赛当天的体验所做出的反应情况。它需要一个"豚鼠"作为研究对象。猎鹰队是NFL研究项目的两个签约球队之一。

猎鹰队的球迷

结合内部观看猎鹰队比赛的门票购买者数据，调研揭示出一些有趣的结果。首先，营销团队发现猎鹰队球迷群体十分广泛（见表8.1）。

从人口统计角度来看，他们的球迷群体包括各种各样的人。女性球迷占比为45%，非裔美国人占的比重非常大，年龄分布较广。事实上，猎鹰队无法将自己聚焦于某一个核心球迷群体。他们如何去激活一个能够吸引如此广泛球迷群体的橄榄球品牌？

表 8.1　猎鹰队球迷人口结构特征

	猎鹰队球迷（亚特兰大）(%)
男性	55
女性	45
25~54 岁	56
年收入>75000 美元	47
本地居民	79
白种人	66
非裔美国人	30

资料来源：2008~2010 年 TNS/ESPN 体育调查报告，亚特兰大猎鹰队市场报告，猎鹰队内部资料。

下一个问题是亚特兰大市场本身。从一系列测评指标来看，它是一个疲软的职业橄榄球市场。考虑到电视收视率，它能够为一个球队带来半数以上的收入。随着 2007 年赛季迈克尔·维奇的离开，在所有 32 支 NFL 球队中，亚特兰大猎鹰队的收视率排名是第 29 位。40 年赛季中战绩不佳、维奇的禁赛、球队总体的机能失调等诸多因素导致了球迷群体的流失。

将亚特兰大球迷与全部美国球迷的数据相比，也无法给出一个明确的答案。根据特定问题所得到的答案，球迷被分为忠实球迷（非常感兴趣）、一般球迷（稍感兴趣）、非球迷（有一点或者毫无兴趣），如表 8.2 所示。

表 8.2　橄榄球迷兴趣水平：亚特兰大 VS 全美国

	美国人口 (%)	亚特兰大市场 (%)
忠实球迷	34	28
一般球迷	23	32
非球迷	43	40

资料来源：2008~2010 年 TNS/ESPN 体育调查报告，亚特兰大猎鹰队市场报告，猎鹰队内部资料。

如果与全美的 NFL 球迷群体相比，猎鹰队的球迷群体毫无疑问是属于"一般球迷"这一类型。这也就解释了维奇丑闻曝光之后球迷大量流失的原因。猎鹰品牌还没有与球迷群体建立起足够强大的关系，这样即使在艰难时期也能够留住球迷。问题是，这是为什么？很明显，赛季中长时间战绩不佳并没有起到好的作用。但是，有没有其他影响球迷热情度的因素导致了这种结果？调查数据给出了一些有意思的原因。在同一个由 NFL 赞助的球迷追踪系统，球迷被要求说出他们最喜爱观看的体育比赛（见表 8.3）。

表 8.3 最喜爱的五项体育赛事：亚特兰大 VS 美国

	美国人口（%）	亚特兰大市场（%）
国家橄榄球联盟（NFL）	23	17
美国棒球联盟（MLB）	11	11
大学橄榄球赛	10	21
美国职业篮球联盟（NBA）	7	3
大学篮球赛	4	N/A
美国赛车联合会（NASCAR）	N/A	3

资料来源：2008~2010 年 TNS/ESPN 体育调查报告，亚特兰大猎鹰队市场报告，猎鹰队内部资料。

可以明确的是，各个大学的橄榄球队是亚特兰大市场的主流，而不是职业橄榄球队。事实上，与全国平均数字相比，超过**两倍**的亚特兰大人认为大学橄榄球是他们最喜爱的体育比赛项目。除了长期以来分别来自乔治亚理工学院（Georgia Tech，地处亚特兰大市中心）和乔治亚大学（University of Georgia，地处 70 英里以外的雅典市）的两个大学强队，再加上另外七项时长为四小时的大学橄榄球赛重大赛事，大学球队之间比赛的受欢迎程度要远大于 NFL 赛事。考虑到亚特兰大地处两大高校体育联盟——东南联盟（Southeastern Conference，SEC）和大西洋海岸联盟（Atlantic Coast Conference，ACC）①的腹地，亚特兰大确实是大学橄榄球赛的圣地。亚特兰大橄榄球球迷在每周六通过直播收看或者现场观看大学队的橄榄球比赛。周日的时候，他们可以花时间来处理一些杂事、与家人共度和进行其他的娱乐活动。如果有时候橄榄球赛确实需要让位于其他活动

---

① 东南联盟（Southeastern Conference，SEC）和大西洋海岸联盟（Atlantic Coast Conference，ACC），均为美国大学的体育联盟。其中，SEC 成立于 1932 年，ACC 成立于 1953 年。

的话，那肯定不是乔治亚大学队与佛罗里达大学队之间的比赛，而是那些有猎鹰队出场的比赛。

此外，亚特兰大市场还是一个"移民"城市。作为美国"新南部"地区的首府，亚特兰大的人口增长非常显著，从1981年的230万人增长到迈克尔·维奇进入联邦监狱服刑时的550万人。居住在亚特兰大市区的人中仅仅有40%出生于乔治亚州。在任何一个全美前20大城市中，这一数字都是最低的。其他城市中，绝大部分人一辈子都生活在同一城市。亚特兰大是个例外。事实上，对于很多生活在亚特兰大的NFL球迷来讲，在他们喜爱的橄榄球队排名中，猎鹰队位列第二。他们最喜爱的球队是来自家乡的球队。这一点很难改变。

猎鹰队面对的另一个挑战是亚特兰大市场拥有大量可供人们选择的娱乐活动。每一种联赛在该市都拥有运动队，大学橄榄球队依然占据主流地位，而且还有几乎在每个城市都正在复兴的音乐会和百老汇表演。此外，温和的气候使得许多户外活动成为可能：高尔夫、网球、划船、南乔治亚山区的徒步旅行和游乐园。

即使史密斯的营销团队在极力应对吸引球迷的挑战，但仍然需要面对更大的难题：猎鹰品牌是什么？调查显示猎鹰确实具备一个优势——它不想也不需要拥有的因素。在一项词汇联想的测试中，当被问及亚特兰大猎鹰队会让人们首先想到哪个词时，绝大多数球迷的答案是"迈克尔·维奇"。接下来，人们都能够想到的词是球队的绰号"邋遢鸟"（Dirty Birds），这个绰号是球队在十年前超级碗比赛中所获得的老旧称号。人们对猎鹰的品牌联想仅限于此。本质上讲，可以把猎鹰品牌归结为这样一种形象：一个因杀狗而被判有罪的人；一段十年前在达阵区表演的舞蹈。

这就是亚特兰大猎鹰队的营销团队在2007年12月所面对的一系列挑战。球迷流失、第42个赛季过后仍然没有取得连续获胜的赛绩、营销团队试图去证明他们能够将一个无法保证球队持续获胜的橄榄球品牌营销到一个新的高度。但是确信他们能够完成这项任务。原因是什么呢？他们从一则关于美国最受欢迎 NFL 球队的调研数据（NFL 组织开展的调研）中获得了鼓舞。这不仅是最受欢迎的 NFL 球队，也是全美最受欢迎的球队。《福布斯》杂志认为该球队价值超过 16.5 亿美元。[3] 但是，自 1996 年以来，该球队只在一次淘汰赛中取得过胜利。与之相反，猎鹰队在 1996 年之后赢得过 4 次淘汰赛的胜利，并一次闯入超级碗比赛、两次进入 NFL 冠军赛。

达拉斯牛仔橄榄球球队（Dallas Cowboys）是所有 NFL 球队中，最受欢迎、最具价值的球队。牛仔队拥有辉煌的历史——五个超级碗的冠军头衔。但是他们自从 1995 年在超级碗比赛中打败匹兹堡钢人队（Pittsburgh Steelers）之后，并没有什么过人的表现。不同之处就在于牛仔队已经建立起了一个品牌。从 20 世纪 60 年代创立起，他们一直关注球迷关系的处理，现在他们已经与球迷之间建立起了一种较强的关系。虽然就某些方面来讲，它之所以能够树立起品牌主要是依靠从 20 世纪 70 年代到 1995 年之间球队在赛场上的杰出表现，但是大部分的功劳还是要归功于赛场之外的工作。得克萨斯体育场（Texas Stadium）和现在牛仔体育场（Cowboys Stadium）的独特体验——开口状的屋顶、牛仔啦啦队、牛仔队名人堂（Ring of Honor）、华盛顿红人队（Washington Redskins）、费城老鹰队（Philadelphia Eagles）、纽约巨人队（New York Giants）等诸多同一量级的对手，以及牛仔队经典的一颗星标识——所有的这些元素都创建出了一个超越赛场表现的球队品牌。牛仔队与球迷之间的关系是如此的强烈，以致其并不受球队在赛场上表现优劣的影响，它仍是所有体育项目中最受欢迎、最具价值的球队。

重塑品牌

猎鹰队的营销团队开始去发掘猎鹰品牌到底应该是一个什么样的品

牌。目标很简单：猎鹰队需要提高"忠实"粉丝的数量、吸引更多的"路人粉"。他们需要创建或者重建与球迷的亲密关系。这种关系应该是一种球迷真正关心球队、球员及其前途的关系。要应对亚特兰大众多的体育赛事和娱乐项目的竞争，他们不仅是要被动地接纳球队，还要选择主动成为猎鹰这个大家庭的一分子。

为了达成这种变化，猎鹰队需要决定他们的品牌究竟代表什么，并保证在球队与球迷群体的每一次"对话"之时，都能够正确而持续地沟通。所有的一切都需要沟通，每一次沟通都应具有一致性。为了激发出更多激情，猎鹰队还应该做什么？吉姆·史密斯和他的团队需要决定，不仅要与其他橄榄球队相比，还要与所有其他能够吸引亚特兰大消费者的体育赛事和娱乐项目相比，猎鹰队怎样才能凸显其独特之处。

猎鹰队的营销团队分析了球迷调研数据，并与球员和俱乐部管理层进行了交流，展开了内部头脑风暴式讨论，来向人们传递能够代表迈克尔·维奇/博比·帕特里诺灾难时期过后猎鹰品牌应该具备的以下六种价值观。这六种价值观将定义猎鹰是谁，也将成为猎鹰品牌的立足之本。实际上，这六种价值观也将成为一块品牌激活运动的基石。

团结。球队作为具有同一目标的一个整体，我们能够实现敢于梦想的任何目标。我们团结而有凝聚力，通过俱乐部将人们聚集在一起。

猎鹰队不再让他们的标识出现在每个球员的脖子周围。无论是在场上比赛，还是在场下与球迷发展关系，猎鹰将强调球队而不是球员个人。围绕团结、内聚、合作等具有情感的永恒特质将成为猎鹰品牌内在的一部分。

力量。我们更加强大，我们有更伟大的目标，我们是不可战胜的，我们在 NFL 中是一支强大的球队。

力量在南方各州来讲是橄榄球比赛的关键因素，也是取得胜利的保证。教练员们训练的是一支以有力跑卫、短距离传球、优势防守为基础，并能够连续进攻的球队，而不是依靠迷惑式打法和噱头式传球获得高分的球队。"力量"这一词汇完美地诠释了猎鹰品牌在赛场上下的核心理念。

年轻。我们年轻，我们积极进取，我们为做的每件事情带来新的思考与活力。

赛场上的猎鹰队将重点突出诸如四分卫马特·瑞安（Matt Ryan）、接球手罗迪·怀特（Roddy White）等年轻的、进取型的球员，并将继续引进新的、杰出的年轻球员。但是"年轻"这一价值不仅限于球员，猎鹰队作为一个组织，也将是具有创新精神的，在与球迷处理和发展关系的方式上也将与众不同，这种方式绝非传统且超出人们的预期。

正直。我们将沿着正确的方向前进，我们将更加努力，我们知道成功没有捷径，我们将在 NFL 比赛中发挥出最高水准。

就维奇的事情来讲，猎鹰队必须这么做。猎鹰必须确保他们建立的是一支具有荣誉、正派、正直精神的球队——赛场内外都会如此。不能低估维奇的意外事件对整个组织所造成的伤害。猎鹰需要更多地去传播这一价值观，并让球迷们相信维奇的事情并不能反映整个球队的价值观。

社区。每一次披上猎鹰队的战袍，我们不仅为自己而战。我们将从我们服务的社区吸取力量，我们也将为社区注入力量，让社区变得更为强大。

要让亚特兰大人不论输赢都喜欢猎鹰队，猎鹰队将在这一社区扮演一种重要的角色。拜访、宿营、与球迷会面、门诊等将是猎鹰队营销计划的一个重要推动力量。猎鹰队将与亚特兰大人建立一种超越周日下午比赛时间的不间断联系。球队被视为是社区的一项资产，这一点是必须的。

现代南部。我们是新新人类，我们代表新的能量，我们为我们的出身感到骄傲。

猎鹰队将用一种独特的方式来认可他们的南部血统，真正代表新南部地区。亚特兰大是现代南部地区的首府——繁忙、国际化、积极进取、乐于助人——猎鹰队同样要成为一个能够代表整个亚特兰大的球队。即使有的球迷会为匹兹堡、迈阿密或者芝加哥的球队呐喊助威，而猎鹰队将建立一个能够让亚特兰大许多移民都能够与之交往的品牌。猎鹰队将通过让人们为之骄傲的城市摇旗呐喊的方式，与球迷建立一种关系。

接下来，营销团队将这些主要的价值观念融入了"猎鹰品牌符咒"（the Falcons Brand Mantra）。它被概括为几个短语。猎鹰队与球迷每一次、每一场合的沟通都将体现这一品牌精髓。它将成为支撑广告、促销和网站等每一个消费者接触点的驱动因素。

亚特兰大猎鹰队是：

出身正宗的。 在亚特兰大拥有丰富而悠久的历史，我们是美国南部地区首屈一指的球队。

有吸引力的。 我们吸引并团结最广范围的球迷。

积极向上的。 我们精神振奋。每一次与亚特兰大猎鹰队的体验都令人印象深刻。

推动一场品牌激活运动

猎鹰队的终极目标将是倾听每一位球迷的心声，当被问及如何来形容亚特兰大猎鹰队的时候，人们会这样说："亚特兰大猎鹰队令人鼓舞！"在每一个与球迷的品牌接触点，猎鹰队将会沟通品牌的核心理念。在将品牌重新推介给路人粉与目前的忠实粉时，猎鹰队将沟通核心价值观。史密斯说："我们不准备做一项活动，我们将推动一场运动。这是我们从过去的低潮期重新站立起来的唯一方式。"它将成为球队的新的品牌个性。没有杰瑞·格兰维尔（Jerry Glanville），也没有迈克尔·维奇。猎鹰队将从过去依靠噱头来出名的时期走出来。

向持怀疑态度的球迷群体传递正确的信息将至关重要。经过对多种方案的反复论证，营销团队想出了一个不同球迷都认可的口号："亚特兰大猎鹰队——雄起"（Atlanta Falcons-Rise Up）。这个口号既简短又有力，还能够沟通丰富的信息。它强调了猎鹰队近期的奋斗状态，但又让人联想到

第八章 和好如初
MAKING UP

另一种鸟类——凤凰,从熊熊烈火中涅槃重生。

为了沟通新的品牌信息,猎鹰队需要一个热情四射的代言人,他/她能够会聚球迷、能够被看作是球队一个值得信赖的代表。就像聪明水在其代言人詹妮弗·安妮斯顿身上找到的那样,她确实能够代表品牌的个性,猎鹰队需要找到某个人去代表经过重新设计的猎鹰品牌。在找寻过程中,他们发现了一个人,他与亚特兰大有很大关联,在附近的莫尔豪斯学院(Morehouse College)①求过学,在球队之前的故乡富尔顿县体育场(Fulton County Stadium)从事过特许经营权的销售工作。除此之外,他还是好莱坞最赚钱的男演员,经过史密斯团队的说服,塞缪尔·杰克逊(Samuel Jackson)②答应成为猎鹰队"雄起"传播活动的代言人。

经过重新设计的猎鹰品牌现在将有机会再次把球队推介给急切盼望听到正面消息的众多球迷。"雄起"广告中不断展现着猎鹰队参加主要赛事、人群在乔治亚州圆顶体育场欢呼的场景,杰克逊身着黑色西服和鲜红色领带,一个身穿红袍、由不同文化背景的人组成的唱诗班,他们的歌声是背景音乐。这则广告以现代视角来看待人们在星期天伴随着唱诗班接受的一次常规传道,杰克逊看起来像一位旧时的牧师。史密斯说道:"'雄起'将成为把整个城市、社区以及体育场的观众动员起来的一次呐喊。"[4]让人感觉有趣的不是在赛场内,而是在赛场外。首先,没有提及任何一个球

---

① 莫尔豪斯学院(Morehouse College),传统上招收黑人的美国私立男子文理学院。位于亚特兰大,1867年成立时称奥古斯塔学院,是书院形式的学校,1913年为纪念行政主管 H.L.莫尔豪斯的贡献而改名。该校提供商学、教育、人文、物理及自然科学等课程,并参加斯佩尔曼学院等一共六校组成的教育联盟,交流教师、学生、设施及课程。

② 塞缪尔·杰克逊(Samuel L. Jackson,1948~),美国影视演员、制片人。1991年,他出演了《丛林热》,并因此获得戛纳影展最佳男配角奖。1994年,塞缪尔·杰克逊仅凭《低俗小说》同时获得奥斯卡、金球奖等奖项的提名。2000年,他首次作为主演出演了电影《黑豹》,他还被法国杜维尔电影节授予终生成就奖。2002年,他又接拍了乔治·卢卡斯的大制作《星战前传》系列,在片中出演绝地大师。2006年2月,他留名好莱坞星光大道。2009年,塞缪尔·杰克逊跟漫威影业连签了九部电影,并且在这些电影中扮演同一个角色尼克·弗瑞。在2011年10月,吉尼斯世界纪录宣布塞缪尔·杰克逊以参演影片总票房74亿美元成为世界上票房最高的演员。

员。虽然画面中显示出现役四分卫马特·瑞安（Matt Ryan）和其他球员，但并没有提及他们的名字。实际上，在整个时长为一分钟的广告中，只有不到 20 秒的时间涉及了赛场上的球员。有人可能会对体育场欢呼的球迷提出异议，球迷的这种体验本身与球员的特写在时长上不分伯仲。这个广告活动中有球员、有动作，但是这些都是作为背景内容出现的。猎鹰队要比赛场上发生的一切更为重要。没有讨论比赛的输赢，但却传递出一则能够在情感上与每一位球迷产生共鸣的品牌信息。

这则广告确实达到了吉姆·史密斯想要的效果。它开始让不可能成为可能。他说："'雄起'广告活动真的让人们觉得我们是一支新的、与众不同的球队。如果你愿意，我们正在从之前的状态、糟糕的时期中崛起，并且我们已经不同于以往。你将看到一个崭新的猎鹰队、一种崭新的管理风格，而这正是希望所在。"

这场品牌激活运动开始了。每一次球队与球迷群体互动的时候，"雄起"将是整个对话的中心议题。事实上，每一次猎鹰品牌与消费者进行接触时，所传递的信息都是一致的。它并不局限于周日下午在体育场或者通过电视来观看比赛，但却着眼于以持续的方式来培育球迷关系。网站也被改进，增加了一系列猎鹰队球员、教练员和管理层各种活动的视频，这能够让球迷了解除去周日 3 个小时的比赛时间，球队究竟在做什么。

当然，球队向观众提供的产品是时长为 3 小时的比赛。但是，同样需要传递的还有场内的娱乐体验。史密斯及其团队做出了重大的改变，让比赛本身成为一种相对无趣的竞技体验。但这并不容易。首先，他们关注周围环境。视频展示需要做出改变。猎鹰队在 NFL 联赛中的视频显示牌是最小的。球迷想要通过更好的视觉效果手段来体验球队的竞技水平，例如直播与回放，但是猎鹰队当时并没有做到这一点。因此，营销团队付出了巨大的努力，从而让球队在每一个 NFL 体育场都拥有了最大的视频显示牌。这些显示牌成为了比赛当天球迷获得体验的一个主要媒介。毫不意外，杰

第八章 和好如初
MAKING UP

克逊"雄起"插播广告会在比赛处于关键比分之时播放，从而召集球迷"雄起"并为球队加油喝彩。体育场内的体验手段还包括焰火、舞蹈、娱乐表演等，吸引了不同的球迷群体，所有这一切都与"雄起"理念相联系。

最终，"雄起"超出了猎鹰队本身的范畴。它最终成了一场运动，它成为了社区的一部分。"雄起"开始代表整个亚特兰大市，它成了社区自豪感，甚至是志愿活动的一个源泉。举例来讲，人们创建了一个社区志愿服务网站（www.riseupatlanta.com），来让人们成为亚特兰大猎鹰队的球迷进而帮助亚特兰大变得更好——每天拿出一小时做一次志愿活动。

这在当地产生了影响。针对球迷的调研证实了这一点。图8.1显示出描述猎鹰队全国声誉的文字云（Word Cloud）①。词语的大小表示当被问及如何描述猎鹰品牌之时，消费者提及该词汇的相对次数。从全国范围来看，你将看到迈克尔·维奇（Michael Vick）仍然是排名第一的联想元素，"邋遢鸟"（Dirty Birds）之舞名列第二。现在，与图8.2进行比较，这是一个将"雄起"传播活动（2009年）与一年前亚特兰大球迷的品牌认知相比较的一组文字云。除了排名第一的球队所有人亚瑟·布兰科（Arthur Blank）之外，在亚特兰大文字云中大的词语就包括"团队"（Team）、"承诺"（Commitment）、"兴奋"（Exciting）和"社区"（Community）。

品牌是否已经被完全激活？当然没有。仍然有一些词汇（例如"不协调"）需要时间来改变。但是吉姆·史密斯和他的团队欣喜地看到正在发生的一切。球队的各种排名都在上升。在32个球队中，猎鹰队的球迷忠诚

---

① 文字云是一种"五颜六色的文字拼贴"，显示在以文本为主要内容的原始文件中，最常出现的单词或词组。在文字云中，根据文字出现的频率不同，文字的字体大小也不相同——通常字体越大，说明文字在原始文件中出现的频率越高。文字云以视觉化的方式总结文本信息，相当于一本书的目录，使读者获取足够的信息了解大意，然后深入了解内容本身。文字云在视觉效果上很具有吸引力，因为它采用了各种不同的方式：字体、字号、字体颜色（或颜色面板）、一个文字云中文字的数量、字体距离以及文字的方向。视觉变化丰富多彩，让读者在阅读过程中会突然有惊喜的"发现"。

图 8.1　全美国球迷对猎鹰队的品牌认知（2009 年）

图 8.2　亚特兰大球迷对猎鹰队的品牌认知（2009 年）

度已经从第 29 位上升到了第 23 位。他们已经在全美最受喜爱的球队排名中上升到了第 20 位。另外的 5%的"路人粉"正在转变为"狂热"球迷。这不是一夜之间发生的事情。当品牌处于它们与消费者关系的危机之时，重新塑造两者之间的关系所需要花费的时间要比破罐子破摔要长得多，但是营销团队还是看到了改观。势头已经出现。猎鹰队和亚特兰大市关于修建一座新猎鹰体育场这一项协议的签署对此也有一定程度的帮助。史密斯和他的团队现在能够通过对新体育场设计与特征方面的努力投入更直接地去影响球迷的体验。

第八章　和好如初
MAKING UP

危机管理
MANAGING THROUGH CRISIS

我们可以从亚特兰大猎鹰橄榄球队的故事中学习到什么？它告诉我们一个道理，品牌—消费者关系的建立绝非易事，要完成这项工作既花费时间，又考验我们的耐心。而且，只要出现一次危机事件，所有的工作就有可能功亏一篑。营销者如何应对品牌危机呢？

● **问问自己：是否真的出现了问题？** 综合考量一系列重创猎鹰队的事件，发现确实存在问题还是比较容易的。但是品牌危机很少是固定不变的。对是否真的存在问题做出判断是至关重要的。一名营销者最不想做的事情就是听到预警，然后投入时间和资源去解决一个压根儿不存在的问题。在可口可乐公司，我们使用"事不过三"的原则：如果我们从三个不同的来源听到出现了同一个潜在问题，我们就会认真对待。营销者需要在危机出现之前就设定好行动指南，并有能力满怀信心、对是否给予一个问题足够重视做出坚定的判断。

● **制订一份行动计划。** 一旦发现了问题，吉姆·史密斯和他的猎鹰团队设计了一个正确处置品牌关系的程序。它包括分析危机情景、向外寻求帮助（NFL）、展开问题严重程度的调研和应用调研结果来草拟一份激活品牌的全面解决方案。

取决于具体情况，行动计划可以是简单的监测，也可以是全面产品召回或修缮。但是，从本质上来讲，它需要*行动*。一旦发现问题，营销者必须首先组建一个团队，由他们负责列出可能的危机处理步骤与不同危机解决方案所产生的后果。与猎鹰队处理维奇与帕特里诺危机的方法相类似，一份有效的行动计划将会设定所要达成的目标，并指明达成目标所要采取的具体战略。

● **要坦诚面对**。在处理维奇与帕特里诺危机的整个过程中，猎鹰队的管理层让球迷清楚地知道球队要采取怎样的行动，这一举动受到了赞许。这是一个非常强大的理念。对高级管理层、合作伙伴，尤其是消费者，要保持危机处理的公开透明。承认危机并列出恰当地解决问题的步骤。关于那些广为人知的政治、商业、体育或者娱乐丑闻的一个普遍性魔咒就是：压倒骆驼的最后一根稻草并不是人们的原罪，而是刻意的掩饰。消费者是没有耐心的，如果感觉他们丧失了对于一个品牌的信任，他们将马上转换到另一个竞争对手的阵营。如果信任关系被打破，需要立即修复。

● **利用危机来强化品牌与消费者之间的关系**。虽然一次品牌—消费者危机让我们面对艰险，需要悉心应对，但也存在因祸得福的机会。就像猎鹰队将维奇和帕特里诺的意外事件看作是重新建立消费者关系的契机，针对任何品牌危机所开展的一次先发制人的、真诚的、尽心尽力的回应，可能不仅解决了当下的问题，还有可能让品牌—消费者关系经历一次必要的挫折考验，并让两者更紧密地重新联系在一起。

"雄起"通过多种方式改善了猎鹰队的品牌与消费者关系。当然，还有从过去中崛起的理念和在比赛中崛起的理念，但是"雄起"也意味着更多。"雄起"可以是一场运动，也可以被每个人所运用。猎鹰队的球迷是怎样从各自的生活中"雄起"的？"雄起"成为了一项宣言，建立起了猎鹰球队与球迷之间在情感层面的联系。

● **让关系成为重中之重**。猎鹰队有一个目标：他们不会让某一个球员或者教练员击垮整个球队。猎鹰队可以去掩饰意外事件，也可以站到维奇、帕特里诺或者整个球队自身利益的角度来行事，但是他们并没有这样做。球队与球迷之间的关系成为重中之重。就像我们在整本书中所论述的那样，保持并提升品牌与消费者之间的关系远远优先于达成任何短期的销量或者利润。如果这种关系能够被挽救，立即投入时间、成本和努力肯定是非常值得的。

· · ·

一场危机通常都会成为品牌—消费者关系的转折点。如何处理危机不仅能够让品牌有机会与消费者产生更加深刻的关系，也能够断送两者之间的关系。就猎鹰队的案例来讲，经历过危机的品牌比之前更为强大。但是，对于那些结局姗姗来迟的品牌—消费者关系又如何处理？怎样才能意识到是时候做出一些改变才能够让品牌与消费者变得更好呢？

当品牌—消费者关系在某方面存在问题的信号开始出现，任何决策都有可能带来很多风险，因为在问题完全摆在面前之前，通常是需要采取行动的。营销者面对一个具有挑战性的问题：这种情况需要采取截然不同的行动吗？这将具有让努力付之东流的风险，或者不采取任何行动会带来更大的风险，因为它可能导致品牌加速衰败。这特别需要营销者具备能够发现症结所在的能力。要做出采取正确行动的建议挑战会更高。下一章，我们将集中讨论一种关系的终结——品牌与消费者如何才能够意识到两者之间的关系结束了，更为重要的是，当关系终结时应该采取什么行动。

第九章 恋情结束，重新出发
BREAKING UP AND MOVING ON

197　　就像人与人之间的关系，品牌—消费者之间的关系也会恶化。乏味、失望、缺乏沟通所有这些都是关系恶化的先兆。当你的品牌与消费者关系衰弱时，你有三种选择：①挽救与现有消费者群体之间的关系；②将你的努力聚焦于新的消费者群体并与其形成一种更强大的纽带，这样品牌才能存活下来；③做出艰难的决定，该品牌已经不再与消费者存在着某种关系，应该被放弃了。我们在第八章已经讨论过第一种选择方案，本章中我们将讨论另外两种选择方案。判断品牌—消费者关系是否出现了问题是任何一位营销者的首要任务。但营销者们经常会误读各种信号。

"柠檬"的酸味
THE SOUR TASTE OF "LYMON"

　　戴瑞·柯宾（Darryl Cobbin）并没有错失品牌—消费者关系衰弱的信号。1991年夏天，作为一名优秀的MBA毕业生，他成了可口可乐公司的

第九章　恋情结束，重新出发
BREAKING UP AND MOVING ON

一名助理品牌经理，他有一个目标，那就是能够被公司委派到雪碧品牌部门。如果你看一下雪碧品牌当时的状况，你也会问自己为何他对这个品牌会如此钟情。当时，在由七喜（7UP）主导的柠檬口味的软饮料品类中，雪碧是一个中等规模的品牌，七喜品牌的体量要比雪碧大三倍。雪碧的品牌发展停滞，正处在衰退的边缘。在将近十年的时间里，它基本处于零增长或者负增长的状态。雪碧的目标消费群体好像并不像他这样的人——一个27岁的非洲裔美国男性，柯宾认为他能够让雪碧的品牌—消费者关系强大起来。雪碧的消费群体（我并没有将他们称作影响者）包括被可口可乐称为是居家品类管家（Home Category Managers，HCMs）的人群，也就是你我通常所说的年龄超过34岁的"妈妈们"。雪碧非常重视HCMs群体。

那么柯宾为何想要加入雪碧品牌部门？他在BET电视台①上看过一则专门针对非洲裔美国消费者群体（African American Consumer Market，AACM）的雪碧广告，广告中的主人公是当时一个名叫"重型男孩"（Heavy D and The Boys）的早期街舞组合。除了专门的品牌团队，可口可乐公司还设有一个单独的营销部门，该部门为公司主要品牌的不同消费群体设计相应的沟通信息，例如非洲裔美国人、拉美裔美国人和蓝领工作者。这个广告创意活动是为非洲裔美国消费者群体（AACM）而设计的，但是柯宾意识到它能够为像可口可乐公司这样相对保守的公司开启一个新的篇章。雪碧针对非洲裔美国消费者群体（AACM）的媒体采购金额可能在总体广告预算中仅占到不足5%的比重。但是柯宾解释道："我自己是这样想的，如果一家具有如此规模的公司想要尝试这种方式，雪碧品牌要比可口可乐品牌运作起来更自由一些，因为在这种情况之下品牌经理就是事实上的CEO。"[1]

---

① 黑人娱乐电视台（Black Entertainment Television，BET）是美国一个为非洲裔青年观众而设的电视网络，于1980年1月25日由罗伯特·约翰逊（Robert L. Johnson）创立，总部设在华盛顿。BET主要播出的节目有主流嘻哈和R&B音乐、电影及电视剧等。

柯宾必须在可口可乐公司施展一番拳脚,因为他们满足了他的求职愿望。当开始着手围绕雪碧品牌开展他的新工作时,他发现该品牌出现了一些令人振奋的事情。公司刚刚与一部即将上映的电影签署了协议,无论是对雪碧品牌本身,还是对达成俘获 HCMs 群体的目标,能够与该电影的男主角建立品牌关联都被认为是天作之合。公司希望能够让品牌复兴,并吸引妈妈们及其家庭成员成为雪碧的消费者。

雪碧寄希望于与核心消费群体重新建立关系的这部电影,名字叫作《小鬼当家 2》(*Home Alone 2*),他们所起用的演员是麦考利·卡尔金(Macaulay Caulkin)。这在 1991 年对于雪碧来说是一个大胆的举措。对雪碧来讲,开展此类品牌关联活动尚属首次。雪碧从来没有使用过名人代言。广告信息聚焦于雪碧的功能利益——柠檬口味,这能够让人们用出乎意料的方式来表达自己(一种情感利益)。雪碧希望通过这种关联产生巨大的效应。

不幸的是,巨大的效应并没有产生。雪碧品牌依然踌躇不前。不过,它并没有遭遇滑铁卢式的失败,但它所取得的增长与公司为之付出的营销努力并不相称。

当电影《小鬼当家 2》票房惨败开始显现的时候,柯宾正在做与大多数助理品牌经理背道而驰的事情——试图去了解这个行业并把这一问题放在整个可口可乐公司范围之内来考虑。他很快意识到可口可乐是一家十分看重数据的组织,除非有数据的支撑,否则一项战略就不会落地实施。他的上司,掌管可口可乐公司柑橘口味系列品牌(包括雪碧、麦乐、芬达)的斯蒂文·霍恩(Steve Horn),要求柯宾进行深度分析并找出该品牌之所以表现不佳的原因。

当在分析各种数据的时候,柯宾发现了一些有趣的现象。首先,即使雪碧在全国范围内没有增长,但当他在分区域查看相关数据时,发现雪碧在某一些地区的销售正在增长。有意思的是,雪碧在非洲裔、拉美裔美国人聚集的地区表现良好。即使在洛杉矶,这一七喜在美国表现最好的市场(但这是一个聚集着拉美裔美国人的市场),雪碧也在增长。再往下看,他还发现增长是由年轻男性消费者所推动的。应该有某些因素能够让雪碧与城市青少年群体产生联系。一项全公司范围之内的消费者追踪研究显示,与年轻白人男性消费者相比,更高比例的非洲裔美国消费者认为雪碧是他们最喜爱的品牌。

现在这种现象并不仅发生在雪碧身上,在整个软饮料品类中都是如此。年轻男性群体也在推动着两个增长最迅速的软饮料品牌,激浪(Mountain Dew)和澎泉(Dr Pepper)①。虽然这两个品牌将主要的营销努力都放在年轻男性消费者身上,雪碧却在努力吸引 HCMs 群体——一个对消费增长不会产生推动作用的群体。

柯宾的分析让他得出一个结论。如果年轻男性消费者正在推动着软饮料品类的增长,并且在整个雪碧消费者群体中其他肤色的年轻男士所占的比重越来越大,那么依靠麦考利·卡尔金、《小鬼当家 2》和 HCMs 群体,公司并不能够完成这项任务。雪碧需要建立一种新型的品牌—消费者关系。

柯宾把他的调查结果汇报给了斯蒂文·霍恩。霍恩认为很有意思并鼓励雪碧品牌团队与各种消费群体展开对话,包括青少年男女群体和 HCMs 群体,试图去发掘出关于每一类型的消费群体与雪碧品牌之间关系状态的更多信息。然后,将它与消费者与激浪、澎泉品牌之间的关系进行比较。

雪碧的 5Cs

团队开展了市场调研,结果令人振奋。所有类型的消费者对激浪和澎泉都有一个清晰、一致的品牌认知。激浪与肾上腺素、咖啡因、极限运动

---

① 澎泉(Dr Pepper),是美国七喜公司生产的一种焦糖碳酸饮料,由得克萨斯州的查尔斯·安德顿(Charles Alderton)于 1880 年发明,约在 1885 年发行,并在 1904 年销售。

元素有关，它的口感顺滑且具有柑橘口味。澎泉与个性、接受你的独特之处元素有关，它的口味辛辣、口感独特。

相反，对于雪碧的认知是多种多样的，这要取决于你的谈话对象。HCMs群体认为雪碧是可爱的、有趣的和友善的，它的口感清新（Crisp）、干净（Clean）、清澈（Clear）、酷（Cool）。青少年男女消费群体都认为他们真的并不了解雪碧，但是他们又不喜欢眼前的雪碧。他们对充斥着打水仗、在动物园与猴子玩耍、边扭头边做鬼脸等画面的雪碧广告片毫无兴趣。青少年们认为那是愚蠢的表现。但当被问及雪碧产品本身之时，青少年群体的答案与HCMs群体的答案却完全相同。雪碧的口感清新、干净、清澈、凉爽——全部是正面词汇。柯宾得出了这样的结论"雪碧并不存在产品问题，而是存在品牌问题"。

他解释道："我看到所有正面的东西就是那四个产品特点，即4Cs。"（稍后第5个C，不含咖啡因，也将被添加进来。）他说："为何不将这些有关雪碧的描述语转化为能够吸引年轻男性消费者的情感利益？"男性青少年在推动着该品类的市场增长。澎泉和激浪已经明白这个道理并且正在与他们沟通。雪碧还没有这样做，但现在是该开始的时候了。雪碧品牌应该与成熟但不具活力的HCMs群体说再见，而将其营销努力集中在更为重要的城市青少年男性消费者身上。

但是他们怎样将品牌的5个C与能够对非洲裔、拉美裔美国年轻男性消费者产生吸引力的某种态度联系在一起？柯宾想到了一个办法。在大城市有一种规模不大但声势却在不断壮大的运动叫作街舞。一些艺人跟着音乐节拍做出各种身体旋转与复杂舞步的动作。社会上的很多人认为这仅仅是说唱音乐与踏点舞步合二为一的产物。但是柯宾了解的更多一些。作为生长在内陆城市底特律的一个人，他能够很好地理解城市里的非洲裔美国人社区正在发生的一切。他知道这种音乐的产生纯粹是源于一种亚文化。这种文化不仅包括说唱歌手，还包括艺人、舞者和打碟手（DJ）。简而言之，在非洲裔美国人社区里，街舞正在呈现出具有产生巨大文化影响力的强劲势头。街舞将代表雪碧品牌的影响者，柯宾把它作为将雪碧5Cs传播出去的一个切入点。

通过应用自身知识并向年轻男性街舞艺人请教，柯宾和他的团队将雪碧的5Cs与街舞联系在了一起：

● **清新**（*Crisp*）——代表街舞场景一部分的扎眼服饰：帽子、衬衫和鞋。

● **干净**（*Clean*）——指的是一种总体的外观感受："我很干净，看上去不错，你不要碰我。"

● **不含咖啡因**（*Caffeine Free*）——无须过分宣传或是无须废话。"无须添加任何东西。我就是我，颜色不一样的烟火。"

● **清澈**（*Clear*）——还是无须废话，无须经过任何过滤。"我是绝对的上品。"

所有这些都指向了第五个C，**酷酷的**（*Cool*）。酷的感觉并不一定只有在橄榄球队才能找到。在街舞的语境里，"酷"代表着自信。在一个青少年男性的眼中，它意味着"做自己认为正确的事情，并且确信我一定能够做好"。

通过5Cs系列元素，雪碧团队达到了一个可以触摸到品牌精髓的高度，它能够在与消费者新一轮的沟通中代表雪碧的品牌精神。这也将是与城市年轻男性消费者这一新的影响者群体建立崭新关系的核心诉求。雪碧与HCMs群体沟通时所强调的超棒"柠檬"口味这一诉求被放弃了。相反，一个截然不同的定位被浓缩成三个字来表达品牌精髓："相信你的直觉。"（*Trust Your Instincts*）

雪碧团队开始筹划该品牌将通过什么方式进入市场。还记得七喜的销量要比雪碧大三倍还多这一事实吧。当然了，可口可乐公司柑橘口味系列品牌负责人斯蒂文·霍恩认为雪碧品牌的主要竞争对手并不是七喜。霍恩认为,当一名男性青少年消费者进入商店去购买一款饮料产品时,他不会说:"我觉得我想要一款柑橘口味的软饮料,或者我想要樱桃味的可乐。"霍恩所持的观点是青少年消费者到商店是想要购买某种口味不错的饮料。因此,雪碧团队有了更为远大的目标,而不仅锁定在七喜身上。他们的目标是从任何一种软饮料的销量中分得一杯羹。雪碧将开始采取攻势,去争取获得该品类中的大品牌所应该具有的销量。

雪碧团队向可口可乐公司管理层汇报了新的品牌定位与战略。这样做的风险很大。这个创意没有经过验证或者测试。团队依靠的是柯宾的原始数据分析、将雪碧与激浪和澎泉相比较之后得出的定性研究以及新的广告战略。然而,可口可乐公司管理层看到了雪碧团队的决心,同意去尝试一下,但刻意没有给雪碧品牌分配比上一年度更多的营销资源。如果新的品牌定位成功了,它要靠自己的能耐来实现。这项任务并不会从公司获得额外的支持。

雪碧的目标是要成为本行业中销量增长最快的软饮料品牌。对于一个在八年中没有实现增长的品牌来说,这不啻为一项近乎无法完成的任务。但是雪碧团队相信,通过在几年之内执行一项分三步走的战略,他们能够实现这个目标。这个战略简单明晰:

- 让人难以抗拒的定位与沟通
- 通过有意义的品牌关联在零售店中实现精准落地
- 针对消费者进行能够提高消费频次的促销

以上三点不可能用一年时间就全部执行完毕。事实上,雪碧品牌只具备执行第一个战略任务的营销资源——一个新的消费者定位与品牌信息。

"顺从你的渴望"沟通

灵狮广告代理机构(Lowe Lintas)接手了这项定位为"相信你的直觉"的广告创意任务,并用吸引城市男性青年群体的方式将创意清楚地表达出来。它想出了一个邀请年轻男性与雪碧品牌产生关系的广告口号。在广告信息的结尾处，只是简单地说道："形象并不重要。渴望才是一切。顺从你的渴望。"（Image Is Nothing. Thirst Is Everything. Obey Your Thirst.）柯宾说："简而言之，我们想说的是这样的：'看，你很聪明，你已看穿了各种絮叨。你要去过属于自己的生活，没有人会告诉你怎么做或者做什么。哦，顺便提一句，如果你确实渴了，拿起一瓶雪碧，但这都要顺从你的意愿。'在1994年那个时候，这是一则非同寻常的广告信息。"

广告本身也非常具有创新意味。雪碧面向普通大众市场的主流广告现在已经具有了某种能够与城市消费者沟通的基调。雪碧，很前卫，也很大胆。广告片中的叙事者是一个非洲裔美国男孩。柯宾这样解释道，虽然感觉事情并没有过去很长时间，但是在他的记忆中当时没有任何一个主流品牌会起用一名非洲裔美国男孩作为广告片的叙事者。或许那些只在BET电视台投放的广告才会这么做，但面向普通大众市场的广告确实不是这种做法。

与此同时，针对非洲裔美国消费者的媒体购买金额也将在整个预算中占据更大的比例。为此，为雪碧品牌在多个国家和地区提供服务的广告代理机构，由斯坦利·约克（Stanley Yorker）和瑞金纳德·卓里（Reginald Jolly）领导的博若尔广告公司（Burrell），推出一则前卫的广告，广告中重点表现的是他们认为最能代表街舞文化的几位街舞艺人。对街舞有所了解的男性青少年群体确实注意到了这则广告。他们了解街舞，也知道雪碧正在做的事情非常前卫，之前几乎从来没有听说过这样的做法。同时，普通的青少年群体并不十分理解雪碧正在做的事情，因为他们并不懂街舞，但是他们看到的东西很酷。雪碧在传播中使用的方法被称为分层次沟通：懂街舞的人准确地理解了品牌传播的信息并很感兴趣；不懂街舞的人认为它又很酷，但又需要费一番功夫去了解究竟什么是街舞。

紧接着发生了更有意思的事情。媒体战略也出现了更为重大的变化。雪碧品牌团队开始将先前分别投放到普通消费者市场和非洲裔美国消费者市场的两则广告进行了交叉投放。面向普通消费者市场的"形象并不重要"广告出现在了非洲裔美国消费者喜欢看的节目中，而由博若尔广告公司（Burrell）制作的"街舞"广告则在普通电视台播放。城市青少年群体真的开始注意到了这一现象。他们知道雪碧正在通过一种别出心裁的努力来与他们沟通。那个一年前被认为是又蠢又傻而被他们摒弃的品牌，现在却在专门与他们展开沟通。

一种有意义的品牌关联

花费了与上一年度相同的预算，仅仅在品牌传播层面做出了改变，在过去八年中销量没有获得增长的雪碧品牌，当年的销量劲升了8.9%。雪碧的新形象开始与消费者产生共鸣。可口可乐公司管理层支持雪碧品牌的做法，并全权委托营销团队来继续与这一新消费群体建立品牌关系。

雪碧品牌在零售店的店内展示和促销需要另外的支持。一个强有力的信息是出发点，但是在杂货店、大型卖场和便利店没有强大的陈列，销量无法获得全面的增长。可口可乐公司能够确保雪碧能够获得额外零售店内展示的方法之一就是，通过公司拥有的大量品牌关联事物与品牌赞助体系来实现。雪碧需要获得其中一个体系的支持。

柯宾的同事，迈克尔·格斯（Michael Guth），认为NBA赛事或许能够提供一个机会。球员参加联赛时都具有明显的街舞装扮，从宽松的长短裤到一种新的街头态度无不凸显这种特点。这可是一个完美的品牌关联事物——无论在收视率还是在现场观众人数方面，这都是一个正在经历着强劲增长的全国性赛事。唯一的问题就是，作为NBA赛事的软饮料官方赞助商，经典可口可乐品牌（Coca-Cola Classic）目前正在与NBA联赛进行合作。但是雪碧团队认为，雪碧品牌在NBA赛事的受益程度要远高于可口可乐品牌。

新上任的柑橘风味产品主管约翰·柯诺德（John Konradt）负责说服可

口可乐公司管理层与装瓶系统去接受将雪碧品牌与 NBA 赛事相关联的创意。他的观点很简单。可口可乐公司利用体育赛事赞助来提升品牌的曝光度与关联度。柯诺德提出了两个问题：①可口可乐品牌与 NBA 品牌，哪个更强大？答案显然是可口可乐品牌。②雪碧品牌与 NBA 品牌，哪个更强大？答案是 NBA 品牌。这获得了公司管理层的认可。如果可口可乐公司想要实现它的体育赛事赞助战略，那么 NBA 与雪碧相关联更为合适。

可口可乐体育营销部门的主管斯蒂文·科宁（Steve Koonin）负责说服 NBA 总裁戴维·斯德恩（David Stern）接受这个创意。科宁告诉斯德恩，由于与多种赛事相关联（奥运会、国家橄榄球联盟、国家冰球联盟），可口可乐品牌不得不将总的合作时间在各种赛事之间进行分割，因此每一种赛事都只拥有一小段与可口可乐品牌的合作时间。他让斯德恩自己做出选择：NBA 希望与可口可乐品牌进行为期六个星期的合作，还是希望与雪碧品牌进行为期一年的合作？NBA 同意让雪碧成为它的软饮料官方赞助品牌。现在，雪碧和一个与贴近其总体品牌主张的赛事关联起来。保证雪碧品牌最终取得胜利的三部曲，现在已经完成了两部。

提高消费频次

尽管通过新的定位，开始带来了销量的强劲增长，雪碧品牌还是没有能够获得重度消费群体的经常性饮用，而他们正是该品牌的主打消费群体。事实上，雪碧重度消费者（那些一天中消费好几瓶雪碧的人群）的饮用频次在整个行业中是最低的。这一比例是百事可乐的 1/2，是可口可乐的 1/3，是健怡可乐的 1/4。这些数据部分归因于以下事实，雪碧品牌现在才刚刚开始与年轻男性消费者——这一软饮料购买频次最高的群体开始接触。还有另外一个原因就是，雪碧的竞争对手七喜多年来一直告诉消费者，柠檬口味的软饮料适合当你不想喝可口可乐的时候。七喜一直讲的是限制消费竞争对手产品的事情！七喜已经通过培育消费者让他们把柠檬口味软饮料看作是一种"每隔一阵子"就要消费的饮料。现在,雪碧必须改变这种认知。

雪碧品牌需要想出一种办法来鼓励它的重度消费者饮用更多的雪碧,并依靠针对消费者的促销来完成这一任务。当时,软饮料促销主要的形式是赢取大奖。消费者将获得类似于去迪士尼世界旅游的促销大奖。赢得大奖的概率如此之低,以致消费者从来没有得过奖,也不知道究竟谁得了大奖。事实上,在雪碧影响者的心目中,通过近乎不可能赢得大奖的方式来促销软饮料,与其品牌"形象并不重要,渴望才是一切"的品牌理念背道而驰。如果雪碧也利用赢取大奖的方式来进行一次大规模的促销,被认为虚伪是最好的结果,最坏的结果是这会疏远很大一部分影响者。这将等同于欺骗消费者。雪碧仍然需要某种方式来促进消费频次的提高。

这一理念将改变软饮料促销的本质。雪碧将施行一场不设置大奖的促销活动。不设置到超级碗、夏威夷或者其他任何国外地方旅游的奖项。这个创意倒是简单。只设置一个奖项:一瓶20盎司的免费雪碧。免费的雪碧将以极高的中奖率被送出。每六瓶中就有一瓶会中奖,如果你喝雪碧喝得多,你将会获得一瓶免费的雪碧。这也是对产品清透特性的强力支持:这不是一种虚伪的促销方式。你喝雪碧,你中奖。就这么简单。

这场促销活动取得了两种效果:首先,有利于消费频次的提高。它能够让消费者形成这样的认识——可以像其他软饮料一样高频次地开怀畅饮雪碧。其次,能够继续强化雪碧的"相信你的直觉"广告信息。此次创意活动让20盎司容量的雪碧销量取得了超过30%的增长。

在接下来的几年中,雪碧品牌继续围绕这三方面进行建设,包括签约NBA球星格兰特·希尔(Grant Hill)、使用片头插播形式来播放雪碧广告、利用"梦之队"做代言(可口可乐公司是该队的奥运会全面赞助伙伴)。雪碧品牌继续推崇街舞文化,向年轻人展示街舞艺人们如何创作舞蹈,为两名飙舞的街舞艺人的和解创造条件,这一系列行为最终传递出了一则有关相互接纳彼此不同的品牌信息。结果不言而喻。柯宾报告说,雪碧成为了男性青少年消费群体最喜爱的品牌,不是他们最喜爱的软饮料品牌,也不是他们最喜爱的饮料品牌。雪碧变成了在*所有品类中*最受欢迎的品牌。雪碧品牌在 1997 年度的销量为 6 亿箱,而到 2000 年它的销量就翻番了。这次创意活动非常前卫而且取得了成功,在 2003 年,美国《广告时代》杂志(*Advertising Age*)的马修·格瑞姆(Matthew Grimm)把本次活动称为 20 世纪最后 25 年中五项最重要的营销活动之一。[2]

适时调整的艺术
THE ART OF ADAPTATION

每一位营销者都应该从雪碧的重新定位案例中获得启发,品牌可以重新来过。他们可以和一个消费群体断绝关系,并和另一个不同的消费群体开始一段新旅程。这很难,但也不是不可能。雪碧的成功是基于三个主要原因。

雪碧品牌团队和公司都愿意承担适度的风险。还记得我们在第七章如何讨论"聪明的风险"的吗?承担适度的风险依然有可能会失败,但是你要知道你已经做好充分的准备。雪碧团队所承担的风险看似适度,但风险依然很大。毫无疑问,若要承担风险,戴瑞·柯宾不得不去证明雪碧的品牌信息是相当酷的。

思考一下柯宾所宣扬的观点。他要求可口可乐公司允许雪碧品牌和 HCMs 群体"断绝"关系,并用崭新的品牌信息和另外一个完全不同的消费群体开始一段恋情。这并不仅是柯宾个人承担的风险,它意味着可口可乐公司也要承担风险。想象一下可口可乐做过什么。它接受了一个将对公司第三大品牌做出重大调整的提议，而这项提议是由一名 20 多岁的品牌经理提出的。公司本来可以谨慎地采取稳妥的方法，而不是去执行雪碧品牌团队所提议的方案，但公司知道没有人比品牌团队更了解当时的情况，而且相信他们会站在品牌利益最大化的角度来行事。对于雪碧想要传达的品牌信息，公司相信品牌团队的直觉。

如果你想要做出改变，那么做出的改变就要彻底。 雪碧品牌团队本可以保守一些来操作。他们本可以投入品牌新定位的汪洋大海中。出去测试一个广告并看其效果如何，也是一件容易的事情。如果他们这么做了，他们可能就失去了实施该项品牌营销活动的全部动力。就如我们已经讨论过的诸多成功品牌案例，他们试图去了解消费者，他们从个人的角度来了解消费者，他们有自己的深刻见解，他们已经设计出了一种从逻辑上支持其洞察力的战略。如果缺少三方面工作中的任何一个环节，雪碧品牌可能不会取得如此巨大的成功；如果该项目没有获得公司的支持，他们也绝不会知道这次营销活动所能够产生的真正影响力。相反，他们努力一搏，并获得了成功。

他们给予新的消费群体很多的关爱。 雪碧品牌团队十分迷恋新的消费群体。他们真正地关心新消费群体的福祉且想代表他们表达自我，并让他们知道这一点。品牌团队不得不向这些新的消费者传递出这样一种信息：他们对于品牌很重要。柯宾最近向我吐露说，在某种程度上，他已经给雪碧品牌试图去支持和代表的年轻消费群体写了一封"求爱信"。柯宾告诉我，这封信的大意是雪碧团队为何深爱着消费者和品牌。

我们愿意支持一种还没有获得认可的青年文化。我们愿意将我们的品牌与年轻人群产生关联，并告诉年轻人我们尊重他们。我们愿意让街舞文化获得关注。我们愿意也尊重我们作为一个引路人的角色，向人们证明大品牌也能够通过真实可信的方式——胆子要大一些、要冒一点风险，将自己营销给年轻人。因为我们爱他们，他们也会反过来爱我们。他们告诉我们:"你向我们传递了一个我们能够信任的品牌信息。我们爱你所代表的一切,正是基于此,你是属于我们的品牌。我们支持你。"

品牌要真心地关心消费者,就是要致力于关心他们的福祉。这一点消费者不会视而不见。品牌流露出真实的一面,因为它真的在乎消费者。柯宾相信,雪碧品牌团队创造了一种在这个国家向年轻人开展营销活动的新方法。这不是向年轻人说教,也不是哗众取宠。这是要了解年轻人,更重要的是,尊重他们。这种尊重会带给我们一个关心和支持消费者的品牌。

我是该走还是该留?
SHOULD I STAY OR SHOULD I GO?

营销者们必须面对的最大挑战就是当一种消费者关系已经恶化的时候,他们决定做什么。有一些关系会突然结束,但是通常这种关系是随着时间推移而不断弱化的。有的时候,关系可以被挽回,就像我们在雪碧和巨利多案例中所看到的那样。品牌与消费者经历过"一番商讨",然后关系就发生了变化。有的时候消费者必须做出改变。在有的时候,品牌还必须做出改变。或者两者都有可能做出一些改变,之后关系就会有一个新的开始。但是有的时候关系的恶化程度如此之深,以至于对各方来说结束这种关系才会是更好的选择。那么问题的关键就在于如何处理这种关系。

在什么样的节点,我们才会做出不会将更多的时间、资源或者促销投入一个特定的品牌身上?可能做出决定比较容易:我们有其他的选择、消费者不能给公司带来利润、我们在运营过程中失去了消费者的信任。一种关系出现问题的明显征兆包括不断下滑的消费测评指标(尽管一直在投入)、零售商或者渠道的不合作、消费者对于竞争性产品的关注或者需要提高投入只是为了让各种销售数据保持稳定。但是，该品牌应该被放弃吗？应该有一个告别的时候，就像你所喜爱的摇滚乐队所做的告别巡演？抑或是你只是悄无声息地停止投入并让该品牌逐渐被人们遗忘？这通常是一个两难的选择。

美达消费者保健（MCH）让被淡忘的品牌重回轨道并"激活"其与消费者关系的这一成功战略为该问题的解决提供了另一种思路。在你的潜意识里可能会认为，如果将足够的资源投入该品牌或者对战略进行修订，这仍然会起作用。

将 MCH 公司的做法作为行动指南来分析公司如何评判对哪些品牌及其相关产品特征停止投入，这是一件有意思的事情。这一评判标准也可以被用来做出以下决策：在整个公司的业务组合中，是要挽救现有品牌还是要对现有品牌重新定位。杰弗瑞·科恩（Jeffrey Cohen）将告诉你，如果出现以下情况，MCH 在获得并发展某种品牌关系方面是没有效果的：[3]

● **财务状况不佳而且无法补救**。如果属于这种情况，就不能将资源投入到试图培育消费者关系的领域。

● **处在一个在消费者选择过程中品牌只占无足轻重地位的品类**。作为营销人员，虽然我们不愿意承认这一点，但总是有这样一些购买决策主要是由产品驱动而品牌却显得无足轻重的品类。综合考量一下，为何要对仅能提供微小价值的事物进行投入？

● **品牌资产处于赤字状态**。如果一个品牌拥有一个很难或者不可能修复的声誉，那么开发一个新的品牌比挽救或者收购一个老品牌要来得更有意义。该品牌应该具有某方面的正面特质并且具有与消费者一起成长的潜质。

● **保持关系会导致无法聚焦**。随着公司不断增加品牌，每一个品牌可以获得的时间、人力和金钱方面的资源会越来越少。有的品牌被淡忘成了不可避免的事情。如果一个品牌无法获得修复现有消费者关系的必要内部资源，那么放弃该品牌就是更明智的选择，这样资源就可以倾斜到那些更具潜力的发展机会上。

此外，我们还必须对这种做法具有相对较强的信心，品牌获得的投入和最终发生的变化将会明显地影响消费者关系的发展变化。有的时候一个品牌被局限在一个特定的空间，没有任何投入和活动可以挽救它。有的时候重新来过更为明智。

如果你想要真正理解结束某种关系所要面对的挑战，没有一个案例比新可乐（New Coke）更为合适，许多人都认为这是有史以来出现的最大营销谬误。

世纪营销之殇？
THE MARKETING BLUNDER OF THE CENTURY?

每一位营销者都知道这个故事。1985年4月23日，可口可乐公司发布了一种新的可口可乐配方来替代现有的配方。之后遭遇到了强烈而广泛的反对，不到三个月，公司宣布恢复原有的配方，并重新改回了原来的名字——"经典可口可乐"（Coca-Cola Classic）。很多人认为，当"经典可口可乐"在那个仲夏时分回归市场的时候，新可乐（New Coke）会迅速而又悄无声息地消失。

但事实并非如此。在接下来的几年，可口可乐公司付出了很大而又用心的努力来发展新可乐与部分可口可乐消费群体之间的关系。营销团队已经开始花费精力来挽救消费者关系，但是接下来做出的一个重要决定结束了这种关系。这是经典可口可乐重返市场之后所发生的事情，也是关于新可乐的一个鲜为人知的故事。

为了全面了解新可乐与消费者之间的关系，你得知道关于当时产品发布的一些营销环境。概括来讲,在20世纪80年代早期,百事可乐的配方比可口可乐的配方更甜一些,通过具有进攻性的营销策略,百事可乐大举入侵了可口可乐的市场份额,在消费偏好指标方面也大有斩获。"百事挑战"(The Pepsi Challenge,从1975年开始在全美范围的活动,到了80年代开始升温)邀请消费者在不知情的情况下来品尝百事可乐和可口可乐,然后让他们说出更喜欢哪一个。这个测试是百事公司专门设计的。与可口可乐相比,百事可乐的口感更甜、更顺,在试饮的时候,口感更甜、更顺的产品往往能够胜出。当消费者喝掉一整杯时,可能会感觉到两种产品毫无差别。[4] 虽然口感更甜、更顺的产品在品尝几口的情况下会感觉更好一些,但是通常你会发现在喝完一瓶之后,人们并不会喜欢这一口感。百事可乐没有要求人们喝掉一整瓶。它要求人们仅尝几口。百事可乐大肆利用这些数据——在全美国范围之内的市场上,并大力宣传这些数据,声称它赢得了"百事挑战"比赛。

与此同时,百事可乐通过密集的广告宣传来强力营销它的品牌,广告中起用了迈克尔·杰克逊(Michael Jackson)和其他话题性较强的明星,应用这种品牌关联(尤其是与年轻的成人群体沟通时)来建立品牌—消费者关系。百事可乐在劝说可口可乐的消费群体"背叛"这一象征美国精神的品牌——甚至仅仅就购买一两次——许多可口可乐的消费者愿意这样做。销量、份额和许多消费测评指标开始朝着有利于百事可乐的方向发展,而可口可乐的类似指标开始下降。[5] 百事可乐致力于赢得"可乐大战"(Cola Wars)的努力强攻开始显出成效。可口可乐需要做出反击。因此才有了发布可口可乐新配方的决定——新可乐——它会在盲品测试中不断地击败百事可乐。

在头几个星期,这种战略起了作用。在早先发布这一产品的城市中,销售数据与上年同期相比增长了8%。[6] 新可乐在"可乐大战"中获得了大量的媒体报道和讨论,后来经过测算相当于获得了额外10亿美元的免费宣传费用。[7] 有人已经注意到在它上市的时候，新可乐是在消费品历史上被人们试用最多的品牌。但是我们都知道接下来发生的事情，几个星期之后，开始出现了强烈的反对声，而且反对声一浪高过一浪，77 天后，经典可口可乐被隆重地重新推向市场，其销售量和其他指标最终远远超过了新可乐上市之前的表现。虽然经典可口可乐的成功受到了人们的赞许，但是给可口可乐公司留下了一个不得不面对的问题：应该如何处置新可乐？

新可乐的定位

作为刚从乔治亚州大学毕业的一名 MBA 学员，斯蒂文·哈切森（Steve Hutcherson）加入了可口可乐公司。他的第一项任务就是围绕新可乐品牌开展工作，他的上司是品牌经理保罗·波尔（Paul Porwoll）。哈切森这样解释道："我们已经从根本上混淆了每一个品牌应该扮演的角色。从学术角度上讲，当年 4 月被作为'可乐'发布之时，新可乐成为了母品牌，而经典可口可乐现在却成为了产品线延伸的产物。这引发了一些重大的问题，因为与母品牌相比，我们的产品线延伸出的产品，规模要大得多，也更受市场欢迎。"

公司并没有让新可乐从市场上消失。即使在经典可口可乐重回市场之后，新可乐仍然占据着软饮料市场 2% 的份额。对你来说，这个数字似乎并不大，但在当时，两个百分点的份额约等于 15 亿美元的零售额。销量很大也就意味着如果可口可乐公司让新可乐退市，这部分消费者将重新转向百事可乐，然后，百事可乐，而不是可口可乐，就会引领美国软饮料市场。公司绝对不允许这样的事情发生。

因此，公司决定保留新可乐，并让它在逐渐升级的"可乐大战"中扮演至关重要的角色。经典可口可乐将置身事外，但新可乐将参与战争并挑战百事可乐。波尔及其团队被委以重任，即清晰定义新可乐的角色和市场关系。这将作为攻击百事可乐的一种战术性武器，具体的使命是让人们对

"百事挑战"失去信任并挽回败局。可口可乐公司知道新可乐会在口感测试中击败百事可乐。内部调研显示，虽然百事可乐以 53 比 47 的比分击败了正宗的可口可乐配方（现在叫作经典可口可乐），但是新可乐以 55 比 45 的比分击败了百事可乐。

哈切森解释道：

公司要通过这一战略将百事可乐置于进退两难的境地。我们能够声称可口可乐在口感测试中战胜了百事可乐。我们不会说新可乐，而只强调可口可乐，因为该品牌是典型的"可乐"并且只是在导入期才使用了"新"这一修饰词。这一说法开始在针对百事可乐的口感测试挑战的宣传中迅速扩散。经典可口可乐的忠实饮用者远离这次纷争并将继续听到"他们的"可口可乐仍然处于领导地位的品牌宣言。另外，百事可乐不能这样讲："等一下！他们所说的是新可乐。"因为如果百事可乐这样做，他们只得承认他们的旗舰品牌在口感测试中被人类历史上拒绝率最高的产品所击败！

可口可乐通过一则针对年轻成人群体的广告创意活动，扩大了新的口感测试结果的宣传效果。广告中使用了非常早期的计算机合成图像（CGI）和一个名叫"超级麦克斯"（Max Headroom）的虚拟人物，他取笑百事可乐并强调可口可乐的口感更好。更多的努力是关注于本地市场的——为了对抗"百事挑战"，但同时也是为了让新可乐能够合情合理地培育与当地消费者更为紧密的关系。结果，"百事挑战"基本就这样结束了。十分具有讽刺意义的是，在这次行动中新可乐扮演着至关重要的角色。

尽管在战术层面取得了胜利，1986 年，哈切森和他的新上司——戴维·克兰普（David Clapp）和瑞恩·安斯普根（Ron Aspergen），知道如果新可乐想要生存并实现更大的销量，它就应该选择自己的战略和定位，并与新的消费群体建立属于自己的品牌关系——当然，要记住人们对于该品牌的总体认知还停留在灾难性事件的层面。很少有消费者想与它有任何关系，有人会争辩说饮用新可乐的许多消费者是错选了它，因为名字还会被

第九章 恋情结束，重新出发
BREAKING UP AND MOVING ON

念做"可乐"。因此，1987 年，克兰普及其团队获得了公司授权来进行全面的调研，目的是针对这一问题做出决策：要挽救新可乐并改变它与消费者（特别是百事可乐的消费者）之间的关系，公司应该推出哪些举措。

　　团队遇到的第一个问题是，当消费者被问及为何他们不饮用新可乐时，答案都是相同的：口感不好。团队明白，即使它的口感明显不同于经典可口可乐，但事实上新可乐的口感并不差。口感测试证明了这一点。但是消费者不愿意相信：一个被市场全面否定的产品，它的口感会好。这也不合乎逻辑。团队须用某种方式来找到新可乐被市场全面否定的更深层次原因。哈切森解释说："口感这件事情我们只得不予以讨论。因此，在与消费者的定性访谈中，我们在经典可口可乐、百事可乐和新可乐之间做过自己的非正式口感测试。但无论消费者选择哪个产品，我们都说他们选择的是新可乐！我们不得不这样做，因为他们有可能去讨论那些并非基于事实的口感问题，而我们知道这个问题压根儿不存在。我们得深度发掘出某种方式去击败这一逻辑——'如果我不喜欢这个品牌，它的口感肯定不好。否则，我为什么不喜欢它呢？'"

　　在将本次调研中有关最初的口感争论搁置一边之后，他们又问："你为什么不喜欢新可乐？"他们收到了两个有趣的答案，一个与观念有关，另一个与周围人有关。与观念有关的答案是这样的，从一开始消费者就不知道可口可乐为什么要这样做：为什么拿走或者改变美国人最喜爱的产品？这个答案感觉和个人情感有关。他们谈论的是欺骗！消费者对于可口可乐公司十分气愤，新可乐就被这种气氛所淹没。在消费者的心中，可口可乐从来没有告诉他/她公司为何要做出这样的事情。第二种答案更加与周围的人有关或者相关联。新可乐拥有负面的社交性利益。他们认识的人中，没有人喝它，它是一个笑柄。他们不会因为喝它而在别人面前出洋相。

　　结论是这样的，新可乐的销售存在三方面的障碍：①在某种程度上它的口感肯定差，这似乎是符合逻辑的论据；②关于从一开始可口可乐公司为何推出新可乐的气愤与疑惑；③没有人饮用它的这一认知——这是个为屌丝们准备的屌丝品牌。克兰普和一些公司最好的营销研究人员都认为，如果他们要成功地克服第二个障碍和第三个障碍，就应该先解决掉口感障碍。

重新定位新可乐

可口可乐现在将通过新可乐来发动进攻，明确地表示它要开始与百事可乐饮用者建立关系。除了在部分经过选择的市场持续地进行口感测试挑战之外，它还设计了一个简单的沟通方案。在一则名为"精选集"（Omnibus）的广告中，开始画面为一瓶漂亮的可口可乐（经典口味），可乐被放置在绿色的瓶中，质感冰冷。画外音介绍说："可口可乐，正宗、地道。"紧接着镜头转向了可口可乐瓶子旁边的一罐百事可乐，画外音暗示说对于有的人来讲，有一个叫作百事的品牌，它的口感比可口可乐更甜。两个品牌分开之后旋即出现了一罐新可乐。接下来出现了一个新可乐之所以存在的短语。画外音这样讲到，现在有另外一种选择，它既拥有可口可乐的真正可乐口味，又拥有百事可乐的甜的特点。换句话来说，对于那些喜欢百事可乐甜味的消费者，可口可乐现在专门为他们设计了一款产品。

沟通达到了三个目的：

（1）强化了母品牌的力量和领导地位（经典可口可乐玻璃瓶的外形以及斯宾塞体[①]的品牌标识，与其他两个品牌的罐装产品形象具有明显视觉差异）。

（2）将百事可乐定位为比可口可乐更甜的产品。

（3）提供了一种新的比较角度。可以进行比较的品牌现在是新可乐和

[①] 斯宾塞体（Spencerian Script），在1850~1920年美国所采用的一种手写字体，被认为是打字机出现以前美国商务往来的标准手写字体。

百事可乐。新可乐像百事可乐一样甜，但它保持着正宗可口可乐的真正可乐口味。

可口可乐仍然需要去克服第三个障碍（我认识的人当中，没有人喝它）。为了达到此目的，可口可乐策略性地调整了传统的代言人战略，理念是通过本土化的一些关联事物能够建立起更强大、可信度更高的消费者关系，但这样做确实能够反映某些区域的价值观和态度。在盐湖城（Salt Lake City）和密尔沃基（Milwaukee）市场试销时，公司起用了当地著名的犹他爵士队（Utah Jass）[①]和绿湾帕克球队（Green Bay Packer）[②]的球员们，以此来向人们说明，还是有人正在喝而且还喜欢喝这种拥有新配方的可乐。当然，这一切只有在一个前提下才能够实现：清晰地解释品牌代表什么、它之所以出现的原因以及它的目标消费群体是谁。产品的包装也做了改变，添加了百事可乐的蓝色调，准确无误地试图吸引竞争对手（百事可乐）的消费者。为了让人们"再次品尝该品牌"并引发再次购买，推出了容量为 16 盎司的罐装产品，上面写着"加 4 盎司，加量不加价！"

这一广告创意活动在十个测试市场启动，销量平均获得了 65% 的增长，几乎全部来自百事可乐的阵营。即使是消费者对新可乐的形象认可程度也要比其重新定位之前提升了很多。新可乐，一个曾经被列入黑名单的品牌，已经在当地市场看到了再次复苏的迹象。当然，这带来了另一个战略层面的问题：如果公司决定进一步将新可乐打造成为一个全国性的品牌，如何能够同时将两个甜型可乐品牌运营成功呢？

与此同时，有一个商标方面的问题越来越值得注意。前面我们提到

[①] 犹他爵士队（Utah Jazz），于 1974 年在新奥尔良成立并加盟 NBA，1979 年搬迁至盐湖城，是一支属于美国的犹他州盐湖城的职业篮球队，是美国男篮职业联赛（NBA）西部联盟西北赛区的一部分。

[②] 绿湾帕克球队（Green Bay Packer）是一支位于美国威斯康星州绿湾市的美式橄榄球球队，成立于 1919 年，是国家橄榄球联盟（NFL）中队史第三长的球队，也是 NFL 唯一一支非盈利性质、由公众共同拥有的球队。

过，经典可口可乐（正宗的可口可乐）从学术上来讲属于产品线延伸的产物，"可乐"（新可乐）属于母品牌，虽然它与产品线延伸出来的品牌相比规模要小不少。这就需要回归到将经典可口可乐作为母品牌的阶段。需要做两件事情：为新可乐的配方做一次名称方面的改变；从最初的配方中将"经典"字眼慢慢去掉。很多名称都被测试用来替代新可乐，最终公司选择了二代可乐（Coke Ⅱ）。哈切森解释说："二代可乐（Coke Ⅱ）测试结果很不错，并且与战略相吻合。二代可乐（Coke Ⅱ）就像广告中讲的那样，是为既寻求百事可乐的甜味口感又寻求正宗可乐口味的百事可乐消费者所准备的。"这一名称同时也将强化经典可口可乐的领导地位，并在竞争性的口味测试宣传中将百事可乐置于第二品牌的位置，有效地让经典可口可乐这一品类领导者远离战火纷争。

哈切森原来的上司、导师保罗·波尔重回团队来领导一场规模更大的营销创意活动，用新的商标二代可乐（Coke Ⅱ）来做测试，完全应用从先前试销市场所学到的经验："尝尝看，知道是怎么一回事儿，然后很多人都会像我一样饮用它。"哈切森补充道："两件事中有一件将要发生。如果起了作用，这将为向百事可乐发起更大规模的进攻并把更多的百事可乐消费者拉到二代可乐（Coke Ⅱ）阵营做好准备，并能够发展它与百事可乐消费群体之间全新的、更好的关系。如果没有效果，这至少能够为将主品牌再次导入市场做出准备，最终将'经典'这一修饰语去除并让公司把注意力主要放在一个含糖类可乐品牌身上。"

宣战

记得在20世纪80年代后期，"可乐大战"激战正酣，两个公司一直在为争夺市场份额而战。基于新可乐在试销市场的良好表现，公司确信二代可乐（Coke Ⅱ）能够在与百事可乐争夺市场份额方面发挥关键作用。然而，可口可乐公司仍然需要测试要在全国范围内推广二代可乐（Coke Ⅱ）

第九章 恋情结束，重新出发
BREAKING UP AND MOVING ON

是否可行。一位高级管理人员这样建议，需要在华盛顿州的波斯坎（Spokane）做一个测试，就像哈切森说的那样："即使我们做过最初的二代可乐（Coke II）试销，但是市场范围太小，我们认为这可能不具有代表性。我们甚至没有应用我们的尼尔森市场份额数据和追踪诊断系统来对小范围的试销市场进行跟踪。"1990年，公司设计了一次咄咄逼人的二代可乐（Coke II）营销创意活动，然后在波斯坎市场启动。

哈切森解释说："我们将为赢得年轻的百事可乐消费者而全面开战，并保证在保持经典可口可乐销量的基础上获得更多的增长。我们把新可乐身上应用成功的分阶段沟通信息进行复制，并在包装改进和价格点设定方面展开更为迅猛的攻势。就二代可乐（Coke II）而言，我们生产一罐容量为16盎司（加4盎司，加量不加价）的产品，并且每15罐按照12罐定价。"市场反响非常热烈。在波斯坎市场，二代可乐（Coke II）立即获得了从0.5%增长到了超过4%的市场份额。调研结果表明，所增加的份额要远超过从百事可乐获得的份额。

令波尔、哈切森和二代可乐团队没有想到的是，波斯坎在整个美国属于人均消费百事可乐最高的市场之一。在"可乐大战"中，百事可乐将这看作是一场针对其核心市场展开的有预谋的攻击行动，它以同样的方式予以反击。百事可乐马上推出一则新广告，门廊中的三个老头说："他们完了，又把可乐配方给改了。"试图混淆是非并想让人们回想起1985年新可乐上市时那次不愉快的回忆。百事可乐在其阵容最强势的市场之一，推出了与二代可乐（Coke II）相同容量与价格的产品。百事可乐的目标就是让可口可乐为此付出代价，即使这样做会对百事的短期利润造成伤害。百事可乐不仅要在华盛顿东部市场给予二代可乐（Coke II）重创，公司还试图对可口可乐的整个品牌组合进行重击。这是一次全面性的战争。

让我们重回可口可乐公司总部，公司就是否继续这场战争的问题展开了认真的讨论。品牌团队知道他们已经通过品牌主张在与百事可乐消费者培育关系方面赢得了先机。但是付出了怎样的代价？如果继续推进计划，更多的市场将会卷入这场战争，可口可乐将花费巨额的成本，百事可乐也将花费巨额的成本。如果两个公司从小市场到中等市场都投入许多资源来参与这场高风险战争，他们就极有可能需要大规模地削减全国性的营销活动和研发投入。两个公司都有可能会遭遇严重的后果。

另一个大问题是，可口可乐、百事可乐和二代可乐（Coke Ⅱ）之间市场份额之战将会如何推演。哈切森这样解释："如果二代可乐（Coke Ⅱ）足够成功的话，你可能会看到这样的一种剧情发展：在这些品牌中，可口可乐可能会拥有软饮料市场20%的份额，百事可乐的份额可能是17%。但是如果可口可乐的市场份额被分割为经典可口可乐16%和二代可乐（Coke Ⅱ）4%，那么百事可乐就可以声称它是可乐第一品牌。这种情况也不会发生。"

最后可口可乐决定，继续让二代可乐（Coke Ⅱ）来与百事可乐消费者发展关系并不符合公司的最大利益，公司将结束二代可乐（Coke Ⅱ）这种咄咄逼人且标新立异的营销活动，并将分配资源来培育经典可口可乐和健怡可乐。二代可乐（Coke Ⅱ）将被归于一个只在某些百事可乐强势市场上提供少量营销支持的品牌（除了在整个产品线中进行价格促销之外）——尽量获得一部分销量和新增加一部分消费者。最终，公司在近几年之后停止生产二代可乐（Coke Ⅱ）。

然而，他们也获得了一些经验。哈切森说："在一切都尘埃落定的时候，我们能够让一个曾经受到鄙视和憎恨的品牌（新可乐/二代可乐）再次被一个关键的、具有战略意义的消费群体所接受——而且确实产生了销量。"团队做了他们需要做的事情来保护商标，让正宗配方的可乐重新成为母品牌，在销量略逊于百事可乐的情况下让新可乐/二代可乐退出市场。为了组织和业务部门的更大利益，总有些时候需要去结束某一种品牌与消费者之间的关系。

第九章　恋情结束，重新出发
BREAKING UP AND MOVING ON

结束恋情
ENDING THE RELATIONSHIP

要结束一段恋情确实很难，并且公司很少能够主动去了结此事。或者该种决定需要由渠道合作伙伴帮他们做出，或者让该品牌顺其自然地偃旗息鼓。在我的记忆中，从来没有见过为一个品牌举办过"告别巡演"。或许每隔一段时间就会出现这样的事情。管理层想知道一个正在死去的品牌还能够带来多少的销量和利润。仅存的少量忠实消费者不得不从同一品类中找到一个新的品牌。或者还需要制定一份合适的品牌替代计划。但通常情况下，却没有合适的替代品牌可以启用。

而且，新可乐的故事所说明的一切需要我们永远铭记于心：定位起了作用。不论是你为自己定位，还是竞争对手给你定位，或者是市场上的消费者为你定位。就新可乐的案例来讲，消费者掌握着主动权。当可口可乐气势逼人地试图将二代可乐（Coke II）定位为一个与百事可乐一样甜但却具有真正可乐口味的品牌之时，并面向一群特殊而又有价值的消费者展开营销，可口可乐才获得了成功。对于一个被认为是已经死亡了的品牌，它找到了属于自己的利基市场。它开始建立起了一种姗姗来迟的关系，而这种关系在它刚上市时是并不存在的。

最后，我们能够从已经终结的品牌关系中吸取经验教训，以便进一步提升我们现有的品牌关系。从大约 20 年前新可乐上演的剧情中，可口可乐能够应用所学到的经验来应对零度可乐的上市，并没有用它来代替健怡可乐，零度可乐满足了一种特定的需求。它也没有让百事可乐卷入竞争，但确实为市场提供了具有正宗可口可乐口味却又不含卡路里的产品。

我参与动乐项目时的一名上司——帕拉·沃恩（Parra Vaughan）曾对我说："如果你不犯错误，你就对自己还不够狠。"营销者也有失败的时候。关系终结了，这是工作的一部分，这是一种再自然不过的现象。但是如果你真的失败了，失败下去，是为了消费者而失败，是为了关系的改善而失败，但无论你做什么，不要让事情安于现状。继续回到消费者身边，并用你的尊重来对待他们。

• • •

从哪里开始，就从哪里结束。我们将用一种关系的定义来作为结尾，一种关系是一种关联或者一种联系。它让双方基于彼此的共同利益而行事，永远记住把消费者的最大利益放在心上，不要停止对他们的研究与沟通。只有奉行消费者至上、给他们特别的关爱，品牌才能满足定义一种关系的诸多要求。这是我们作为营销者将要在职业生涯中展现的诚恳态度，为我们的品牌和我们的消费者做正确的事情。

注 释
NOTES

Chapter 1

[1] See, for example, Susan Fournier, "Consumers and Their Brands: Developing Relationship Theory in Consumer Research," *Journal of Consumer Research* 24 (March 1998): 343–372; Edith Smit, Fred Bronner, and Maarten Tolboom, "Brand Relationship Quality and Its Value for Personal Contact," *Journal of Business Research* 60, no. 6 (2007): 627–633; Atul Parvatiyar and Jagdish N. Sheth, "Customer Relationship Management: Emerging Practice, Process, and Discipline," *Journal of Economic and Social Research* 3, no. 2 (2001): 1–34; Barbara A. Carroll and Aaron C. Ahuvia, "Some Antecedents and Outcomes of Brand Love," *Marketing Letters* 17 (2006): 79–89.

[2] Jennifer Aaker, "Dimensions of Brand Personality," *Journal of Marketing Research* 34 (August 1997): 347–356.

[3] Fournier, "Consumers and Their Brands."

[4] Ibid. See also Susan Fournier, "Exploring Brand–Person Relation-

ships: Three Life Histories," product number 596093-PDF-ENG, Harvard Business School (Boston: Harvard Business Publishing, January 22, 1996).

[5] Ibid.

[6] See, for example, Fournier, "Consumers and Their Brands"; Smit, Bronner, and Tolboom, "Brand Relationship Quality and Its Value for Personal Contact"; Parvatiyar and Sheth, "Customer Relationship Management"; Carroll and Ahuvia, "Some Antecedents and Outcomes of Brand Love."

[7] Steve Koonin, former VP of sports and presence properties at The Coca-Cola Company and now chief marketing officer at Turner Broadcasting, is a master at generating value from presence properties; he single-handedly changed The Coca-Cola Company's approach to inevent promotional marketing by focusing on having the brand be a part of the event rather than a static prop.

[8] Martin Lindstrom, *Brandwashed: Tricks Companies Use to Manipulate Our Minds and Persuade Us to Buy* (New York: Crown Business, 2011).

[9] Charles Duhigg, C. "How Companies Learn Your Secrets." *New York Times Magazine*, February 16, 2012, http://www.nytimes.com/2012/02/19/magazine/shopping-habits.html? pagewanted=all.

[10] "Verizon's 'Precision Market Insights' Data Mining Policy Raising Privacy Concerns," Huffington Post, October 17, 2012, http://www.huffingtonpost.com/2012/10/17/verizon-precision-market-insights_n_1971265.html.

[11] Quoted in Rosie Baker, "Unilever: 'Marketing Needs to Be Noble Again,'" *Marketing Week*, February 7, 2012, http://www.marketingweek.co.uk/unilever-marketing-needs-to-be-noble-again/3033850.article.

Chapter 2

[1] Quoted in Dan Lyons, "10 Lessons from Steve Jobs That Every Mar-

keter Must Learn," HubSpot blog, June 3, 2013, http://blog.hubspot.com/10-steve-jobs-marketing-lessons.

[2] Christine Y. Chen, "Darius Bikoff vs. Coke and Pepsi: Business Is Flowing for the Godfather of 'Enhanced Waters'," CNNMoney, February 3. 2003, http://money.cnn.com/magazines/fortune/fortune_archive/2003/02/03/336429/.

[3] Even having kept the two brands separate, Nike sold the Cole Haan division in November 2012 to Apax for $570 million because management decided it needed to focus on just its athletic brands. See Matt Townsend, "Nike Agrees to Sell Cole Haan to Apax for $570 million," *Bloomberg*, November 16, 2012, http://www.bloomberg.com/news/2012-11-16/nike-agrees-to-sell-cole-haan-to-apax-for-570-million.html.

[4] Willem Jan van der Hoeven, global brand director, Heineken, interview with Tim Halloran, March 26, 2012.

[5] All quotations of Katy Milmoe, integrated group account director, Havas Worldwide, are from an interview with Tim Halloran, February 26, 2012.

Chapter 3

[1] All quotations of Kersten Rivas, managing director, Havas Worldwide, are from an interview with Tim Halloran, February 26, 2013.

[2] All quotations of Katy Milmoe, integrated group account director, Havas Worldwide, are from an interview with Tim Halloran, February 26, 2013.

[3] All quotations of Willem Jan van der Hoeven, global brand director, Heineken, are from an interview with Tim Halloran, March 26, 2013.

［4］All quotations of Paul Smailes, global head of digital, Heineken, are from an interview with Tim Halloran, March 26, 2013.

［5］*Sports Illustrated for Kids* regularly conducts informal, unpublished research among its subscribers for firms who advertise with the publication. The statement cited in the chapter is from research the magazine conducted in 1996 about kids' perceptions of sports.

［6］All quotations of Matthew Kahn, chief marketing officer, Restorsea (former senior VP of marketing, glacéau) are from an interview with Tim Halloran, December 28, 2012.

［7］All quotations of Scott Miller, president of Core Strategy Group, are from an interview with Tim Halloran, November 15, 2012.

［8］"8 Beers Americans No Longer Drink," NBCNews.com, September 9, 2011, http://www.nbcnews.com/id/44460121/ns/business-us_business/t/beers-americans-no-longer-drink/#.Ug-rkKzB-So.

［9］"Ad Age Advertising Century: Top 100 Campaigns," *Advertising Age*, March 29, 1999, http://adage.com/article/special-report-the-advertising-century/ad-age-advertising-century-top-100-advertising-campaigns/140150/.

［10］Mike Celzic, "Michelle Obama Makes $148 Frock a Fashion Smash," Today.com, June 20, 2008, http://www.today.com/id/25280708/ns/today-today_style/t/michelle-obama-makes-frock-fashion-smash/#.Ug-ufKzB-So.

［11］Share and sales growth data are sourced from syndicated services that measure marketplace sales data. For example, as of the fifty-two weeks ending April 15, 2012, IRI/Symphony showed smartwater as the topselling premium water brand.

Chapter 4

[1] Quoted in Stephanie Strom, "30 Years After Chia Pets, Seeds Hit Food Aisle," *New York Times*, November 23, 2012, http://www.nytimes.com/2012/11/24/business/chia-seeds-gain-popularity-for-nutritional-benefits.html?_r=0.

[2] Joe Satran, "Chia Seeds Move Beyond Faddish Past in Bid for Mainstream Acceptance," *Huffington Post*, April 17, 2012, http://www.huffingtonpost.com/2012/04/16/chia-seeds_n_1419525.html.

[3] All quotations of Janie Hoffman in the remainder of the chapter are from an interview with Tim Halloran, January 22, 2013.

[4] Malcolm Gladwell, *Blink* (New York: Little, Brown, 2005).

[5] "Janie Hoffman, Founder, Mamma Chia," BevNET, 2012, http://www.bevnet.com/bestof/2012/person-of-the-year.

Chapter 5

[1] All quotations of Stuart Sheldon, president, Escalate, are from an interview with Tim Halloran, November 9, 2012.

[2] Joan Schneider and Julie Hall, "Why Most Product Launches Fail," *Harvard Business Review*, April 2011, http://hbr.org/2011/04/why-most-product-launches-fail/.

[3] Theresa Howard, "Coke Finally Scores Another Winner," *USA Today*, October 28, 2007, http://usatoday30.usatoday.com/money/advertising/adtrack/2007-10-28-coke-zero_N.htm.

[4] The sources for the discussion of the CZC and related data in this chapter are from the Stuart Sheldon interview and Coke Zero's 2009 WOMMY

entry (provided by Sheldon), which won a Silver award for best strategic thinking to measure the impact/success of word of mouth.

[5] Ed Keller, "Shining a Light on Dark and Super Dark Social," Keller Fay Blog: WOM Matters, November 7, 2012, http://www.kellerfay.com/insights/shining-a-light-on-dark-and-super-dark-social-ed-keller/.

[6] Alexis Madrigal, "Dark Social: We Have the Whole History of the Web Wrong," Atlantic, October 12, 2012, http://www.theatlantic.com/technology/archive/2012/10/dark-social-we-have-the-whole-history-of-the-web-wrong/263523/.

[7] Keller, "Shining a Light."

[8] All quotations of John Doughney, client partner, Facebook, are from an interview with Tim Halloran, January 11, 2013.

Chapter 6

[1] Christa Hoyland, "Chick-fil-A Ramps Up for Spicy Chicken Sandwich Launch," QSRweb.com, May 24, 2010, http://www.qsrweb.com/article/95197/Chick-fil-A-ramps-up-for-Spicy-Chicken-Sandwich-launch .

[2] Tanya Lewis, "Chick-fil-A Finds Opportune Time to Unveil Spicy Chicken Sandwich," *PRWeek*, September 1, 2010, http://www.prweekus.com/chick-fil-a-finds-opportune-time-to-unveil-spicy-chicken-sandwich/article/177432/.

[3] Ibid.

[4] Chick-fil-A "2011 FunFacts" http://www.chick-fil-a.com/Pressroom/Archive/fun_facts_2011_old.

[5] All quotations of Jeff Gregor, chief marketing officer, Turner Networks, are from an interview with Tim Halloran, March 5, 2013.

[6] TCM does show advertisements for its own products—promos for TCM movies as well as DVD collections for sale.

[7] "Johnny Depp America's Favorite Actor, *Harris Poll Reveals*," *Huffington Post*, January 19, 2012, http://www.huffingtonpost.com/2012/01/19/johnny-depp-americas-favorite-actor_n_1215685.html.

Chapter 7

[1] All quotations of Jackie Jantos, creative director for global content, The Coca-Cola Company, are from an interview with Tim Halloran, February 25, 2013.

[2] Jonathan Mildenhall, "Coca-Cola Content 2020," YouTube, August 2011; Part One, http://www.youtube.com/watch?v=LerdMmWjU_E; Part Two, http://www.youtube.com/watch?v=fiwIq-8GWA8.

[3] Frederick Allen, *Secret Formula* (New York: HarperBusiness, 1994), 20.

[4] Mildenhall, "Coca-Cola Content 2020."

[5] All quotations of A. J. Brustein, senior brand manager, The Coca-Cola Company, are from an interview with Tim Halloran, February 25, 2013.

[6] All quotations of Christy Amador, interactive marketing professional, Coca-Cola global interactive marketing, The Coca-Cola Company, are from an interview with Tim Halloran, February 25, 2013.

[7] Mildenhall, *Coca-Cola Content* 2020.

[8] "Domino's Says New Recipes, Frank Ad Campaign Help Double Profits," *USA TODAY*, March 2, 2010, http://usatoday30.usatoday.com/money/companies/earnings/2010-03-02-dominos_N.htm.

[9] All quotations of Emmett Leopardi, the Leopardi Group, are from an

interview with Tim Halloran, March 28, 2013.

[10] All quotations of Jeffrey Cohen, VP and general manager, Meda Consumer Healthcare, are from an interview with Tim Halloran, February 19, 2013.

[11] All quotations of Cigdem Topalli, senior brand manager, Meda Consumer Healthcare, are from an interview with Tim Halloran, February 19, 2013.

[12] All quotations of Blake Hawley, marketing director, Meda Consumer Healthcare, are from an interview with Tim Halloran, February 19, 2013.

Chapter 8

[1] All quotations of Jim Smith, senior VP of sales and marketing, Atlanta Falcons, are from an interview with Tim Halloran, March 6, 2013.

[2] Phil Andrews, "Allen Iverson, Ray Emery, and Michael Vick: Three for the Money," *Bleacher Report*, January 6, 2010, http://bleacherreport.com/articles/320683-emery-iverson-vick-three-for-the-money.

[3] See "NFL Team Valuations: #1 Dallas Cowboys," October 10, 2008, Forbes.com, http://www.forbes.com/lists/2008/30/sportsmoney_nfl 08_Dallas-Cowboys_300988.html. Note that as of 2013, the Cowboys were still the highest-valued franchise at $2.3 billion; "NFL Team Values 2013," Forbes.com, http://www.forbes.com/pictures/mlm45ekfed/1-dallas-cowboys-4/.

[4] To view the "Rise Up" spot, see http://www.atlantafalcons.com/media-lounge/videos/Rise-Up-Featuring-Samuel-L-Jackson/2eb2a8ae-261e-11e0-9d26-00144fe56e6c.

Chapter 9

[1] All quotations of Darryl Cobbin, president, Brand Positioning Doctors (former VP, Sprite business unit, The Coca-Cola Company), are from an interview with Tim Halloran, January 22, 2013.

[2] Matthew Grimm, "Winning Ad Campaigns," *Advertising Age*, April 1, 2003, http://adage.com/article/american-demographics/winning-ad-campaigns/44764/.

[3] Jeffrey Cohen, VP and general manager, Meda Consumer Healthcare, interview with Tim Halloran, February 19, 2013.

[4] Malcolm Gladwell, *Blink* (New York: Little, Brown, 2005).

[5] Ibid.

[6] John Demott, "All Afizz over the New Coke," *Time*, June 24, 1985. Available at http://www.time.com/time/magazine/article/0,9171,959449,00.html.

[7] New Coke/Coke II information and all quotations of Steve Hutcherson, partner, Trade NTE (former Coca-Cola executive holding numerous positions and roles, the latest being VP Coca-Cola brand business unit), are from an interview with Tim Halloran, March 21, 2013.

致 谢
ACKNOWLEDGMENTS

我不太确定自己是否真的抓住了消费者市场的营销软肋。可能是在我10岁大的时候，我的父亲，当时他在佛罗里达州泰特斯维尔（Titusville）拥有一家百货公司，不仅让我和他一起去参加了一年一度的美国亚特兰大国际礼品及消费品展览会，还说服他把售卖国家橄榄球职业联盟各种装备的业务引入他自己的百货公司里。从那时起，我就产生了想要了解人们需求并用合适产品去满足这些需求的愿望，也才有了现在你手里的这本书。

没有众多对我职业生涯与本书产生过深刻影响的人们，《品牌：让相遇难以忘怀》这本书就不会有面世的机会。现对他们表达诚挚的谢意：

感谢华盛顿与李大学（Washington and Lee University）的荣誉教授劳伦斯·拉蒙特（Lawrence Lamont），你是我进入精彩营销世界的引路人。

感谢我在可口可乐公司供职期间的各位上司，在他们的指引下，教会了我有关消费者的一切：拉里·塔曼（Larry Taman），你是在我年轻时第一个把我招募为助理品牌经理的人；此外，还要感谢帕拉·沃恩（Parra Vaughan）、拉尔夫·科恩（Ralph Kytan）、汤姆·瑞丁（Tom Reddin）、吉姆·塔切塔（Jim Taschetta）、约翰·柯诺德（John Konradt）、弗兰克·毕福尔克（Frank Bifulco）、碧娜·夏拉（Pina Sciarra）、斯蒂文·科宁（Steve Koonin）、简·霍尔（Jan Hall）、斯蒂文·哈切森（Steve Hutcherson）、杰夫·赫伯特（Jeff Herbert）和吉姆·契斯（Jim Chess）。

感谢采聚品牌咨询公司（Brand Illumination）的各位客户，你们让我有机会接触到各种发人深省的品牌—消费者关系。

感谢斯科特·米勒（Scott Miller），感谢你多年来的指导与建议，向你致以崇高的敬意。

感谢我所有教过的学生，很荣幸有机会向你们传授知识。我知道，从你们身上我学到的更多。

感谢肯花费时间与我分享品牌案例的所有人，没有你们的帮助，就不会有这本书的面世。如果在本书中有任何论述不妥或者错误之处，责任只在我一人。

感谢威利—致博（Jossey-Bass/Wiley）出版社的所有同人：感谢杰诺维瓦·洛桑（Genoveva Llosa）、苏珊·威廉姆斯（Susan Williams），你们赞成本书的立意并信任像我这样一个首次写书的作者。感谢克兰西·德雷克（Clancy Drake），是你对本书的初稿进行了修改润色，使它最终成为了条理清晰又富逻辑的文字；感谢妮娜·克莱德（Nina Kreiden）为图书排版和印刷所付出的努力；感谢米歇尔·琼斯（Michele Jones）对本书所做的富有建设性的修改。感谢约翰·马斯（John Maas）在整个过程中一丝不苟的审查，让我按时完成书稿，不厌其烦地与我交换各种封面设计的意见，并让我参与到整个图书出版制作的过程中来。向出版社所有同人追求完美的职业精神致敬！

感谢威利—致博出版社的营销与宣传团队成员：艾米·帕卡德（Amy Packard）、迈克尔·格林博（Michael Freeberg）和阿里·德·列昂（Ali De Leon）。感谢弗蒂尔公关机构（Fortier Politic Relations）的马克·弗蒂尔（Mark Fortier）和诺伯特·比蒂（Norbert Beatty），感谢你们的创意并让大家意识到：我们都在与品牌"谈恋爱"。

感谢组稿代理机构尼利姆和威廉姆斯（Kneerim & Williams）的卡罗尔·弗兰科（Carol Franco），你为本书想出了一个绝佳的书名。感谢你将本书的概念提炼出来，感谢你在这个过程中的各种鼓励，感谢你为《品牌：让相遇难以忘怀》一书与读者见面所付出的辛苦努力。祝愿本书能够有一个好的销售业绩！也特别感谢吉尔·尼利姆（Jill Kneerim）和尼利姆—威廉姆斯团队的其他同仁。

感谢我的大家庭：感谢我的父亲，你在所有的家人中为本书做出了最大的贡献，感谢你的指引、耐心与启发。感谢我的母亲，你教会我与人为善并付出关爱，这也是你毕生的追求。感谢我的哥哥安德鲁（Andrew），在家人中你对本书的贡献仅次于我们的父亲，是你让我懂得了出版界的各种酸甜苦辣。还要特别感谢贝利（Billy）、莉迪亚（Lydia）、莉娜（Lina）、瑞恩（Reyn）、麦克（Mike）、达布尔（Double）、米西（Missy）、乔吉（Gerogie）、布伦顿（Brent），还有所有我的侄子、侄女们。

最后，衷心感谢我的家人：我的儿子亨利（Henry）和我的双胞胎女儿，珍妮（Jane）和莉迪亚（Lydia），他们是上天赐予我最珍贵的礼物。感谢我的爱人，南希·希克姆·哈洛伦（Nancy Hickam Halloran）博士，感谢你在本书的写作过程中以及生活中给予我的包容、鼓励、支持与爱。能成为你的丈夫，我真的感到很荣幸。在此，我想对我的妻子说："你的一颦一笑，都牵动着我的心。"①

---

① "你的一颦一笑，都牵动着我的心。"（And that laugh that wrinkles your nose, it touches my foolish heart.），来自美国歌手弗兰克·辛纳特拉（Frank Sinatra，1915~1998）演唱的一首流行歌曲《今夜的你》（*The Way You Look Tonight*）。

关于作者
ABOUT THE AUTHOR

蒂姆·哈洛伦（Tim Halloran）曾供职于多家世界顶尖的公司，并为其中的一些品牌提供过咨询服务。凭借在品牌管理与新产品开发领域20多年的经验，他为客户提供这种专业服务：如何提升品牌与消费者之间的关系。

蒂姆是采聚品牌咨询公司（Brand Illumination）的总裁，公司总部设在亚特兰大，他已经为许多顶尖公司提供过创意咨询服务，其中包括可口可乐（Coca-Cola）、家得宝（Home Depot）、卡夫食品（Kraft Foods）、宝洁（Procter & Gamble）、达美航空（Delta Airlines）、酷仕乐（Glacéau，维他命水与聪明水）、乔治亚太平洋（Georgia Pacific，一家消费品包装公司）、维他可可（Vita Coco）、思博萌婴幼儿有机食品（Sprout Organic Baby Food）、美国职业篮球联赛（the NBA）、洲际酒店（Intercontinental Hotels Group）、芝克氏/白宫—黑市（Chico's/White House–Black Market）、亚特兰大福克斯影院（Atlanta's Fox Theatre）、波波薯片（Popchips）和特纳广播（Turner Broadcasting System）等。蒂姆在可口可乐公司品牌管理部门供职10年，执掌过公司的多个软饮料品牌，并领导过多次的创意营销活动。他在可口可乐公司的成功案例包括：启动了动乐（Powerade）运动饮料在全国市场的广告创意活动，并使其成为了奥运会的官方赞助饮料；合作设计了达萨尼（Dasani）瓶装水的广告创意；他创意的樱桃可乐（Cherry Coke）传播项目是可口可乐公司历史上首次网络广告创意活动；彻底革新了可口可乐在美国市场的茶饮料战略，其中包括金山茶（Gold Peak Tea）的创意。蒂姆在许多广播、电视和报纸媒体上都是品牌管理领域的专栏作家或者特约嘉宾。他曾获得可口可乐公司的"年度最佳创意奖"（Innovator of the Year），并入围乔治亚州立大学（Georgia State University）的"麦克斯创新奖"（Max Award Finalist for Innovation）。

同时，蒂姆还是美国埃默里大学古兹维塔商学院（Emory University's Goizueta Business School）、摩斯大学思特森商学院（Mercer University's Stetson School of Business）的客座讲师。他主要为以下学员讲授课程：工商管理本科（BBA）、工商管理硕士（MBA）、工商管理硕士夜校（Evening MBA）、高级管理人员工商管理硕士（Executive MBA）。

蒂姆和他的妻子还有他们的三个孩子现居住在亚特兰大。在那里，他乐此不疲地指导着他的孩子们参加少年棒球联合会（Little League）的比赛和垒球比赛，而他所支持的橄榄球队是亚特兰大勇士队（the Braves）。

如需更多信息，请访问网址：www.timhalloran.com 或者 www.romancingthebrand book.com。

索 引
INDEX

（本索引所标页码为英文版页码，见本书边码）

页码之后的"fig"代表图示；页码之后的"t"代表表格

A

Aaker, David, 戴维·阿克, 8

Aaker, Jennifer, 珍妮弗·阿克, 8, 14

Adaptation success factors：适时调整的成功要素：being willing to-Take a calculated risk, 愿意承担适度的风险, 210-211; give lots of love to new consumers, 对新的消费者投入大量的关爱, 212-213; if you are going to make a change, go big, 如果你想要做出改变，那么做出的改变就要彻底, 211-212

Advertising Age：awarding "Where Will Happiness Strike Next?" campaign,《广告时代》杂志："下一站的欢乐将在哪里？", 155; Lite Beer from Miller named as eighth best campaign by, 米勒淡啤被该杂志列为"20世纪八大主题广告活动之一", 169; naming success of Sprite's campaign, 雪碧广告创意活动被该杂志的马修·格瑞姆称为20世纪最后25年中五项最重要的营销活动之一, 210

African American consumer market（AACM）, 非洲裔美国消费者群体：Atlanta Falcons' percentage offans in, 亚特兰大猎鹰队球迷在非洲裔美国群体中的占比, 178, 179t; repositioning Sprite for teenage, 雪碧针对非洲裔美国青少年群体进行重新定位, 202-206; Sprite focus on the, 雪碧聚焦于非洲裔美国消费群体, 198-199

Allen, Frederick, 弗雷德里克·艾伦, 148-149

Amador, Christy, 克里斯蒂·阿莫德, 19, 152-153, 154, 155, 156

Amazon Passion Index, 亚马逊情感指数, 142

AMC theaters, AMC（美国经典电影有线电视台）院线, 110

213

American Idol（TV reality show），美国偶像（电视真人秀节目），74，154

Anderson, Jamal，詹马尔·安德森，176

Aniston, Jennifer，詹妮弗·安妮斯顿，75-79，188

Apple，苹果：emotional connection between consumers and，苹果与消费者之间的情感联系，5；fanship of，对苹果的喜爱，131-132

Aquafina，纯水，61

Aspergen, Ron，瑞恩·安斯普根，219

Atlanta Falcons，亚特兰大猎鹰队：Atlanta market challenges facing the，亚特兰大猎鹰队在亚特兰大市场所面临的挑战，178-183；Bobby Petrino's resignation from，博比·帕特里诺从亚特兰大猎鹰队离职，173-174，184；comparing 2009 national perceptions and Atlanta Falcon fan base of，2009年全美国球迷与亚特兰大球迷对亚特兰大猎鹰队的品牌认知比较，191*fig*；"Dirty Bird" dance by Jamal Anderson of the，亚特兰大猎鹰队球员詹马尔·安德森所跳的"邋遢鸟"之舞，176，182，190；identifying fan base of the，识别亚特兰大猎鹰队的忠实消费者群体，177-181；Michael Vick signed to the，迈克尔·维奇签约亚特兰大猎鹰队，174-175；Michael Vick's dogfighting charges association with，亚特兰大猎鹰队与迈克尔·维奇的非法斗狗指控相关联，175-176，190-191*fig*；pre-Vick era non-traditional association with，维奇签约之前球队的非传统打法与亚特兰大猎鹰队相关联，176；signing up for the NFL's tracking system，亚特兰大猎鹰队加入国家橄榄球联盟（NFL）追踪系统，178，180*t*；Super Bow（1998）played in by，亚特兰大猎鹰队参加1998年"超级碗"比赛，176. *See also* Sports，参照体育赛事的相关内容

Atlanta Falcons fan base，亚特兰大猎鹰队球迷：comparing 2009 national perceptions with those of，2009年全美国球迷与亚特兰大球迷对亚特兰大猎鹰队的品牌认知比较，191*t*；comparing national football fan base and，全美国橄榄球球迷与亚特兰大猎鹰队球迷比较，180*t*；demographics of the，亚特兰大猎鹰队球迷人口结构特征，178-181；identifying the，识别亚特兰大猎鹰队球迷，177-178；Michael Vick association with Atlanta Falcon by，亚特兰大猎鹰队球迷将迈克尔·维奇与球队相关联，182；Raise Me Up! movement to connect with，利用"雄起"营销活动与亚特兰大猎鹰队球迷建立联系，187-192；rebuilding the brand and relationship with，重新塑造品牌并与亚特兰大猎鹰队球迷重新发展关系，183-187

Atlanta Falcons turn around，亚特兰大猎鹰队的复兴：using celebrity Samuel Jackson for，启用名人塞缪尔·杰克逊作为亚特兰大猎鹰队品牌复兴运动的代言人，188-190；examining the process and success of，检验亚特兰大猎鹰队品牌复兴活动的过程与成败，19；Jim Smith's successful efforts for，吉姆·史密斯为亚特兰大猎鹰队品牌成功的复兴所做出的努力，176-192；lessons on managing through crisis from the，亚特兰大猎鹰队在危机中进行品牌复兴活动的经验教训，192-195；Raise Me Up! Movement role in the，"雄起"创意活动在亚特兰大猎队

品牌复兴活动中所发挥的作用，187-192

Atlantic，《大西洋》杂志，113-114

Atlantic Coast Conference（ACC），大西洋海岸联盟，181

B

Bad Newz Kennels（dogfighting venture），坏纽兹犬舍（斗狗场所），175

Badge value，象征意义：creating meeting environment to enhance，设计会面环境以提升象征意义，85-88; description of，描述象征意义，60-61; developing glacéau's，开发酷仕乐的象征意义，61-63; Dos Equis' MIM campaign to create，多瑟瑰的"最有意思的人"广告创意创造出了象征意义，59-61; how Powerade's strategy created，动乐的战略是如何创造出象征意义的，59; laddering up to create，通过层层递进来创造象征意义，63-73t; *See also* Brands，参照品牌的相关内容

Beer products，啤酒产品：Budweiser "Born On" initiative，百威的"鲜出味道"广告创意活动，34-35; dissatisfaction with traditional advertising approach of，对啤酒产品传统广告方法的不满，46; Dos Equis brand's successful differentiation，多瑟瑰品牌的成功差异化，18, 36-39; Dos Equis' The Most Interesting Man in the World ads，多瑟瑰的"世界上最有意思的人"广告，43-51; Miller Lite's transformation of the lite beer subcategory，米勒淡啤从淡型啤酒子品类中的转型案例，67-69

Ben and Jerry's tour，本杰瑞冰激凌之旅，125

Best Global Brands Report（Interbrand），"年度最佳全球品牌报告"（国际品牌集团），147

BevNet's Person of the Year，饮料之家网站的"年度人物"称号，98

Bikoff, Darius，达利斯·毕克福，29-30

Blank, Arthur，亚瑟·布兰科，175, 176-177, 191

Blink（Gladwell），《决断于瞬间》（作者：格拉德威尔），96

Boston Red Sox Passion Index，波士顿红袜橄榄球队情感指数，142

Bottled water products，瓶装水产品：changing interaction between smartwater and consumer base，改变聪明水与消费群体之间的互动模式，61-63; Evian，依云，77; Fiji，斐泉，77; origins of the smartwater brand of，瓶装水品牌聪明水的血统，29-31. *See also* smartwater，参照聪明水的相关内容

Bounty paper towels（Procter & Gamble），博迪纸巾（宝洁），159-161

Brand associations，品牌关联事物：Atlanta Falcons and Michael Vick's dogfighting charges，迈克尔·维奇非法斗狗指控与亚特兰大猎鹰队之间的关联，175-176, 190-191fig; Atlanta Falcons' "Dirty Bird"，亚特兰大猎鹰队的"邋遢鸟"之舞，176, 182, 190; Coca-Cola with the Olympics，可口可乐与奥运会之间的关联，74, 79-80, 210; Coca-Cola's brand personified to create，可口可乐通过品牌人格化来创造关联，74; description and examples of，品牌关联事物的描述与事例，73-74;

finding the right fit to create，找到恰当的品牌关联事物，77-80；of Geritol with women's fitness，巨利多与女性健康之间的关联，169-170；Powerade's and Nike's，动乐和耐克的各自品牌关联事物，79-80；smartwater's "Jennifer Aniston's"，聪明水与詹妮弗·安妮斯顿之间的关联，75-79，188；of Sprite with hip-hop culture，雪碧与街舞文化之间的关联，203-208；White House/Black Market and Michelle Obama's，白宫—黑市与米歇尔·奥巴马之间的关联，74

Brand-consumer relationships，品牌—消费者关系：definition of the，品牌—消费者关系的定义，228-229；establishing intimacy in，建立亲密的品牌—消费者关系，90-96；leveraging a crisis to strengthen，利用危机来强化品牌—消费者关系，17，194；making the first meeting memorable，让初次见面令人难忘，17；The Most Interesting Man in the World（MIM）ads creating，通过"世界上最有意思的人"这一广告建立品牌—消费者关系，43-51；need of consumers to engage in long-term，需要消费者参与到长期的品牌—消费者关系建立过程，3；as the new marketing paradigm，品牌—消费者关系是新的营销范式，14-15；new research supporting and expanding the，支持与拓展品牌—消费者关系的新研究方法，8，9-10；Nike's "Just Do It" campaign as early use of，耐克的"Just Do It"广告创意活动是品牌—消费者关系的早期代表，6-7；psychographics used to measure，运用消费心理学来测量品牌—消费者关系，52-54；research findings on，品牌—消费者关系的研究成果，8，9-10；romantic lens of the，恋情视角下的品牌—消费者关系，15-19；trajectory of，品牌—消费者关系的发展轨迹，52；transitioning to emotionally driven connections，转变为情感驱动型的品牌—消费者关系，39-41；word-of-mouth marketing（WOMM）in，品牌—消费者关系中的口碑营销，102-105，112-115，117-121，126-129，140. See also Consumers, Romancing the brand stages，参照消费者、"品牌的恋爱观"所处不同阶段的相关内容

Brand essence：品牌精髓：brand pyramid illustrating the core，品牌金字塔表明了核心，71-72fig；elements and examples of，元素和例子，71；smartwater brand pyramid showing its，聪明水品牌金字塔显示，72-73fig

Brand evangelists，品牌宣传者：crafting the ideal experience to create，通过设计理想的体验模式来产生品牌宣传者，115-121；creating，品牌宣传者的产生，17；emphasizing the ideal interaction for，重视品牌宣传者的理想互动模式，115-117；leveraging your，利用你的品牌宣传者，115-116；role of social media by，社交媒体在品牌宣传者中所扮演的角色，112-115，117-121；securing brand advocates or，搞定品牌支持者或者品牌宣传者，107-110. See also Fan base; Influencers; Word-of-mouth marketing（WOMM），参照忠实消费者群体、影响者、口碑营销的相关内容

Brand experience，品牌体验：the Coca-Cola Happiness Machine，可口可乐欢乐

机，145-147；continuing evolvement of the，品牌体验的持续演进，143-144；crafting the ideal，设计理想的品牌体验模式，115-121；creating a "brand forme"，设计一个"专属我的品牌"，130-143；making the consumer feel important during，在品牌体验过程中让消费者感觉受到重视，125-129；the power of the，品牌体验的重要作用，18；provided by Turner Classic Movies（TCM），TCM电影频道的品牌体验案例，132-143；TCM's authenticity approach to the，TCM电影频道的原汁原味影片播放策略增强了品牌体验，133-134；word-of-mouth marketing（WOMM）outcome of，品牌体验的口碑营销成效，102-105，112，113-115，117-121；word of mouth（WOM）outcome of，品牌体验的口碑成效，102，104，105，111，113-115，145-147

Brand innovations，品牌创新：appreciating the power of，重视品牌创新的重要作用，170-171；Domino's Pizza，达美乐比萨，158-159；examples of reconnecting with consumers through，通过品牌创新与消费者重新建立联系的事例，161-164；Geritol's modernizing an oldie，巨利多将一个老化品牌激活的案例，161-170，171；how it enhances the romance，品牌创新如何提升恋爱关系，155-158；the power of continuing，持续品牌创新的重要作用，19；Procter & Gamble's Bounty paper towels，宝洁公司博迪纸巾案例，159-161；TCM Guest Programmer，TCM电影频道嘉宾节目编排，143

Brand personality，品牌个性：brand's essence made up of，品牌精髓构成品牌个性，71；"coolness" associated with，"酷"与品牌个性相关联，66-67，136，203；Dos Equis' mysterious and interesting，多瑟瑰的"神秘"与"有意思"品牌个性，70；how smartwater's packaging communicated its，聪明水的包装如何传递品牌个性，71；"Jennifer Aniston's"，詹妮弗·安妮斯顿的品牌个性，78；Lite Beer from Miller's creation of aunique，米勒公司的米勒淡啤创造出一种独特的品牌个性，69-70；Powerade's confidence and attitude type of，动乐对品牌个性的信心与态度，70-71；Raise Me Up! Movement as Atlanta Falcons' new，"雄起"创意活动作为亚特兰大猎鹰队的新的品牌个性，187-192；research findings on appeal of，品牌个性的相关研究成果，8-9

Brand pyramid，品牌金字塔：illustrating laddering up benefits，利益层层递进的说明解释，71-72*fig*；smartwater's，聪明水的品牌金字塔，72-73*fig*

Brand reputation，品牌声誉：consistent communication of，品牌声誉的一致性传播，89*fig*；exclusivity and being made to feel special，品牌声誉的专属性与与众不同，82-85；how meeting environment contributes to，会面环境如何对品牌声誉产生正面影响，85-88

Brand research，品牌调研：on brandconsumer relationships，有关品牌—消费者关系的调研，8，9-10；on distinguishable and identifiable personalities of brands，有关品牌独特的可识别个性的

调研，8-9；explaining consumer rejection of New Coke，对消费者对新可乐的解释，220-224. See also Data collection，参照数据收集的相关内容

Brand strength，品牌优势：Dallas Cowboys'，达拉斯牛仔橄榄球球队的品牌优势，183；examples of，品牌优势事例，18；leveraging a crisis to increase，利用危机来提升品牌优势，194；Passion Index measuring TCM's weaknesses and，评测 TCM 电影频道品牌优劣势的情感指数，140-141

Brand turnaround，品牌复兴：Atlanta Falcons' successful，亚特兰大猎鹰队的成功品牌复兴，176-195；examining how to create，考量如何进行品牌复兴，19

Branding，品牌化：brand activation at sporting events，通过体育赛事激活品牌，10-11；creating a "brand for me" fanship through，通过品牌化创造出一个"专属我的品牌"，130-143；how technology has changed，技术如何改变品牌化的路径，11-14；new theoretical research on brands and，品牌与品牌化的相关理论研究成果，8-10；understanding the romance and emotions tied to，理解与品牌化相关的恋情关系与情感因素，1-6. See also Romancing the brand，参照"品牌的恋爱观"的相关内容

Brands，品牌：creating a "brand for me" fanship，创造一个深受人们喜爱的"专属我的品牌"，130-143；defining differences and benefits of your，定义你的品牌的差异点与利益点，16，23-31；extrinsics and intrinsics of，品牌的外部因素与内部因素，10；internal DNA of，品牌的内部基因，34-35，87；new theoretical research onbranding and，品牌与品牌化的最新理论研究成果，8-10；tapping into consumer emotions associated with，切入品牌与消费者的情感联系，3-6；traditional marketer thinking about，传统营销者对品牌的看法，6-8. See also Badge value，参照象征意义的相关内容

Brandwashed：Tricks Companies Use to Manipulate Our Minds and Persuade Us to Buy（Lindstrom），《品牌洗脑：世界著名品牌只做不说的营销秘密》（作者：林德特龙），12

Breaking up/moving on stage，"恋情结束，重新出发"阶段：adaptation as key to Sprite's repositioning，适时调整是雪碧重新定位的关键，210-213；Coca-Cola's Sprite repositioning，可口可乐公司雪碧品牌的重新定位，197-210；description of，"恋情结束，重新出发"的描述，18，197；determining if a brand-consumer relationship can be saved，决定品牌—消费者关系能够被挽救，213-215；examining the New Coke/Coke II blunder and ending，审视新可乐/二代可乐的困境与结局，215-228

Brown, Millward，穆博恩（行业广告评估机构），50

Brustein, A. J.，A. J. 布鲁斯登，151-152，155

Bud Light，百威淡啤，38，70

Budweiser，百威："Born On" initiative，"鲜出味道"广告创意活动，34-35；Lite Beer from Miller（1980s to 1994）only second to，百威淡啤在 20 世纪 80 年代到 1994 年期间销量仅次于百威，69；

masculinity associated with drinking, 啤酒饮用与男子汉气概相关联，67-68

Burrell，博若尔广告公司，205，206

Butkus, Dick，迪克·巴特克斯，69

Buyology（Lindstrom），《买》（作者：林德特龙），12

C

Cannes International Film Festival，戛纳国际电影节，155

Caulkin, Macaulay，麦考利·卡尔金，199，200

Celebrity strategy，名人战略：Atlanta Falcons' use of Samuel Jackson，亚特兰大猎鹰队启用塞缪尔·杰克逊，188-190；Gatorade's use of，动乐的名人战略，79，80；Geritol's use of，巨利多的名人战略，165；Powerade's decision to not use the，动乐决定不采用名人战略，79；smartwater's brand association with Jennifer Aniston，聪明水品牌与詹妮弗·安妮斯顿相关联，75-79，188；TCM Guest Programmer，TCM 电影频道嘉宾节目编排，143

Chia seeds，奇亚籽：long history of，奇亚籽的悠久历史，91；MammaChia built upon the，妈妈籽是基于奇亚籽开发出的产品，91-96

Chick-fil-A，福乐鸡：Cow branding events (Turner Field, Atlanta) of，福乐鸡公司的奶牛吉祥物（特纳球场，亚特兰大）品牌化营销事件，11；Spicy Chicken-Sandwich invitation from，福乐鸡公司所发出的辣鸡三明治试吃邀请，126-129

Clapp, David，戴维·克兰普，219，220，221

CNN tour，美国有线电视新闻之旅，125

Cobbin, Darryl，戴瑞·柯宾，19，197-203，205，207，211，212

Coca-Cola，可口可乐："authentic happiness" brandessence of，可口可乐的"真正欢乐"品牌精髓，71；Coca-Cola C2，C2 可口可乐，106；Coca-Cola Classic，经典可口可乐，106-107，207-208，215-216，217，218，222；Coca-Cola Zero，零度可口可乐，105-113，115-121，228；diet coke "boyfriend" story on，有消费者将可口可乐公司健怡可乐当做"男友"的故事，1-3；emotional connection between consumers and，消费者与可口可乐之间的情感联系，1-3，66-67；John Pemberton's invention of，约翰·彭伯顿发明可口可乐的故事，148-149；Mountain Dew caffeine level compared to，与可口可乐相比，激浪的咖啡因含量，88；New Coke/Coke II，新可乐/二代可乐，215-228；The Pepsi Challenge to，可口可乐所遭遇的"百事挑战"，216-217，218-219

Coca-Cola Classic，经典可口可乐：Coca-Cola Zero tongue-in-check campaign using，零度可口可乐使用经典可口可乐发动假性广告活动，106-107；NBA association with，经典可口可乐与 NBA 之间的关联，207-208；NewCoke/Coke II reformulation of，经典可口可乐配方更新之后获得新可乐/二代可乐，215-228；repositioning New Coke role of，经典可口可乐在新可乐重新定位过程中所扮演的角色，222. *See also* Cola Wars，参照可乐大战的相关内容

The Coca-Cola Company, 可口可乐公司: brand association with the Olympics, 可口可乐公司与奥运会之间的品牌关联, 74, 79-80, 210; Dasani bottle water distribution by, 达萨尼瓶装水通过可口可乐公司来进行分销, 61; "Enjoy Life" campaign (1923) by, 1923年可口可乐公司所开展的"享受生活"创意活动, 149; Home Category Managers (HCMs) consumers identified by, 可口可乐公司所识别出的居家品类管家消费者, 198, 199, 200-202, 211; "Have a Coke and a Smile" campaign (1979) by, 1979年可口可乐公司所开展的"畅饮可乐，微笑生活"创意活动, 149; "I'd Like to Teach the World to Sing" ad by, 可口可乐公司的"我想让世界与我一起歌唱"广告, 106; increase of Facebook fans of, 增加可口可乐公司在脸书网站的粉丝数量, 154; "Liquid and Linked" strategy of, 可口可乐公司的"液体与连接"战略, 150; the lobby of the, 可口可乐公司的游说, 23-24; Max Headroom (graphic character) used in advertising by, 可口可乐公司在广告中使用的"超级麦克斯"（虚拟人物）, 219; Mello Yello product of, 可口可乐公司的"麦乐"产品, 88-89, 200; My Coke Rewards program of, 可口可乐公司的"我的可乐奖励"营销项目, 108-109, 118; New Coke/Coke II blunder and ending, 新可乐／二代可乐的困境与结局, 215-228; Non-Carbonated Beverages Group's Powerade product, 非碳酸饮料部门的动乐产品, 25-29, 55-61, 82-85; repositioning of Sprite brand by, 可口可乐公司重新定位雪碧品牌, 197-210; rule of three for verifying a real crisis, 可口可乐公司在确定一个真正危机时所采用的"事不过三"的原则, 192-193; storytelling used to keep love alive with consumers, 可口可乐公司利用故事讲述来与消费者保持鲜活的恋爱关系, 147-155; Turner Field branding events (Atlanta) promotions by, 可口可乐公司在特纳球场（亚特兰大）开展的品牌化营销事件, 10-11; "Where Would Happiness Strike Next?" campaign, "下一站的欢乐将在哪里？"创意活动, 145-157

Coca-Cola Content 2020 (Mildenhall), "2020年可口可乐品牌要义"（米登霍尔）, 149-150, 152

The Coca-Cola Happiness Machine event, 可口可乐欢乐机营销事件: authenticity of emotions displayed during the, 可口可乐欢乐机营销事件中所展露出的真实情感, 153-154; description of the, 可口可乐欢乐机营销事件的叙述, 145-147

Coca-Cola Zero, 零度可口可乐: applying New Coke lessons to launch of, 汲取新可乐的经验教训发布了零度可口可乐, 228; Coke Zero Connection (CZC) recruited from influencers, 从影响者中招募"零度可乐联络组"成员, 108-110; Coke Zero experience traveling interactive event, 零度可口可乐的巡游互动体验营销事件, 110-112; humorous Coca-Cola Classic "brand managers" campaign of, 零度可口可乐的幽默诙谐的经典可口可乐"品牌经理"创意活动, 106-107; "It's Possible" program to promote, 通过"无限可能"创意活动促进零度可口可乐的

销售，109；launch (2005) of, 零度可口可乐于2005年上市，105-107；securing influencers as brand advocates of, 确保影响者成为零度可口可乐的品牌支持者，107-110, 115-121

Cohen, Jeffrey, 杰弗瑞·科恩，162, 163

Coke II, 二代可乐：Cola Wars role of, 二代可乐在可乐大战中的作用，224-227；ending production of, 停止生产二代可乐 227；selected toreplace New Coke, 选择二代可乐来替代新可乐，223-224

Coke Zero Connection（CZC），"零度可乐联络组"，108-110

Cola Wars, 可乐大战：Coke II replacement of New Coke in, 在可乐大战中二代可乐替代新可乐，223-227；New Coke role in, 新可乐在可乐大战中的作用，217-223；The Pepsi Challenge role in, "百事挑战"在可乐大战中的作用，216-217. See also Coca-Cola Classic; Pepsi, 参见经典可口可乐、百事可乐的相关内容

Cole Hahn, "可汗"品牌，33

Color, 色彩：as driver of sports drink purchase, 色彩是运动饮料的购买驱动因素，83；P&G's Bounty paper innovation using, 保洁公司博迪纸巾使用色彩进行创新，160-161；repackaging New Coke using Pepsi blue, 使用百事可乐的蓝色调来对新可乐进行重新包装，223

Communication, 传播/沟通：innovation inmethods of, 传播方法的创新，157；repositioning New Coke, 重新定位新可乐，221-224；social media, 社交媒体，112-121, 150-152, 156

Communication models, 沟通模式：increasing focus on unique and engaging experience by, 通过沟通模式来进一步提升独特的投入式品牌体验，10-11；traditional interruption, 传统的干扰，10

Competitors, 竞争者：Coca-Cola's Powerade win over Gatorade, 可口可乐的动乐赢得与竞争者佳得乐之间的竞争，25-29, 57；win something at the expense of, 以竞争对手的代价为前提赢得某种竞争优势，33-34

Consumers, 消费者：AACM（African American consumer market），非洲裔美国消费者群体，178, 179t, 198-199, 202-203, 205-206；brand evangelists, 品牌宣传者，17；Coca-Cola "boyfriend" story by, 消费者讲述的将可口可乐当作"男友"的故事，1-3；concerns over privacy by, 消费者关心隐私，13-14；creatinga "brand for me" emotion among, 在消费者中建立一个"专属我的品牌"，130-132；data collected on, 消费者数据收集，13-14；deepen the connection by making them feel important, 通过让消费者感觉到受到重视来加深联系，125-129；evangelists, 宣传者，17, 115-121；Home Category Managers（HCMs），居家品类管家，198, 199, 200-202, 211；identifying your distinctive, 识别出你的独特消费者，55-57；knowing your ideal, 了解你的理想消费者，16-17；mind-manipulation of, 消费者的心智控制，121；The Most Interesting Man in the World ads focus on target, 广告"世界上最有意思的人"关注目标消费群体，43-51；providing emotional and social benefits to connect with, 提供情感性与社交性利益来与消费者建立联系，57-61；

successful adaptation by giving lots of love-to new，通过为新的消费者投入大量的关爱来成功激发他们采用新产品，212-213; tapping into emotions associated with brand，切入消费者与品牌的情感联系，1-6. See also Brand-consumer relationships; Fan base; Influencers，参照品牌—消费者关系、忠实消费者群体、影响者的相关内容

Contact Cold & Flu，感冒药物品牌科特得，162

"Coolness" variable，"酷" 变量：of brand personality，品牌个性中的 "酷" 元素，65-67; Sprite brand，雪碧品牌的 "酷" 元素，203; TCM's "Relevance Seekers" influencers and，TCM 电影频道 "关联追寻者" 的影响者与 "酷" 元素，136

Coors Golden Brewery tour，康胜啤酒酿造之旅，125

Coors Light，康胜银子弹，38

Corona，科罗娜，36, 38

Crayola Experience，绘儿乐体验之旅，125

Creativity Online's' Top Viral Video，"创意在线" 评选出的 "最佳病毒传播视频广告"，155

Crisis management，危机管理：Atlanta Falconsbrand turn around example of，亚特兰大猎鹰队品牌复兴的危机管理事例，19, 175-192; steps for an effective，有效危机管理的步骤，192-195

Crisis management steps，危机管理步骤：1: ask yourself: is there really aproblem?，问问自己：是否真的出现了问题？192-193; 2: create an action plan，制订一份行动计划，193; 3: be up-front with fans，要坦诚面对，193-194; 4: leverage the crisis to strengthen brand consumer relationship，利用危机来强化品牌与消费者之间的关系，194; 5: make the relationship your top priority，让关系成为重中之重，194-195

Cuauhtemoc-Moctezuma Brewery，库赫特莫克—蒙特苏马啤酒公司，36

Curtis, Jamie Lee，杰米·李·柯蒂斯，168

D

Dallas Cowboys Cheerleaders，达拉斯牛仔橄榄球啦啦队，183

Dallas Cowboys fan base，达拉斯牛仔橄榄球忠实消费者群体，183

Dallas Cowboys Ring of Honor，达拉斯牛仔橄榄球队名人堂，183

Dasani，达萨尼，61

Data collection，数据收集：consumer privacy issues related to，与数据收集相关的消费者隐私问题，13-14; by Target using predictive analytics，塔吉特通过预测性分析法来收集数据，13; Verizon's Precision Market Insights program for，威瑞森电信公司通过 "精准市场洞察" 营销项目来收集数据，13. See also Brand research，参照品牌调研的相关内容

Deepen the connection stage，"让感情升温" 阶段：continuing evolving brand experience as key to，与时俱进的品牌体验是 "让感情升温" 的关键，143-144; creating a "brand for me" emotion，创造一个 "专属我的品牌" 情感，130-132; description of the，"让感情升温" 阶段的叙述，17; LEGOLAND parks and other examples of，乐高乐园与其他事例，

124-125; making the consumer feel important strategy for, 通过让消费者感觉受到重视来"让感情升温", 125-129; story on Hershey's Chocolate World and the, 好时巧克力世界与"让感情升温"的故事, 123-124; Turner Classic Movies（TCM）approach to the, TCM 电影频道与影迷"让感情升温"的方法, 132-143

Determining brand differences, 确定品牌差异点: of bottled water products, 瓶装水产品的品牌差异点, 29-31; of Coca-Cola's Powerade, 可口可乐公司动乐的品牌差异点, 24-29; importance of, 品牌差异点的重要性, 16

Diet Coke "boyfriend" story, 健怡可乐被当作"男友"的故事, 1-3

Digging deep, 深度挖掘: Dos Equis' successful differentiation by, 多瑟瑰通过深度挖掘成功实现差异化, 23, 36-39; how Dos Equiscreated anational movement, 多瑟瑰如何开展了一项全国性的营销创意活动, 18

Diggins, Bill, 比尔·迪金斯, 13

"DigiWOMM"（digital word-of mouth marketing), 数字口碑营销, 112, 113-115, 118-121

Disney, 迪士尼: Coke Zero experience at, 迪士尼的零度可乐体验, 110; emotional connection between consumers and, 消费者与迪士尼的情感联系, 5; "family magic" brand essence of, 迪士尼的品牌精髓——"魔幻的家庭聚会时刻", 71; fanship of, 人们对迪士尼的喜爱, 131; "magic" brand of, 迪士尼的"魔幻"品牌, 89; Passion Index on fanship of, 人们对于迪士尼喜爱程度的情感指数, 142

Domino's Pizza, 达美乐比萨, 158-159

Dos Equis brand, 多瑟瑰品牌: creating a national movement behind the, 多瑟瑰品牌发起一场全国性营销活动, 18; digging deep to differentiate the, 通过深入挖掘来差异化多瑟瑰品牌, 36-39; focus on core influencers to create badge value, 关注核心影响者群体来创造象征意义, 59-60, 115; The Most Interesting Man in the World（MIM）ads of, 多瑟瑰的"世界上最有意思的人"广告, 43-51, 65; mysterious and interesting brand personality of, 多瑟瑰品牌神秘而有意思的品牌个性, 70; mystery linked to a Mexico represented by the, 一个墨西哥人代表着多瑟瑰神秘特质, 38-39; social cachet of the, 多瑟瑰品牌的社交声望, 65

Doughney, John "JD", 约翰·道夫尼, 118-120

Dr Pepper, 澎泉, 200, 201, 202, 204

Duhigg, Charles, 查尔斯·都希格, 13

Dynamic storytelling, 生动故事, 150

E

Emotional benefits, 情感性利益: brand's essence made up of, 品牌精髓构成情感性利益, 71; creating a "brand for me", 创造一个"专属我的品牌"的情感性利益, 130-132; description of, 情感性利益的叙述, 64-65

Emotional space, 情感空间: examining marketing of other products forming, 审视构成情感空间的其他产品营销活动, 59-61; finding the emotional opening to create, 找到产生情感空间的入口, 58;

map out and explore the created，找出并探究已经产生的情感空间，58-59

Emotionally driven connections，情感驱动的联系：Atlanta Falcons' Raise Me Up! movement to，亚特兰大猎鹰队的"雄起"创意活动，187-192；differentiating your product through，通过情感驱动的联系来差异化你的产品，40-41；how innovation can create，创新如何能够产生情感驱动的联系，156-157；laddering to increase your，通过层层递进来提升情感驱动的联系，41；The Most Interesting Man in the World ads example of，"世界上最有意思的人"广告事例，43-55；providing emotional and social benefits to create，通过提供情感性利益与社交性利益来产生情感驱动的联系，57-61；transitioning brand-consumer relationship to，将品牌—消费者关系转化为情感驱动的联系，39-41

Emotions，情感：Nike's "Just Do It" campaign appeal to the，耐克的"Just Do It"创意活动的情感诉求，7-8；tapping into consumer，切入消费者的情感层面，3-6；understanding the brand and related，理解品牌与相关情感因素，1-3

Energy drinks，功能饮料：Mello Yello，麦乐，88-89；Mountain Dew，激浪，88；Red Bull，红牛，88

Escalate，跃升公司，102, 107, 108

Establishing intimacy，建立亲密型关系：educating consumers as part of，将消费者培育看作是建立亲密型的工作之一，96-97；Mamma Chia's successful approach to，妈妈籽建立亲密型关系的成功方法，90-97

Evian，依云，77

Extrinsics of brands，品牌的外部元素，10

F

Facebook，脸书：Coca-Cola's，可口可乐在脸书网的营销活动，154；Consumer "likes" on，消费者在脸书网"点赞"，103；Dos Equis' one millionlikes on，多瑟瑰在脸书网获得100万级点赞，51；leveraging brands through，通过脸书网管理品牌，118-120. *See also* Social media，参照社交媒体的相关内容

Fan base，忠实消费者群体：Atlanta Falcons，亚特兰大猎鹰队，177-192；Crisis management transparency with，危机管理过程中与球迷坦诚相待，193-194；Dallas Cowboys' strong relationship withtheir，达拉斯牛仔橄榄球球队与球迷的强大关系，183；deepen the connection to create，通过加深联系来产生忠实消费者群体，17, 123-144；Hershey's Chocolate World and creation of，好时巧克力世界与忠实消费者群体的产生，123-124；LEGOL AND parks and other examples of building，乐高乐园与其他培育忠实消费者群体的事例，124-125；making the consumer fee limportant strategy for building，让消费者感觉受到重视的战略能够培育忠实消费者群体，125-129；NFL's tracking system for，通过NFL追踪系统来获得忠实消费者群体，178；Passion Index study on，忠实消费者群体的情感指数研究，138-142；Turner Classic Movies（TCM）creation of their，TCM电影频道的忠实消费者群体，132-143.

See also Brand evangelists; Consumers; Influencers, 参照品牌宣传者、消费者和影响者的相关内容

Faulk, William F. "Woody", 威廉·福尔克, 126-127

Feosol, 补铁制剂品牌费奥索, 162, 163

Fiji (bottled water), 斐泉 (瓶装水), 77

Find the one unique thing, 找到独特的核心利益点: forgo any others, 放弃其他的以利益点, 32-33; look within for positioning, 从内部寻找核心利益点的定位, 34-35; that makes your product different, 核心利益点让你的产品与众不同, 31-32; win something at expense of competitors, 以竞争者的代价为前提获得某种竞争优势, 33-34

Forbes magazine,《福布斯》杂志, 182

Forgo others, 放弃其他利益点, 32-33

Fournier, Susan, 苏珊·福尔尼, 9, 14, 15

Frazier, Joe, 乔·弗雷泽, 69

Friends (TV show),《老友记》（电视节目）, 76

Functional benefits, 功能性利益: brand's essence made up of, 品牌精髓构成功能性利益, 71; description of, 功能性利益的描述, 64-65

G

Garvey, Cyndi, 辛迪·加维, 165

Garvey, Steve, 史蒂夫·加维, 165

Gatorade, 佳得乐: celebrity strategy used by, 佳得乐所采用的名人战略, 79, 80; Powerade's successful competition against, 动乐成功赢得针对佳得乐的竞争, 24-25, 57, 85

Georgia Tech football program, 乔治亚理工学院橄榄球项目, 181

Geritol, 巨利多: brand association with women's fitness, 巨利多与女性健康相关联, 169-170; brand repackaging of, 巨利多品牌的重新包装, 161-170, 171; Geritol Complete and Geritol Tonic forms of, 巨利多的两种产品形式——维生素片与滋补油, 166; Repackaged Geritol Liquid and Geritol Complete, 经过重新包装的巨利多补充剂与维生素片, 169; vitamin category market percentage compared to, 维他命品类市场占有率比较 166-167t

glacéau bottled water, 酷仕乐瓶装水, 61-63

Gladwell, Malcolm, 马尔科姆·格拉德威尔, 96

Glanville, Jerry, 杰瑞·格兰维尔, 176, 187

Gold Clio Award, 克里奥大奖, 154

Gold Telly, 金电视奖, 154-155

Goldsmith, Jonathan, 乔纳森·戈登史密斯, 49

Good Housekeeping,《好管家》杂志, 169

Goolagong, Evonne, 依芳·格丽果, 165

Gordon-Levitt, Joseph, 约瑟夫·高登—莱维特, 51

Green Bay Packer players, 绿湾帕克球队球员, 222-223

Gregor, Jeff, 杰夫·格瑞治: on brand strength, 杰夫·格瑞治关于品牌优势的看法, 18; on building TCM's fanship, 杰夫·格瑞治关于培育影迷对 TCM 电影频道喜爱程度的看法, 132, 133, 134, 135, 136, 136-138; on TCM's Passion Index study, 杰夫·格瑞治对于 TCM 电

影频道情感指数的研究，138-142
Grey Poupon，芝柏品牌，34
Grimm, Matthew，马修·格瑞姆，210
Guth, Michael，迈克尔·格斯，207

H

Happiness Machine（Coca-Cola），欢乐机（可口可乐），149-150，152-157
Harley-Davidson，哈雷—戴维森，5
Havas Worldwide Agency，汉威士全球代理机构，37，44
Hawley, Blake，布莱克·霍利，19，161-162，164-165，166，168-169
Heavy D and The Boys（hip-hopgroup），重型男孩（街舞组合），198
Heineken，喜力，36，49
Hershey's Chocolate World，好时巧克力世界，123-124
Hill, Grant，格兰特·希尔，210
Hillier, Colson，库尔森·希尔，13
Hip-hop culture，街舞文化：early identification of Spritebrand with the，雪碧早先识别出其品牌与街舞文化之间的联系，198-200，202-203；Sprite's "Trust Your Instincts" association with，雪碧的"相信你的直觉"与街舞文化相关关联，205-208
Hispanic consumers，7UP market percentageof，西班牙裔消费者，七喜的市场占有率，200
Hoffman, Janie，珍妮·霍夫曼，90-96，97，98-99
Home Alone 2（film），《小鬼当家2》（电影），199，200
Home Category Managers（HCMs）consumers，家居品类管家：Sprite's "break up" and replacement of，雪碧与HCMs消费者"分手"并用新的消费群体替代之，211；Sprite's longtime success with，雪碧与HCMs消费群体之间的长期成功品牌关系，198，199，200-202
Home Depot，家得宝，177
Horn, Steve，斯蒂文·霍恩，200，201
"How Companies Learn Your Secrets"（Duhigg），"企业如何获知你的秘密？"（作者：都希格），13
Huffington Post，《赫芬顿邮报》，13
Hutcherson, Steve，斯蒂文·哈切森，19，218，219，220，221，224-225，225，226
Hydrologic cycle，水文循环，30

I

"I'd Like to Teach the World to Sing"（Coca-Cola ad），"我想让世界与我一起歌唱"（可口可乐广告），106
Influencers，影响者：celebrity strategy used to reach，采用名人战略来接触影响者，75-80；Coca-Cola Zero's marketing approach to，零度可口可乐接触营销者的营销方法，105-113；creating the ideal experience for your，为你的影响者建立理想的品牌体验模式，115-121；description of，影响者的描述，55；Dos Equis' MIM ads creating badge value to，多瑟瑰的"世界上最有意思的人"广告对影响者产生了象征意义，59-60，115；Educating the，培育影响者，96-97；establish intimacy with brand，影响者与品牌建立亲密型关系，90-97；four ways to

create a memorable meeting of the product by，让影响者与产品达到难以忘怀相遇效果的四种方式，82-96; introducing Mamma Chia to，将妈妈籽介绍给影响者，94-97; keep brand interactions consistent，持续一致地与品牌产生互动，88-90; make sure the context of meeting products is right for，确保产品拥有与影响者见面的恰当环境，85-88; make them feel special，让他们感觉自己与众不同，82-85; Powerade's "big man on-campus"，动乐的影响者——"校园中的牛人"，55-57, 82-85; Providing functional and emotional benefits to，为影响着提供功能性利益与情感性利益，64-65; providing social cachet benefits to，为影响者提供社交声望利益，65-67; repositioning New Coke by using spokesperson and visible，通过使用代言人和看得见的影响者来重新定位新可乐，222-223; TCM's "Cultural Engagers" and "Relevance Seekers"，TCM电影频道的"文化参与者"与"关联追寻者"，135-136, 137. See also Brand evangelists; Consumers; Fan base，参照品牌宣传者、消费者、忠实消费者群体

Innovation，See Brand innovations，创新，参照品牌创新的相关内容

Interbrand's Best Global Brands Report，国际品牌集团的"年度最佳全球品牌报告"，147

Interruption model of communication，沟通的干扰模型，10

Intimacy，See Establishing intimacy，亲密，参照建立亲密型关系的相关内容

Intrinsics of brands，品牌的内部元素，10

"It's Possible" program（Coca-Cola Zero），"无限可能"营销创意活动，109

J

Jack Daniels，杰克·丹尼，71
Jackson, Michael，迈克尔·杰克逊，217
Jackson, Samuel，塞缪尔·杰克逊，188-190
Jantos, Jackie，杰克·詹图斯，147, 149, 153-154, 156
Jobs, Steve，史蒂夫·乔布斯，27
Jolly, Reginald，瑞金纳德·卓里，205
Jordan, Michael，迈克尔·乔丹，79, 80
"Just Do It" campaign（Nike），"Just Do It"广告创意活动（耐克），7-8

K

Kahn, Matt，马特·康恩，18, 62-63, 74-77
Kawakski, Guy，盖伊·川崎，27
Keep love alive stage，"保持爱情的新鲜度"阶段：the Coca-Cola Happiness Machine event，可口可乐欢乐机营销事件 145-147; description of，"保持爱情的新鲜度"阶段的描述，17; how innovation contributes to the，创新如何在此阶段产生正面作用，157-171; "Where Would Happiness Strike Next?" campaign example of，"下一站的欢乐将在哪里？"创意活动，145-157
Keller, Ed，艾德·科勒，113-114
Keller Fay Group，快乐飞集团，105, 113
Kellogg Cereal City，家乐氏丰谷城，125
Know your type stage，"了解你喜欢的人"阶段：description and process of，"了解你

喜欢的人"阶段的描述与过程，16-17；developing a badge，开发出一种象征意义，61-63；finding an association，找到某种关联事物，73-80；identifying your distinctive consumer，识别专属你的消费者，55-57；laddering up benefits，利益层层递进，63-73fig；The Most Interesting Man in the World ads example of，"世界上最有意思的人"广告，43-55；providing emotional and social benefits to connect，提供情感性利益与社交性利益来联系消费者，57-61

Know yourself stage，"了解你自己"阶段：description and process of，"了解你自己"阶段的描述与过程，16，21-22；determine how you'll be different，决定你怎样才能够与众不同，23-31；dig deep，深度挖掘 18，23，35-39；find the one thing，找到核心利益点，23，31-35；transitioning to emotionally driven connections，转化为情感驱动型联系，39-41

Knowledge Networks，智慧网络调研机构，138

Konradt, John，约翰·柯诺德，207

Koonin, Steve，斯蒂文·科宁，208

L

Laddering up benefits，利益层层递进：brand personality role in，利益层层递进过程中的品牌个性角色，66-67，69-71；brand pyramid illustrating，解释说明利益层层递进的品牌金字塔，71-72fig；creating smartwater's badge by，通过利益层层递进产生聪明水的象征意义，63-67；essence of the brand illustrated by，71-73fig；featuring functional and emotional benefits for，利益层层递进过程中重视功能性利益与情感性利益，64-65，71；featuring social cachet benefits for，利益层层递进过程中重视社交声望性利益，65-67；increasing emotional connections by，利益层层递进提升情感联系，41；Miller Lite's successful approach to，米勒淡啤成功的利益层层递进方法，67-69

Ladies Home Journal，《女性之家》杂志，169

LEGO "play" trucks，乐高"玩乐"卡车，11

LEGOLAND Discovery Centers，乐高探索中心，124

LEGOLAND parks，乐高乐园，124-125

Leopardi, Emmett，艾米特·利普德，160

Leopardi Group，利普德集团，160

Lindstrom, Martin，马丁·林德特龙，12

"Liquid and Linked" strategy，"液体与连接"战略，150

Lite Beer from Miller，See Miller Lite，米勒淡啤，参照米勒淡啤的相关内容

Logo innovation，乐高创新，157

Lowe Lintas，灵狮广告代理机构，205

M

Mad Men Passion Index，《广告狂人》情感指数，131，142

Madrigal, Alexis，亚历西斯·玛智，113-114

Make it mutual stage，"让彼此心有灵犀"阶段：Coca-Cola Zero's approach to influencers and，零度可口可乐与影响者接触的方法，105-113；crafting the ideal experience to drive the，设计理想的体验模式来推动"让彼此心有灵犀"阶段的

发展，115-121；description of，"让彼此犀"阶段的描述，17，101-102；driving the talk to，将会话推动到"让彼此心有灵犀"阶段，110-112；power of word of mouth（WOM），口碑的重要作用，102，104，105，111，113-115；social media role in the，社交媒体在"让彼此心有灵犀"阶段所发挥的作用，113-115；word-of-mouth marketing（WOMM），口碑营销，102-105，112，113-115，117-121

Making up stage："和好如初"阶段：Atlanta Falcon's' brand restoration，亚特兰大猎鹰队的品牌复兴，173-195；description of，"和好如初"阶段的描述，17；understanding how to successfully handle a crisis，理解如何成功地处理危机，195

Male teenage Sprite consumers，男性青少年雪碧消费者：early identification of，雪碧早先识别出男性青少年消费者，198-200，202-203；Sprite's "Trust Your Instincts" association with hip-hop appeal to，雪碧"相信你的直觉"与男性青少年雪碧消费者的街舞文化诉求相关联，205-208

Mamma Chia，妈妈籽：a brand designed with the user's soul in mind，妈妈籽是一个关注消费者灵魂的品牌，90-91，93-94；creating a memorable meeting environment，建立一种令让难以忘怀的会面环境，98-99；creating a movement around chia，围绕"籽"发起一场营销活动，93；educating the consumer approach of，妈妈籽的消费者培育方法，96-97；introducing "Word of Mouth Ambassadors" influencers to，将"口碑大使"引入到妈妈籽的营销活动，94-96；origins and early development of，妈妈籽的起源与早期产品开发，91-93

Mankiewicz, Ben，本·曼凯维奇，138

Marketing，市场营销：brand activation at sporting events，通过体育赛事激活品牌，10-11；brand-consumer relationship model of，品牌—消费者关系模型，6-7，8，9-10；evolution of sampling programs，抽样项目的发展与演进，11；how technology has changed，技术如何改变市场营销，11-14；interruption model of communication used for，市场营销中的沟通干扰模型，10；a new relationship paradigm for，市场营销的一种新的关系范式，14-15；Steve Jobs's unique control of products and，史蒂夫·乔布斯对产品与营销的独特控制，27. See also Romancing the brand；Word-of-mouth marketing（WOMM），参照"品牌的恋爱观"、口碑营销的相关内容

Maroon 5 song，魔力红乐队的歌曲，4

Mathieu, Marc，马克·马修，14

Max Headroom（graphic character），超级麦克斯（虚拟人物），219

McCann Erickson，迈科·艾瑞克森，67-69

Meda Consumer Healthcare（MCH），美达消费者保健公司：successful repackaging of Geritol by，美达消费者保健公司对巨利多产品的成功换装，162-165，167-168；using their criteria to assess a brand relationship，美达消费者保健公司运用它们的评判标准来达成一种品牌关系，214-215

Meet memorably stage，"难以忘怀的相遇"

阶段：description of, "难以忘怀的相遇"阶段的描述, 17, 81-82; education about product as key to, 对于产品的市场培育是"难以忘怀的相遇"阶段的关键, 96-97; four ways to create a memorable meeting, 四种创造一种难以忘怀会面的方法, 82-96; process of making it memorable, "难以忘怀的相遇"的过程, 98-99

Meeting environment, 会面环境：consistency element of, 会面环境的一致性要素, 88-90; creating exclusive context, 设计独一无二的背景环境, 85-88; establishing intimacy in the, 在会面环境中建立亲密感, 90-96; how Mamma Chia created a memorable, 妈妈籽如何创建了一个令人难忘的会面环境, 98-99; making influencers feel special, 让影响者感觉到他们与众不同, 82-85

Meisterbrau Light, 淡啤品牌麦斯博, 67

Mello Yello, 麦乐, 88-89, 200

Mildenhall, Jonathan, 乔纳森·米登霍尔, 148, 149-150, 152

Miller Brewing Company, 米勒啤酒公司：laddering Miller Lite, 米勒淡啤利益点的层层递进, 67-69; Meisterbrau Light acquired by, 米勒啤酒公司收购淡啤品牌麦斯博, 67; unique brand personality of, 米勒啤酒公司的独特品牌个性, 69-70

Miller, Scott, 斯科特·米勒, 67-68, 70

Milmoe, Katy, 凯迪·米莫, 18, 37, 38, 46, 48-49

Mind-manipulation tactics, 心智控制策略, 12-13

Mobile phone data, 移动电话数据, 13

Morehouse College, 莫尔豪斯学院, 188

The Most Interesting Man in the World (MIM) ads, "世界上最有意思的人"广告：creating a brand-consumer relationship, 广告"世界上最有意思的人"创建出了一种品牌—消费者关系, 51-55; the cultural phenomenon of the, 广告"世界上最有意思的人"的文化现象, 44-45; description of the, 广告"世界上最有意思的人"的叙述, 43-44; finding the actor to represent "interesting" in, 广告"世界上最有意思的人"寻找能够代表"有意思"特质的男性演员, 47-50; moving from regional success to national exposure, 广告"世界上最有意思的人"从区域市场走向全国市场, 50-51; Saturday Night Live parody of, 《周六夜现场》恶搞广告"世界上最有意思的人", 44, 51; story value provided by, 广告"世界上最有意思的人"所产生的故事价值, 65; twenty-something beer drinker target audience of, 广告"世界上最有意思的人"将二十多岁的啤酒饮用者作为目标受众, 45-47

The Most Interesting Show in the World show, "世界上最有意思的人"巡演, 51

Mountain Dew, 激浪, 88, 200, 201, 202, 204

My Coke Rewards program, "我的可乐奖励"营销项目, 108-109, 118

N

NASCAR Passion Index, 美国赛车联合会情感指数, 142

National Addy Award, 艾迪奖, 154

NBA, 美国男子职业篮球联赛：Coca-Cola

Classic brand association with, 经典可口可乐与 NBA 之间的品牌关联，207; selling the Sprite association with, 通过与 NBA 建立品牌关联来销售雪碧，207-208

NCAA, 全美大学体育协会，110

New Coke, 新可乐: ability to beat The Pepsi Challenge, 新可乐击退"百事挑战"，218-219; Coke II replacement of, 二代可乐代替新可乐，223-227; Cola Wars role of, 新可乐在可乐大战中所起的作用，218-221; decision to reformulate Coca-Cola as the, 决定将可口可乐重新配方为新可乐，215-216; ending the relationship lesson of, 新可乐结束消费者关系的经验教训，227-228; research to explain rejection and repositioning of, 研究新可乐遭遇市场拒绝的原因及其重新定位，220-224; understanding the consumer relationship during launch of, 理解新可乐上市过程中的消费者关系，216-217

New York Giants, 纽约巨人队，183

New York Times Magazine,《纽约时报》杂志，13

NFL, 国家橄榄球联盟: Dallas Cowboys identified as most popular national team, 达拉斯牛仔橄榄球队被认为是 NFL 最受欢迎的球队，183; fan basetracking system developed by the, NFL 开发的球迷追踪系统，178, 180*fig*; Passion Index of the, NFL 的情感指数，142. *See also* Sports, 参照体育赛事的相关资料

Nielsen TV measuring system, 尼尔森电视测评系统，113

Nike, 耐克: decision to forgo dress up shoes, 耐克决定放弃正装鞋，32-33; exclusiveness of product strategy of, 耐克产品战略的独家分销，87; game changing "Just Do It" campaign of, 耐克潜伏游戏规则的"Just Do It"创意活动，7-8; traditional approach to consumer segments by, 耐克细分消费者市场的传统方法，6-7

O

Obama, Michelle, 米歇尔·奥巴马，74

The Olympics, 奥运会: Coca-Cola's association with the, 可口可乐与奥运会相关联，74, 79-80; Coca-Cola's leveraging of the "Dream Team" of, 可口可乐使用奥运会"梦之队"做代言，210

"Open Happiness" campaign (The Coca-Cola Company),"开启欢乐"创意活动（可口可乐公司），150-152

Oprah Winfrey Show (TV talkshow),《奥普拉脱口秀》（电视脱口秀节目），91

Osborne, Robert, 罗伯特·奥斯博恩，134, 138, 143

Over-the-counter (OTC) pharmaceutical industry, 非处方药行业: FTC compliance requirements of the, 美国联邦贸易委员会对于 OTC 药物行业的规范性要求，163; repacking Geritol, 重新包装巨利多，161-170; vitamin category compared to Geritol's market percentage of, 巨利多 OTC 药物市场占比，166-167*t*

Oz, Mehmet, 梅曼·奥兹，91

P

Packaging, 包装: innovation in, 包装方面

的创新，157；of New Coke using Pepsi blue，新可乐使用百事的蓝色调包装，223；P&G's Bounty paper innovation using color，宝洁公司博迪纸巾使用色彩进行创新，160-161；sports drink purchase driven by color，色彩驱动运动饮料购买决策，83

Papa John's，棒约翰公司，110

Passion Index study，情感指数研究：comparing TCM to other brands，TCM电影频道与其他品牌的情感指数研究，141-142；passion dimensions and statements，情感维度与相关表述，139t；on passion of Turner Classic Movies（TCM）fans，TCM电影频道影迷的情感指数研究，138-142

Pemberton, John，约翰·彭伯顿，148-149

Pepsi，百事：Aquafina of，百事可乐公司的纯水乐，61；comparing Sprite's consumption frequency with，比较雪碧与百事可乐的消费频次，208；Max Headroom（graphic character）making fun of，超级麦克斯（虚拟人物）取笑百事，219；New Coke/Coke II competition with，新可乐/二代可乐与百事竞争，216-227；The Pepsi Challenge marketing by，百事可乐公司所开展的"百事挑战"营销活动，216-217，218-219. *See also* Cola Wars，参照可乐大战的相关资料

Personality，*See* Brand personality，个性，参照品牌个性的相关资料

Petrino, Bobby，博比·帕特里诺，173-174，175，184

Philadelphia Eagles，费城老鹰队，183

Pittsburgh Steelers，匹兹堡钢人队，183

Porwoll, Paul，保罗·波尔，224，225

Powerade，动乐：badge value created by marketing strategy of，动乐营销战略所创造的象征意义，59，87-88；"big man on campus" influencer of，动乐的影响者"校园里的牛人"，55-57，82-85；Cuttingedge confidence and attitude personality of，动乐的超级自信与态度个性，70-71；efforts to differentiate，动乐的差异化营销努力，24-29；focusing on "sports-active" male influencer，动乐关注于"活跃在运动场上的"男性影响者，59；Gatorade competition to，佳得乐与动乐之间的竞争，24-25，57，79，80；Powerade branded equipment donations，动乐捐赠含有其品牌标识的运动装备，84；tapping into emotional and social benefits of sports，切入体育运动的情感性与社交性利益，57-61. *See also* Sports drink products，参照运动饮料产品的相关资料

Precision Market Insights program，"精准市场洞察"营销项目，13

Predictive analytics，预测性分析方法，13

Privacy issues，隐私问题，13

Procter & Gamble（P&G），宝洁：innovation for Bounty paper towels，保洁公司博迪纸巾的创新，159-161

Products，产品："coolness" and personality of，产品的"酷"元素与个性，66-67，69-71；differentiating your，差异化你的产品，16，23-31；find the one thing that is unique about your，找到专属你产品的核心利益点，31-35；functional and emotional benefits of，产品的功能性与情感性利益，64-65；innovation through new，通过新产品实现创新，158；laddering the attributes of your，层层递进获得你的

产品属性 41，63-73*fig*；leveraging internal DNA of brand，产品利用品牌的内在基因，34-35，87；social cachet benefits of，产品的社交声望利益，65-67；Steve Jobs's unique control of marketing and，史蒂夫·乔布斯对营销与产品的独特控制，27. See also specific product，参照特定产品的相关资料

Psychographics measures，消费心理评测，52-54

R

Raise Me Up! movement (Atlanta Falcons)，"雄起"创意活动（亚特兰大猎鹰队），187-192

Red Bull，红牛，88

Relationship model，See Brand-consumer relationships，关系模型，参照品牌—消费者关系的相关资料

Reputation，See Brand reputation，声誉，参照品牌声誉的相关资料

Ritz-Carlton brand，丽思卡尔顿品牌，89-90

Rivas, Kersten，科斯特·瑞瓦斯，18，37，45-46，50，54

Romancing the brand，"品牌的恋爱观"：principles of，"品牌的恋爱观"的原则，15-16；road map for，"品牌的恋爱观"的路线图，16-18；stories on how to implement，如何履行"品牌的恋爱观"的案例故事，18-19；understood as a game-changer，将"品牌的恋爱观"作为游戏规则的颠覆做法，19. See also Branding; Marketing，参照品牌化、市场营销的相关资料

Romancing the brand stages，"品牌的恋爱观"所处不同阶段：breaking up and moving on，恋情结束，重新出发，18，197-229；deepen the connection，加深感情，17，123-144；keep love alive，保持爱情的新鲜度，17，145-171；know your type，了解你喜欢的人，16-17，43-80；know yourself，了解你自己，16，21-41；make it mutual，让彼此心有灵犀，17，101-121；making up，和好如初，17，173-195；meet memorably，难以忘怀的相遇，17，81-99. See also Brand-consumer relationships，参照品牌—消费者关系的相关资料

Ryan, Matt，马特·瑞安，189

S

Sampling programs，抽样方案：evolution of，抽样方案的演进，11；LEGO "play" trucks，乐高"玩乐"卡车，11

Saturday Night Live MIM ad parody，《周六夜现场》"最有意思的人"恶搞广告，44，51

Seckler, Caren Pasquale，凯仁·帕斯克·席克乐，106-107

Secret Formula（Allen），《神秘配方》（作者：艾伦），148-149

7UP，七喜，200，203-204，208

Shea Stadium，施恩体育场，74

Sheldon, Stuart，斯图尔特·谢尔登，18，101-105

The Simpsons Passion Index，《辛普森一家》情感指数，142

Six Flags，六面旗或六旗（总部设于纽约的主题公园连锁品牌），110

Skittles' "Touch the Rainbow"，彩虹糖的"遇见彩虹"视频广告，153

Smailes, Paul，保罗·斯梅尔斯，18，50，51

Smartphone data，智能手机数据，13

Smartwater，聪明水：bottle-as-accessory imagery usedby，聪明水所使用的"水瓶作为身体配饰"品牌形象策略，85-88；brand pyramid showing brandessence of，品牌金字塔所展示的聪明水品牌精髓 72-73*fig*；creating the right environment for meeting influencers，为与影响者的相见设计恰当的环境，85-88；glaéau's value badge，酷仕乐的象征价值，61-63；"Jennifer Aniston's" brand association with，聪明水与詹妮弗·安妮斯顿的品牌关联，77-79，188；laddering up to create a badge，层层递进创造出象征意义，63-67；origins of the product，聪明水产品的血统，29-31；packaging used to communicate brand personality of，使用包装来传递聪明水的品牌个性，71；powerful influencer strategy used by，聪明水所采用的影响者战略，63. See also Bottled water products，参照瓶装水产品的相关资料

Smith, Bubba，布巴·史密斯，69

Smith, Jim，吉姆·史密斯，19，174，177，184，189，191

Social cachet benefits，社交声望利益："coolness" variable of product personality，产品个性中的"酷"变量，65-67；provide story value，提供故事价值，65

Social media，社交媒体：crafting the ideal experience through use of，通过社交媒体设计理想的体验模式，115-121；"digi-WOMM" messages using，使用社交媒体产生"数字口碑"讯息，112；innovative ways to use，使用社交媒体的创新方法，156；make it mutual role of，认识社交媒体的双重角色，113-115；"Open Happiness" campaign (The Coca-Cola Company) using，可口可乐公司使用社交媒体开展"开启欢乐"创意活动，150-152. See also Facebook；Technology，参照脸书网站、技术的相关资料

Southeastern Conference (SEC)，东南联盟，181

Sports，体育赛事：Atlanta vs. national top five，亚特兰大 VS 美国：最喜爱的 5 项体育赛事，180*t*；Powerade-branded equipment donations to school programs，动乐将含有动乐品牌标识的运动装备捐助给学校体育项目，84-85；tapping into the emotional and social benefits，切入情感性与社交性利益，57-61；understanding the mentality of，理解体育赛事的灵魂，57. See also Atlanta Falcons, NFL，参照亚特兰大猎鹰队、国家橄榄球联盟的相关资料

Sports drink products，运动饮料产品：color as driver of purchase，色彩是运动饮料的购买驱动因素，83；Gatorade，佳得乐，24-25，57，79，80，85；teen consumer base of，运动饮料产品的青少年消费者群体，26-27. See also Powerade，参照动乐的相关资料

Sports Illustrated，《体育画报》，174

Sprite brand，雪碧品牌：art of adaptation for repositioning，雪碧品牌重新定位的适时调整艺术，210-215；building consumption frequency，提高雪碧品牌的消

费频次，208-210；consumer market of, 雪碧品牌的消费者市场，197-200；coolness factor of, 雪碧品牌的酷元素，203；five Cs of, 雪碧品牌的5C，201-203；HCMs' perception of, HCMs 群体对雪碧品牌的认知，201-202；*Home Alone* 2 message on, 雪碧品牌启用《小鬼当家2》演员代言，199，200；"Image Is Nothing. Thirst Is Everything" messaging of the, 雪碧品牌的"形象并不重要。渴望才是一切。顺从你的渴望"广告讯息，206，209；"Lymon" taste of, 雪碧品牌的"柠檬"味道，199，200，203；new focus on young males of color consumers, 雪碧品牌首次将重心放在有色消费者中的青年男性身上，200-201；new positioning strategy for, 雪碧品牌的新定位战略，203-205；selling the association of NBA and, 将 NBA 与雪碧品牌相关联进行销售，207-208；"Trust Your Instincts" advertising associated with hip-hop, 雪碧品牌的"相信你的直觉"广告与街舞相关联，203-208，209

St. John's University Coca-Cola Happiness Machine event, 圣约翰大学可口可乐欢乐机营销事件，145-147，153-154

Stanford University, 斯坦福大学，8

Starbucks, 星巴克，34

Starck, Philippe, 菲利普·斯达克，62

Stern, David, 戴维·斯德恩，208

Story value, 故事价值，65

Storytelling, 故事讲述：dynamic, 生动的，150；examining how The Coca-Cola Company excels at, 审视可口可乐公司如何擅长于故事讲述，147-155；"Liquid and Linked" strategy of, 故事讲述领域的"液体与连接"战略，150

Sudekis, Jason, 杰森·苏戴奇斯，51

Super Bowls, 超级碗：Atlanta Falcon's' 1998 play in, 亚特兰大猎鹰队在1998年超级碗比赛中的表现，176；Dallas Cowboys' five titles from, 达拉斯牛仔橄榄球球队的五个超级碗冠军头衔，183

T

TalkTrack, 谈话追踪，112-113

Target, 塔吉特：consumer data collection by, 塔吉特的消费者数据收集，13；Passion Index on fanship of, 塔吉特关于消费者喜爱程度的情感指数，142

Technology, 技术：emergence of marketing tools through new, 新技术中所涌现出的营销工具，11-12；media stories on damaging results of using, 使用新技术而引发破坏性后果的媒体报道，12-13. *See also* Social media, 参见社交媒体的相关内容

Teenage Sprite consumers, 青少年雪碧消费者：early identification of, 早先经过识别的青少年雪碧消费者，198-200，202-203；Sprite's "Trust Your Instincts" association with hip-hop appeal to, 雪碧的"相信你的直觉"创意活动与青少年雪碧消费者的嘻哈诉求相关联，205-208

THREE Group, 三人组调研机构，138

Top Viral Video（Creativity Online），"创意在线"命名的"最佳病毒传播视频广告"，155

Topalli, Cigdem, 辛格德·特普利，19，162，164-170，170

Toyota Sienna's "Swagger Wagon" ideos, 丰田塞纳的"拉风座驾"在线视频广告，

153

Traveling "show" programs，巡展营销活动，11

"Trust Your Instincts" advertising（Sprite），"相信你的直觉"广告（雪碧），203-208, 209

Turner Classic Movies（TCM），TCM电影频道：authentic brand experience approach of，TCM电影频道的原汁原味品牌体验方法，133-134；creating a TCM community，创建TCM电影频道社区，136-138；"Cultural Engagers" and "Relevance Seekers" influencers of，TCM电影频道的"文化参与者"与"关联追寻者"的影响者，135-136, 137；Essentials and Essentials Jr.，"精品电影档"与"青少年精品档"，143；examining the devoted fanship of，审视影迷对TCM电影频道的深度喜爱，132；Passion Index study on viewers of，TCM电影频道观影者的情感指数研究，138-140, 141-142；TCM core viewers，TCM电影频道的核心观影者，134-136；TCM Guest Programmer use of celebrities，"TCM嘉宾节目编排"采用名人策略，143；unique proposition offered to fans by，TCM电影频道为影迷提供的独特主张，132-134

Turner Field branding events（Atlanta），特纳球场品牌化营销事件，10-11

Turner Networks，特纳有线网，132

U

Unilever，联合利华，14

University of Arkansas' Razorback pep rally，阿肯色大学野猪队赛前动员会，173

University of Florida，弗罗里达大学，9, 24

University of Georgia，乔治亚大学：Brand Management program of，乔治亚大学的品牌管理项目，218；football program of，乔治亚大学的橄榄球项目，181

University of Texas（UT），得克萨斯大学，36

Utah Jazz players，犹他爵士队球员，222

V

van der Hoeven, Willem Jan，威廉·金·哈文，18, 36, 37, 45, 46, 49

Vaughan, Parra，帕拉·沃恩，80

Verizon's Precision Market Insights program，威瑞森电信公司的"精准市场洞察"项目，13

Vick, Michael，迈克尔·维奇：Atlanta Falcons fan perceptions（2009）of team and，球迷对球队和迈克尔·维奇的认知，191*fig*；dogfighting charges destroying the brand of，非法斗狗指控摧毁了迈克尔·维奇的品牌，175；endorsement deals signed by，迈克尔·维奇所签署的代言协议，174；fan base association of Atlanta Falconbrand with，球迷将亚特兰大猎鹰队品牌与迈克尔·维奇相关联，182；federal penitentiary incarceration of，迈克尔·维奇被判在联邦监狱服刑，181；signed to the Atlanta Falcons，迈克尔·维奇签约亚特兰大猎鹰队，174-175

The View（TV show），《视见》（电视访谈节目），74

Visual Measurers Top 10 for views，"视觉监测者"评选出的"十佳广告"，155

Vivarin Caffeine Alertness Aid，咖啡因提神药物品牌吾醒灵，162, 163

Volvo，沃尔沃，32, 71

W

Wal-Mart，沃尔玛："low prices everyday" brand essence of，沃尔玛的"天天低价"品牌精髓，71; why Nike doesn't sell-shoes at，耐克为何不在沃尔玛销售鞋类产品，87

Washington Redskins，华盛顿红人队，183

"Where Would Happiness Strike Next?" campaign (Coca-Cola)，"下一站的欢乐将在哪里？"广告创意活动（可口可乐）: authenticity of emotions displayed during the，"下一站的欢乐将在哪里？"广告创意活动中所展现的真实情感，153-154; buzz created and online spread of the，"下一站的欢乐将在哪里？"广告创意活动的口碑产生与在线传播，154-155; the Coca-Cola Happiness Machine event of the，"下一站的欢乐将在哪里？"广告创意活动中的可口可乐欢乐机营销事件，145-147，153-154; how innovation drove success of the，创新是如何驱动"下一站的欢乐将在哪里？"广告创意活动获得成功，155-157; "Open Happiness" campaign as first online execution of，"下一站的欢乐将在哪里？"广告创意活动的首次在线执行项目"开启欢乐"，150-152; slew of awards earned by，"下一站的欢乐将在哪里？"广告创意活动所获得一系列奖项，154-155; spreading the，"下一站的欢乐将在哪里？"广告创意活动的扩散，152-155; storytelling approach of the，"下一站的欢乐将在哪里？"广告创意活动的故事讲述方法，147-155

White，Betty，贝蒂·怀特，165，168

White House/Black Market，白宫—黑市，74

Whole Foods，全食公司，4，32，94-95

Winning competition，赢得竞争，33-34

Word of Mouth Marketing Association (WOMMA)，口碑营销协会，102

Word-of-mouth marketing (WOMM)，口碑营销: Chick-fil-A's Spicy Chicken Sandwich invitation as，福乐鸡公司辣鸡三明治试吃邀请就属于口碑营销的案例，126-129; Coke Zero experience focus on，零度可口可乐体验重点关注口碑，112; description and power of，口碑营销的描述及其重要作用，102-105; Passion Index on role，口碑营销在情感指数方面所发挥的作用，140; providing a few consumers with ideal brand experience principle of，为部分消费者提供口碑营销的理想品牌体验原则，117-118; social media "digiWOMM"，社交媒体"数字口碑"，112，113-115，118-121. See also Brand evangelists; Marketing，参照品牌宣传者、市场营销的相关内容

Word of mouth (WOM)，口碑: the Coca-Cola Happiness Machineevent becomesa，可口可乐欢乐机营销事件成为了一种口碑传播，145-147; Coke Zero experience focus on，零度可口可乐体验重点关注口碑，111; description of，口碑的描述，102; research documenting power of，关于口碑重要作用的相关研究，104，105; social media role in，社交媒体在口碑传播中所扮演的角色，113-115

World of Coca-Cola，可口可乐博物馆，125

Y

Yorker，Stanley，斯坦利·约克，205